2026
한국경제 대전망

2026 ECONOMIC ISSUES & TRENDS

2026
한국경제 대전망

오철·이근 외 경제추격연구소 편저

21세기북스

추천의 말

경제 질서가 흔들리는 지금, 필요한 것은 단순한 전망이 아니라 방향을 제시해 줄 안내서다. 《2026 한국경제 대전망》은 35인의 전문가가 모여 위기와 기회가 교차하는 2026년을 정밀하게 해부한다. 복잡한 세계 경제의 흐름을 한국인의 눈높이에 맞춰 풀어낸 이 책은 불확실성 시대를 살아가는 우리 모두에게 길을 찾는 지도와도 같다.

김종희 | 상명대학교 총장

《2026 한국경제 대전망》은 요동치는 세계 경제의 판을 읽어내고 한국 경제가 맞이할 거대한 변화를 가늠하게 하는 나침반이다. 미중 패권 경쟁, 인공지능(AI)이라는 초대형 변수, 그리고 내수와 산업 구조 전환의 과제 등을 두루 담아낸 이 책은 정책 입안자와 기업 리더는 물론, 불확실성 시대를 살아가는 모든 독자에게 반드시 필요한 생존 매뉴얼이 될 것이다.

정원주 | 대한주택건설협회 회장

기업경영의 일선에 서 있는 사람으로 보면, 요즘은 경영환경의 불확실성이 그 어느 때보다 커져 있는 시기이다. 일상적인 경영환경 외에도 우크라이나 전쟁이나 미국발 관세협상 등 지정학적 리스크까지 고려한 경영 의사결정이 요구되는 시대이다. 이런 시기에 꾸준히 한국경제의 미래를 예측하고 분석해 온《한국경제 대전망》이 10번째 출간을 맞이했다니, 기업에서 일하는 사람으로서 고마움을 느끼는 일이다. 앞으로도 한국경제의 미래를 위한 연구와 분석을 통해 우리나라 경제 발전에 큰 역할을 해 주기를 기대한다.

정인섭 | 한화오션 사장

하늘이 무너지는 듯한 격변의 시대,《2026 한국경제 대전망》은 어디서 기회를 포착해야 하는지를 날카롭게 짚어낸다. 글로벌 공급망 재편, AI 패권 전쟁, 미국·유럽·BRICS로의 다극 구도 전환 등과 같은 격랑 속에서 한국경제가 놓인 자리를 냉정하게 보여주며, 동시에 새로운 활로를 찾을 수 있는 전략적 통찰을 제시한다.

김유원 | 네이버클라우드 대표이사

지금 세계 경제는 '지각 변동'이라는 말로밖에 설명할 수 없는 거대한 혼란의 한가운데 있다.《2026 한국경제 대전망》은 그 복잡한 구조와 불확실성을 명료하게 해석해 주며, 한국경제가 맞닥뜨릴 파고를 어떻게 넘어야 하는지를 알려준다. 격변의 시대를 살아가는 독자들에게 이 책은 위기를 기회로 바꾸는 통찰의 창이 되어 줄 것이다.

박종훈 | 경제전문가

프롤로그

물결이 용솟음치고
구름이 어지러운 경제 상황,
하지만 기회는 있다

지난 10년 우리는 무엇을 예측했고, 무엇을 예측하지 못했는가?

지금 이 책을 읽고 있는 독자들에게 감사의 인사로 서문을 시작하고자 합니다. 《2026 한국경제 대전망》이 이번에 출간됨으로써 경제추격연구소가 매년 발간하는 《한국경제 대전망》시리즈가 드디어 10년째를 맞이했습니다. 경제추격연구소에는 이근 이사장(현 한국경제학회 회장, 서울대학교 명예교수)을 중심으로 많은 교수와 학자가 소속 회원으로 활동하고 있습니다.

한 시리즈를 10년 동안 출판한다는 것은 매우 어려운 일입니다. 책의 저자가 30명이 넘고 지난 10년 동안 핵심 저자 군이 거의 변하지 않았다는 사실을 고려하면, 이번 출간은 정말 대단한 성과입니다. 모두 독자 여러분 덕분입니다. 매년 국내외 30명의 전문가를 모아 토론하고, 편집위원들의 논쟁을 거쳐 토론한 결과를 하나의 책으로 만드는 작업은 절대 쉽지 않았습니다. 하지만 그 결과가 한 권의 책으로 완성되어 경제예측의 성과로 이어지고, 독자들에게 도움이 되었다는 수많은 감사 인사를 받을 때면, 토론과 집필, 조율, 편집 기간의 온갖 어려움이 눈 녹듯 사라지곤 합니다.

지난 2025년 8월에는 경제추격연구소에서 세미나를 개최했습니다. 오전 세션 주제는 '지난 10년간 우리는 무엇을 예측했고, 무엇을 예측하지 못했는가?'였습니다. 제가 발표를 했고, 지난 10년과 2026년을 전망하는 열띤 토론과 논쟁이 있었습니다.

《한국경제 대전망》 시리즈는 2016년 10월에 처음 출간된 이후, 매년 그다음 해를 전망해 왔습니다. 《2017 한국경제 대전망》에서 2017년과 2018년에 벌어질 4차 산업혁명, 중국경제의 성장, 아베노믹스, 트럼프 1기의 미국경제 등을 정확하게 예측했고, 자산 파트에서는 10년 후에 자산 가격이 10배가 되는 비트코인과 블록체인도 정확하게 예측해 냈습니다. 《2022 한국경제 대전망》에서는 코로나 이후의 경제 상황을 산업별로 매우 정확히 예측했고, 금리 변동 등 거시경제도 정확한 방향을 제시했습니다. 《2023 한국경제 대전망》에서는 팬데믹 이후 한국의 고물가, 고금리, 고환율 상황을 예측했고, 이후 금리의 하락 추세도 정확히 예측했습니다. 또한 미중 간 분리 구도 및 공급망 재편에 대한 산업별 예측도 모두 정확히 적중했습니다.

물론 아쉬운 점도 있습니다. 2017년부터 시작된 4년간의 서울 아파트 가격 폭등을 매년 방향은 예측했지만 더 강력하고 명확한 언어로 지적하지 못했고, 2023년에는 중국경제를 너무 긍정적으로 예측했습니다. 물론 2024년에는 중국경제의 성과 예측을 수정했고, 중국의 부동산 침체와 미국의 대중 견제 정책 여파에 대한 예측은 적중했습니다. 앞에서 언급한 두 가지 아쉬운 점을 제외하면, 지난 10년간《한국경제 대전망》시리즈의 경제예측은 어느 책보다 정확했으며, 경제를 예측하는 데 유익한 정보를 담았다고 자부합니다.

2026년, 물결이 용솟음치고 구름이 어지러운 경제상황, 하지만 기회일 수도

"내년 경제가 어떨 것 같습니까?"

지난 10년 동안 기자 회견이나 강연회 때마다 받아온 질문입니다. 그동안《한국경제 대전망》시리즈에서는 이 질문에 대한 답을 종종 사자성어 같은 한 단어로 표현했습니다. 이는 간결한 표현으로 강력한 메시지 전달하는 장점도 있지만, 복잡한 맥락을 너무 단순화하여 의미를 왜곡할 수 있다는 단점도 존재합니다. 2024년에 2025년을 전망한 한자 성어는 '동상이몽同床異夢'과 '동분서주東奔西走'였습니다. 미국을 중심으로 뭉쳐왔던 군사·경제동맹이 변형되면서 각국이 동상이몽의 시대로 접어들 것이고, 이 상황에서 한국은 동분서주하리라 예상하면서 정한 키워드였는데, 2025년을 마치면서 보니 잘 맞았다는 생각이 듭니다.

2026년의 요약 키워드는 '파용운란波涌雲亂, 천붕유혈天崩有穴', 즉 '물결이 용솟음치고 구름이 어지러워, 하늘이 무너질 것 같아도 솟아날 구멍은 있다'로 정해보았습니다. 2026년은 국내외적으로 여러 변수가 어지럽게 작동하는 무척 어려운 해가 될 것입니다. 국외적으로는 미국이 전 세계에 부과한 관세로 전통적 서방국이 미국과 멀어지는 현상이 나타나고, 브릭스BRICS* 내에 티격태격하던 인도와 중국이 새롭게 결합하는 등 미중 양극 구도에서 미국, 유럽, 브릭스 등 삼극 또는 다극화 구도로 바뀌는 조짐이 보입니다.

한국으로서는 미국으로 집중된 투자와 생산이 국내 산업의 공동화 우려를 낳는 등 국내에 어떤 결과를 몰고 올 것인가가 걱정입니다. 이런 상황이 한국의 환율, 수출, 경기, 금리, 내수에 파급영향을 미칠 것입니다. 국내적으로는 주가 5000을 표방한 실용정부가 내건 확장 재정정책, 노란봉투법과 상법 개정, AI 기술에 대한 몰방식 투자 등 일견 상호 모순적인 정책들이 어떤 결과를 낳

---

* 브라질Brasil, 러시아Russia, 인도India, 중국China, 남아프리카 공화국South Africa 등 신흥경제 5국을 일컫는 용어.

을지가 큰 관건입니다.

이런 배경에서 2026년의 키워드를 중국 춘추전국시대에서 유래한 고사성어 '파용운란'으로 잡았습니다. 이전에 없던 새로운 경제적 상황과 변수의 등장이 예상되는 2026년에 잘 맞는 단어입니다. 불확실성이 많아 걱정될 수도 있습니다. 모든 세상일이 그렇듯이 100% 나쁘기만 하거나 100% 좋은 경우는 없습니다. 불확실한 2026년 경제에도 긍정적 요인이 존재합니다.

우선 내수는 회복세이고, AI 플랫폼 등 미래산업의 성장, 조선·방산·원전 등 업황의 활황 예상 등이 긍정적 요인입니다. 미국 시장으로의 수출이 어려워진 반면, 유럽·중동으로 수출이 증가하는 등 시장 다각화 전환이 이루어지고 있습니다. 또한 러시아-우크라이나 전쟁이 종식되면, 한국에는 여러 면에서 좋은 기회가 올 것이라고 확신합니다. 우크라이나 재건 사업이 모두 서유럽의 몫이기만 할 수 없고, 러시아의 경제협력 파트너는 한국 외에는 다른 선택이 없을 것입니다. 이외에도 이 책의 각 부분에서 여러 가능성을 다루고 있습니다. 바로 이것이 파용운란 뒤에 '하늘이 무너져도 솟아날 구멍이 있다'라는 천붕유혈이 들어간 이유입니다.

한국은행은 2026년 경제성장률을 1.8%로 전망하고 있습니다. 물론 2025년 경제성장률보다는 상당히 높은 수치이지만, 통상적으로 한국의 잠재성장률로 여겨지는 2%를 밑도는 수준입니다. 참고로 잠재성장률은 '생산요소를 최대한 사용하면서 물가상승을 유발하지 않고 최대한 달성할 수 있는 성장률'을 의미합니다. 한국은행 전망 수치의 행간을 읽어보면 긍정과 부정의 양면이 공존함을 알 수 있습니다.

가치판단을 배제하고 객관적으로 경제를 예측하려는 노력

다시 처음의 질문으로 가보겠습니다. "2026년 경제는 어떨 것 같습니까?" 이 질문보다는 조금 더 구체적인, 가령 "2026년에는 어떤 산업이 유망할까요?" 혹은 "비트코인을 지금이라도 사야 합니까?"가 더 좋은 질문입니다. 이 책의 독자층은 매우 다양합니다. 다양한 독자의 다양한 예상 질문에 답을 드리고자 이 책에는 많은 주제가 포함되어 있습니다.

이번 《2026 한국경제 대전망》에서는 현 정부가 중점으로 육성하고자 하는 AI를 제1장의 주제로 잡았습니다. 2026년에만 약 10조의 예산이 투여되고, 향후 다른 산업과 우리의 일상에 큰 파장을 일으킬 산업이기 때문입니다. 다양한 관점에서 AI 산업을 분석하고 예측하고자 6개의 소주제를 배치하였습니다. 제2장은 지정학적 관점에서 크게 변화한 통상 질서에 대한 각국의 대응을 다루었습니다. 현장감을 최대한 반영하고자 미국, 일본에서 현직 대학교수로 있는 전문가와 공직자를 저자로 모셨습니다.

제3장에서는 최근 핫이슈인 스테이블코인, 인구 및 지방 소멸 등을 다루었고, 제4장에서는 반도체, 전기차, 방위산업, 콘텐츠,

조선, 원전을 다루었습니다. 제5장에서는 주식, 채권, 환율, 주택을 포함한 자산시장의 전망을 다루었습니다. 마지막 에필로그는 추격지수를 통해 한국경제와 세계 경제를 조망하는 장입니다.

이 책의 저자들은 제목에 걸맞게 '경제 전망'을 제대로 하고자 최대한 노력했습니다. 즉, 본인이 가진 가치판단을 배제하고 객관적으로 예측하려 했습니다. 독자 여러분도 이런 관점에서 이 책을 보길 권합니다. 이 책을 통해 더 많은 정보와 지식, 경제를 보는 통찰력을 얻어 풍족한 경제생활을 하기를 바라는 마음입니다. 저자와 편집자들은 이런 소망과 사명감으로 원고를 집필하고 편집했습니다. 솔로몬이 썼다고 알려진 구약성경 전도서 3장에 "모든 일에는 다 때가 있다"라는 구절이 있습니다. 전쟁할 때가 있고, 평화할 때가 있고, 지킬 때가 있고, 버릴 때가 있는 법입니다. 우리가 삶을 살고 경제생활을 영위하는 데 '때'를 읽는 것은 중요합니다.

최근 강의를 할 때 "2026년 경제는 어떨 것 같습니까?"라는 질문을 받고 이런 답변을 한 적 있습니다.

"여러분이 그해에 이익을 보셨으면 호황이고, 손해를 보셨다면 불황이겠지요!"

연구실에서 북한산을 바라보며 이제 서문을 마치고자 합니다. 독자 여러분의 성공을 기원합니다.

출간 10주년, 감사와 감회를 담아
대표 편집인, 상명대학교 글로벌경영학과 교수
오철

2026

목차

추천의 말   004
프롤로그   물결이 용솟음치고 구름이 어지러운 경제 상황, 하지만 기회는 있다   006

제1장 AI가 바꿀 세상

INTRO	세상의 중심으로 떠오른 AI와 그 파장	018
01	소버린 AI와 대한민국: 기술, 조직, 산업 전략	024
02	개방과 폐쇄가 뒤바뀐 미중 AI 경쟁과 한국	033
03	AI와 전력 시스템: 2026년 한국의 에너지 패러다임 전환	042
04	산업 부문에서의 인공지능 활용 현황과 전망	051
05	언어모델 기반 AI를 넘어 물리적 AI의 시대로	060
06	인공지능의 사회경제적 파장과 전망	068

제2장 지정학적 변곡점에 처한 각국의 각자도생

INTRO	각자도생 시대의 각국의 대응 전략	078
01	트럼프 2기, 보호무역과 새로운 질서	083
02	중국이 제조업을 장악하는 세 가지 경로	092
03	극적 변화 속에 연착륙 시도하는 유럽경제	101
04	쌀값 상승이 보여주는 일본경제의 실상	109
05	동남아경제, '불안정한 균형' 속의 기회와 도전	118
06	트럼프 2기 관세 정책과 한국 수출의 전망	128

제3장 2026년 경제의 핵심 변수들

INTRO	2026년 한국경제의 변곡점을 가져올 5대 변수	140
01	불확실한 세계 경제, 보호무역이라는 변곡점	145

02	달러 패권과 스테이블코인	156
03	데이터로 본 한중 관광산업과 인적 교류 전망	166
04	지역경제 대전망: 제2의 국가균형발전 정책이 필요하다	176
05	한국의 중소기업, '생존 공식'을 넘어 '성장 전략'으로	191

제4장 K-산업의 전망과 전략

INTRO	K-산업, 약세를 기회로 바꾸고 강세를 지켜낼 전략의 시간	202
01	영화산업, 가치 재정의와 구조 전환이 필요한 때	213
02	인공지능으로 한 차례 더 도약하는 2026년 K-반도체	223
03	격변의 시기에 돌파구를 찾는 2026년 K-전기차·배터리	231
04	한미 조선 협력 본격화로 마련되는 K-조선의 새로운 계기	239
05	수출로 도약하는 K-원자력, 대형 원전 시장의 부활과 SMR 기회의 해	247
06	현지화의 고비와 무인·대공 전환의 시험대에 선 K-방산	256

제5장 금리 전망과 자산시장

INTRO	전 세계적인 자금 수요 과잉과 자산 가격 변동성 확대 간의 연결고리	268
01	통화정책, 기준금리 이외의 수단으로도 확대될까?	277
02	2026년 주식시장 전망: 지배구조 개선과 달러 약세가 이끄는 강세장	287
03	연준의 금리 인하에도 미국 장기금리의 추세적 상승 위험은 여전할 것	297
04	2026년, 무엇이 환율을 움직일까? 환율 변동의 Key Factor	309
05	경기는 나쁜데 집값이 오르는 이유	319

| 에필로그 | 경제추격지수로 본 세계 경제와 한국경제: 한국의 1인당 소득 추격 정체, 중국의 미국 추격 대폭 감속, 인도의 일본 추월 | 332 |
| 저자 소개 | | 345 |

제1장

AI가 바꿀 세상

INTRO	세상의 중심으로 떠오른 AI와 그 파장
01	소버린 AI와 대한민국: 기술, 조직, 산업 전략
02	개방과 폐쇄가 뒤바뀐 미중 AI 경쟁과 한국
03	AI와 전력 시스템: 2026년 한국의 에너지 패러다임 전환
04	산업 부문에서의 인공지능 활용 현황과 전망
05	언어모델 기반 AI를 넘어 물리적 AI의 시대로
06	인공지능의 사회경제적 파장과 전망

세상의 중심으로 떠오른 AI와 그 파장

INTRO

김준연 ＊ 한중과학기술협력센터장

이 장은 AI를 둘러싼 국가 전략, 산업 변화, 사회적 파장까지 총체적으로 다루면서, AI가 단순한 기술을 넘어 국가 안보와 경제성장, 사회 구조의 변화를 이끄는 거대한 동력임을 입체적으로 조망하고자 한다. 소버린 AI*에서 시작해 미중 패권 경쟁, 전력 인프라와 산업 적용, 물리적 AI의 부상, 그리고 사회경제적 영향과 규제까지 6개의 주제는 서로 맞물리며, 한국이 직면한 도전과 선택의 지점을 생생히 드러낸다. 각 주제를 해당 분야를 대표하는 전문가들이 집필하여, 글로벌 동향과 한국적 대응을 균형 있게 담아내었다. 이를 통해 다가올 AI 시대의 기회와 위협을 다각도로 이해할 수 있을 것이다.

＊ 소버린 AI는 데이터, 기술, 인프라의 주권을 확보한 인공지능 체계를 의미하며, 외국 기술에 의존하지 않고 자국의 가치와 법률에 맞는 AI를 개발·운영하는 전략이다.

소버린 AI에 대해서는 국내 최초로 파운데이션 모델을 소개한 바 있는 네이버클라우드의 이동수 전무가, AI 미중 패권에 대해서는 한중과학기술협력센터 김준연 센터장이 집필했다. AI와 전력 시스템에 대해서는 단국대학교 경제학과 조홍종 교수가 한국적 대응 방안을 제시했으며, AI의 산업 적용에 대해서는 산업연구원 이준영 박사가 이슈와 해법을 제시했다. 언어모델을 넘는 물리적 AI라는 주제는 알서포트 신동형 CSO가 집필했고, AI의 사회경제적 파장과 윤리적 책임 및 규제에 대해서는 성신여자대학교 성효용 교수가 합리적 대안을 제시했다.

각 분야에서 탁월한 지식과 경험을 갖춘 6명의 전문가에게 나온 이야기를 꼭지별로 요약해 본다면 아래와 같다.

먼저 국가 안보, 산업 경쟁력과 기술 주권의 필수 인프라로 신 정부에서 강조하는 소버린 AI는, 단순한 국산 AI 모델을 넘어 반도체, 전력망, 데이터센터, 법 제도까지 포함한 국가 차원의 통합 생태계 전략으로 주목받고 있다. 미국은 민간 빅테크, 중국은 국가 주도형 AI, 캐나다는 특화 모델 중심으로 AI 주도권 경쟁이 심화되고 있는데, 저자는 한국의 강점으로 국가 차원의 대형언어모델(LLM, large language model) 개발, 운영 기획(Top-down)과 반도체, 메모리, 전력망, 데이터센터 등 물리적 기반 최적화(Bottom-up)를 동시에 수행할 수 있는 구조적 강점을 강조한다. 이러한 강점을 연결한 모델-반도체-인프라의 수직 통합을 데이터 보안, 산업별 특화,

장기 유지보수 용이성까지 아우르는 종합 경쟁력 확보 방안으로 제시한다.

미중 AI 패권 경쟁에 대해서는 강대국 간 경쟁이 치열해지는 가운데, 특히 기술·산업·안보가 얽힌 복합전 양상으로 전개되는 추세에서 한국형 AI의 활로를 모색한다. 최근 딥시크와 같은 AI 모델 경량화·효율화, 유니트리의 저가 로봇 상용화, 중국의 대규모 AI 인재 배출과 제조·의료·군사 융합형 AI 전략 등 중국의 역량이 급부상하면서 미국의 AI 리더십이 위협받는 양상이다. 이에 미국은 GPU(Graphic Processing Unit) 통제, 투자 제한, 클라우드 차단 등 대중국 통제를 한층 강화하는 동시에 자국 플랫폼의 독점 구조를 강화하면서 사실상 폐쇄형 질서로 전환하고 있고, 중국은 오히려 오픈 소스와 글로벌 거버넌스를 강조하며 개방형 생태계를 강조한다는 점이 흥미롭게 서술되었다. 저자는 한국이 미국과 중국의 경쟁 구도에서 어느 한쪽으로 완전히 편승되기보다 균형 전략의 기조하에 자국의 산업 강점(제조, 의료, 방산, 조선, 콘텐츠)과 AI를 결합하는 융합형 AI 전략을 해법으로 제시하고 있다.

또한 2026년 가장 주목해야 할 이슈 중 하나가 바로 AI 기술이 전력 시스템에 미치는 파급 효과다. AI 모델 훈련과 데이터센터의 폭발적인 전력 수요로 GPU·NPU 등 차세대 칩이 전력망에 전례 없는 부하를 가중하며, 이를 안정적으로 뒷받침할 전력 시스템 개편이 요구되기 때문이다. 이에 대해 미국은 AI 액션 플랜(AI Action Plan)

을 통해 "중요한 전력 생산 자원의 조기 해체 방지"를 발표했고, 기존 석탄발전소의 폐쇄 연기와 원자력발전소의 연장 운영을 적극 추진하고 있다. 중국은 국가 차원에서 AI 데이터센터와 전력 인프라를 통합 설계하고 있으며, 유럽과 일본도 각기 다른 방식으로 AI-전력을 연계하고 통합하는 모델로 전환하고 있다.

저자는 한국도 AI 기본법 시행과 함께 대규모 데이터센터 확충이 본격화되지만, 전력망 집중, 불규칙적 워크로드, 인허가 절차 지연 등 심각한 한계에 직면하고 있다고 분석하고, AI 강국으로 도약하기 위해 전력망 혁신, AI 기반 전력예측·운영시스템, 규제 혁신과 K-AI 에너지 모델 구축을 서둘러야 한다고 해법을 제시한다.

산업의 AI 확산은 공정 최적화, 디지털 트윈, 예지보전, 산업 특화 LLM, 비전 AI 등으로 광범위하게 적용되며, 설비 효율성과 품질 향상, 산업안전 개선에 기여하고 글로벌 제조업 현장의 표준 기술로 확대될 것이다. 다만, 대기업은 산업 AI 도입 역량이 충분하지만 중소기업은 인력과 자본의 제약으로 격차가 커질 수 있으며, 노동시장은 산업 도메인+AI 융합형 인재 수요 증가와 동시에 기존 직무 축소·해고 등 구조 변화가 발생할 리스크도 상존한다. 저자는 강화되는 국내 노동 규제와 미국의 투자 유치 정책이 국내 기업의 산업 AI 도입을 촉진하지만, 동시에 국내 설비의 해외 이전을 가속하여 산업공동화 위험을 초래할 수 있다고 경고한다. 이에 산업 내 AI 도입을 통한 생산성 혁신을 추진하되, 인력 재교육, 중소기업 지원, 규제 합리화와 국내 투자 인센티브 지원의 병행을 대응 방안으로 제시한다.

2025년에 언어모델이 주목을 받았다면, 2026년은 물리적 AI가 확산할 것으로 전망된다. 기존 산업용 로봇의 한계를 넘어 실시간 적응과 정밀 작업이 가능해질 것이다. 물리적 AI 트레이너, 휴먼-로봇 협업 코디네이터, 디지털 트윈 아키텍트 같은 고숙련 직종이 새롭게 창출되어 노동시장 재편도 가속화될 것이다. 결과적으로 제조업의 핵심 경쟁력도 저임금에서 AI 기술력과 에너지 효율성으로 전환될 것으로 보인다. 저자는 2026년이 물리적 AI가 실험실 단계를 넘어 실제 산업 현장 도입이 시작되는 원년으로, 기술적 완성도, 규제 환경, 사회적 수용성이 확산 속도를 좌우하며 향후 10년간 산업혁명의 서막이 될 것으로 전망한다.

마지막으로, 사회경제적 효과 측면에서 AI는 산업·노동·정치·사회 전반을 변화시키는 핵심 동력으로, 산업과 융합하여 효율성과 정부 정책의 역량을 높이지만, 동시에 노동시장 재편, 소득 격차 확대, 윤리와 민주주의 위기 등 새로운 사회적 과제를 초래한다. 한국은 AI 기본법과 디지털 포용법 시행, 대규모 재정 투입 등으로 AI 강국 도약을 추진하지만, 인재 유출, 취약한 운영환경, 불평등 심화, 제도 미비 등이 AI 시대에 사회경제적 위험 요인으로 지적되고 있다. 노동시장에서 일자리 대체와 창출이 동시에 진행되고, 분배구조 악화와 사회갈등의 가능성이 커지면서, 민주주의적 가치와 개인의 권리를 지키기 위한 합리적 규제와 국제 협력이 필요하다는 견해이다. 이에 대한 해법으로 저자는 혁신과 포용을 동시에 강화하는 생태계 구축, AI 기반 거버넌스 정비, 사회안전망 확충, 교육·훈련 강화 등을 통해 AI 대전환의 기회를 위기로 만들지 않고 지속 가능한 성장으로 연결해야 한다는 대응 방향을 제시하고 있다.

이 장이 단순한 기술을 넘어 국가 전략과 산업, 사회질서 전반의 재편을 촉발하는 거대한 힘으로 부상한 AI를 더 입체적으로 조망하고 한국형 성장 전략을 고민하는 데 도움이 되기를 기대한다.

소버린 AI와 대한민국: 기술, 조직, 산업 전략

이동수 * 네이버 전무

01

| **파운데이션 모델과 국가 전략의 결합**

파운데이션 모델은 인공지능AI 산업의 기반을 형성하는 대규모 사전학습 모델로, 특정 응용 분야에만 한정되지 않고 다양한 산업과 서비스에 폭넓게 적용될 수 있는 범용성이 있다. 2021년 스탠퍼드 연구진이 개념을 정리하며 본격적으로 주목받기 시작했고, GPT-3, BERT, DALL·E와 같은 모델이 대표 사례로 언급된다. 초기에는 모델의 크기와 언어 처리 능력, 생성 품질 같은 기술적 지표가 경쟁의 중심이었다. 그러나 최근에는 이러한 모델이 단순히 연구 성과물이 아니라, 산업구조와 국가 전략을 설계하는 핵심 인

프라로 인식되기 시작했다.

미국의 경우, 파운데이션 모델 개발은 민간 주도로 이루어지고 있다. 오픈AI와 앤트로픽 같은 기업은 대형언어모델 API_{Application Programming Interface}를 중심으로 글로벌 생태계를 확대하고 있으며, 이 과정에서 마이크로소프트, 구글, 아마존과 같은 클라우드 기업이 자사 인프라를 통합적으로 제공한다. 반도체 측면에서는 엔비디아가 이러한 대형 모델의 요구사항에 맞춰 GPU를 설계·공급하는 구조가 확립되어 있다. 미국 정부 역시 'AI 액션 플랜'과 같은 전략 문서를 통해 자국 기술이 동맹국의 표준이 되도록 유도한다.

중국은 다른 접근을 택했다. 단순히 모델만 개발하는 것이 아니라 반도체, 컴파일러, 운영환경, 벤치마크까지 포함하는 전 주기를 국가 주도로 통합 설계하고 있다. 예를 들어, 자율주행 분야에서는 차량용 AI 칩, 모델, 운영체계를 통합한 플랫폼을 개발하고, 이를 스마트 시티, 에너지 관리, 교통 인프라와 연결해 활용한다. 평가 기준 역시 모델의 정확도나 처리 속도뿐 아니라, 사회 시스템과의 통합 가능성, 장기적 유지보수 용이성 등이 포함된다.

캐나다의 코히어는 또 다른 방식으로 차별화를 시도한다. 범용 초대형 모델 대신 특정 기업 고객의 요구에 맞는 특화 언어모델을 개발해 제공하며, 온프레미스 환경에서도 동작할 수 있도록 설계했다. 이 방식은 데이터 보안과 개인정보 보호가 중요한 산업군에서 특히 강점을 발휘한다. 코히어는 모델 크기 경쟁 대신 추론 효율과 운영 비용 최적화에 집중함으로써 안정적인 수익 구조를 확보하고 있다.

한국은 세계적인 반도체 제조 역량과 차세대 메모리 기술을 보유하고 있다는 점에서 독특한 위치에 있다. HBM High Bandwidth Memory 같은 고대역폭 메모리는 물론, PIM Processing-In-Memory과 CXL Compute Express Link 같은 차세대 메모리 아키텍처를 실용화할 수 있는 능력을 갖추고 있다. 이러한 기술을 파운데이션 모델 구조에 직접 반영하면, 전력 소모와 응답 지연을 줄이고 연산 효율을 높일 수 있다. 예를 들어, GQA Grouped Query Attention나 MLA Mixed-Local-Attention 같은 연산 최적화 기법을 PIM 구조에 맞춰 커널 수준에서 재설계하면, 전력 효율과 추론 속도를 동시에 향상하면서도 배포 비용을 절감할 수 있다.

한국형 파운데이션 모델은 단순히 대형 모델을 학습하는 것이 아니라, 산업 맞춤형으로 최적화된 구조를 설계하는 방향에서 출발해야 한다. 실제로 네이버클라우드는 한국수력원자력과 협력해 원전 운영에 특화된 모델을 구축하고 있다. 이 모델은 수십 년간 축적된 운전·정비 데이터를 기반으로, 폐쇄망 환경에서 고장 진단과 상황 대응을 지원할 수 있도록 설계되었다. 한국은행 역시 금융·경제 데이터를 기반으로 정책 분석과 대국민 정보 제공에 활용할 수 있는 AI 시스템을 개발 중이다. 이러한 사례들은 파운데이션 모델이 기술적 경쟁력을 넘어 산업 적용성과 운영 효율을 중심으로 정의될 수 있음을 보여준다.

AI 시대의 조직 설계와 리더십 구조

AI 기술이 산업의 핵심 축으로 자리 잡으면서, 대형 기술 기업의 내부 운영 방식은 근본적인 변화를 겪었다. 특히 GPU 자원과 핵심 인재, 그리고 전략 프로젝트를 둘러싼 내부 경쟁은 기술 기업의 조직 구조와 의사결정 체계를 재정의하는 계기가 되었다.

마이크로소프트는 내부 AI 연구조직과 외부 파트너인 오픈AI 사이에서 GPU 자원 배분을 두고 중대한 결정을 내려야 했다. 챗GPT 발표 당시 오픈AI는 GPT-4 같은 차세대 AI 모델 개발을 위해 막대한 학습용 GPU가 필요했으며, 마이크로소프트는 자사 애저Azure 클라우드 인프라에서 상당량의 GPU를 제공하기로 했다. 이 결정은 단기적으로 내부 연구조직의 불만을 불러일으켰다. "왜 외부 기업에 우리 GPU를 먼저 배정하는가"라는 질문이 조직 내에서 터져 나왔지만, 경영진은 장기적인 기술 생태계 확대와 애저의 시장점유율 확보라는 전략적 목표를 우선시했다. 결과적으로 GPT 계열 모델은 마이크로소프트의 코파일럿 제품군, 오피스 통합 AI, 검색 서비스 빙 챗Bing Chat 등에 빠르게 적용되었고, 이는 장기 수익 모델로 연결되었다.

구글은 내부 AI 연구조직이 구글 브레인, 구글 리서치, 딥마인드의 세 갈래로 나뉘어 있었다. 딥마인드는 주로 장기 연구와 강화 학습, 게임 환경 기반의 AI 모델 개발에 집중했고, 구글 브레인은 대형언어모델과 생성형 AI 연구를 진행했으며, 구글 리서치는 학술적 기여와 기초 AI 연구를 담당했다. 그러나 GPU 자원과 인재 확보 경쟁이 치열해지면서 동일하거나 유사한 연구 주제를 두고 중복 개발이 빈번히 발생했다. 심지어 동일한 데이터셋과 유사한 모델 아키텍처를 서로 다른 팀에서 병행 개발하는 사례도 나타났다. 이는 자원 낭비와 프로젝트 지연으로 이어졌고, 결국 경영진은 조직 통합을 결정했다. 딥마인드와 구글 브레인이 합쳐져 구글 딥마인드라는 단일 조직이 되었고, GPU 자원과 연구 방향이 한 축으로 모이면서 제미나이Gemini 시리즈와 같은 대형 통합 모델 개발이 가능해졌다.

이러한 사례에서 드러나는 공통된 교훈은 세 가지다. 첫째, 다수의 팀이 각자 자신이 적임이라고 주장하는 상황에서 객관적인 성과와 잠재력을 평가할 수 있는 인재 선별 능력이 필요하다. 단순한 인사 평가가 아니라 모델 성능, 알고리즘 혁신성, 실제 적용 가능성, 운영 효율성 등 다양한 지표를 종합해 판단해야 한다. 둘째, GPU와 같은 희소 자원을 공평하게 분배하는 것이 아니라, 전략적으로 집중 배분해야 한다. 모든 부서에 동일한 자원을 나누면 누구도 경쟁력을 확보하기 어렵다. 승부를 걸어야 하는 핵심 프로젝트와 팀에 몰아주는 방식이 필요하다. 셋째, 자원이 배정되지 않은 팀이나 조직에도 설득력 있는 비전을 제시해야 한다. 단기적 불만을 최소화하고, 조직 전체가 동일한 전략 방향성을 공유하게 하는 커뮤니케이션이 핵심이다.

AI 리더십은 단순히 의사결정을 전달하는 관리자의 역할에 머물러서는 안 된다. 기술 구조와 모델 아키텍처, 하드웨어 동작 원리에 대한 깊은 이해를 바탕으로, 어떤 연산이 GPU 병목을 일으키는지, 어떤 메모리 구조가 최적의 효율을 내는지 등을 분석해야 한다. 또한 외부와의 협력에서 필요한 계약 조건, 데이터 보안 요건, 라이선스 체계 등을 명확히 이해하고 협상할 수 있어야 한다. 기술적 이해 없이 전략만 세우는 리더나, 반대로 기술만 이해하고 전략적 설득을 하지 못하는 리더는 AI 경쟁에서 오래 살아남기 어렵다.

미국 빅테크의 경험에서 확인되듯, AI 시대의 조직 경쟁력은 속도와 집중에서 나온다. 속도를 높이기 위해서는 의사결정 단계가 짧아야 하고, 집중을 위해서는 제한된 자원을 한 방향으로 모으는 구조가 필요하다. 내부 경쟁이 심화되어 자원과 인력이 분산되면, 일관된 전략을 가진 외부 경쟁자에게 뒤처질 수밖에 없다. 따라서 조직 설계와 리더십의 역할은 단순한 관리가 아니라, 기술적 근거에 기반한 전략 수립과 자원 집중, 내부 설득이라는 복합적인 과제를 동시에 수행하는 것이다.

대한민국의 소버린 AI 필연성

소버린 AI는 단순히 '국내산 AI 모델'을 의미하지 않는다. 이는 국가 산업구조, 전력망, 반도체 설계, 데이터센터 구성, 통신 인프라,

법 제도 환경까지 포함해 최적화된 AI 생태계를 구축하고 운영하는 것을 뜻한다. 대한민국은 반도체, 통신, 디스플레이, 조선, 모빌리티, 에너지, 금융 등 주요 산업이 이미 AI와 직접적으로 연결되어 있다. 예를 들어 반도체 생산 공정의 품질 검사, 조선 산업의 설계 자동화, 모빌리티 분야의 자율주행 시스템, 에너지 산업의 스마트그리드 운영 등은 모두 AI 모델을 핵심 구성 요소로 사용한다.

문제는 이러한 산업에서 사용하는 AI 모델의 설계 철학과 운영환경이 외국 기업의 구조에 종속될 경우다. 외산 모델은 대부분 특정 GPU 아키텍처와 클라우드 환경을 전제로 만들어져 있다. 예를 들어, 미국 빅테크 모델 중 상당수는 HBM을 장착한 최신 GPU와 고속 네트워크 인프라를 기반으로 설계되었다. 이를 한국의 데이터센터 환경에 그대로 적용하면 전력망 부담, 냉각 설비 확충, 네트워크 지연 등 부작용이 발생할 수 있다. 더욱이 외산 모델은 API 구조와 라이선스 정책이 해당 기업의 비즈니스 전략에 맞춰져 있어, 산업별 특화 설계나 커스터마이징이 제한될 수 있다.

소버린 AI 모델을 보유하면 이러한 제약에서 벗어날 수 있다. 국내 전력망, 데이터센터, 반도체 구조에 맞춰 설계된 모델은 전력 효율성을 높이고, 운영 비용을 줄이며, 응답 속도를 개선할 수 있다. 예를 들어, 전력 사용량이 제한적인 국책 연구기관이나 군사시설에서 동작해야 하는 모델이라면, 동일한 성능을 유지하면서도 전력 소모를 30~40% 절감하는 구조가 필요하다. 이는 모델 설계 단계에서부터 연산 구조를 최적화하고, 저전력 GPU나 PIM 기반 연산을 고려해야만 가능하다.

대한민국은 국가 차원의 LLM 개발과 운영 기획(Top-down)과 반도체, 메모리, 전력망, 데이터센터 등 물리적 기반 최적화(Bottom-up)를 동시에 수행할 수 있는 드문 구조를 보유하고 있다. 이 두 축을 연결하면, 모델-반도체-인프라의 수직 통합 설계가 가능해진다. 이러한 통합 설계는 단순히 기술적 효율성뿐 아니라 데이터 보안, 산업별 특화, 장기 유지보수 용이성까지 포함하는 종합적인 경쟁력을 만든다.

외국의 사례를 보면, 미국은 빅테크 기업이 자국 내 AI 반도체·모델·전력 인프라를 통합적으로 설계하고, 중국은 딥시크를 중심으로 모델·반도체·인프라를 일체형으로 개발하고 있다. 이와 같은 구조에서는 모델 개발 경험이 단순한 소프트웨어 프로젝트가 아니라, 국가 산업구조와 인프라 설계를 연결하는 핵심 자산이 된다.

대한민국이 소버린 AI를 추진하지 않는다면, 장기적으로는 산업 설계권이 외부에 넘어갈 가능성이 크다. 반도체, 통신, 에너지, 금융 같은 전략산업의 AI 적용 방식이 외국 기업의 모델 설계에 따라 결정된다면, 국내의 인프라 투자 방향과 산업 정책은 종속될 수밖에 없다. 반대로 소버린 AI를 확보하면, 산업구조와 인프라를 우리 조건에 맞춰 설계하고, 이를 기반으로 해외시장에도 확장할 수 있는 여지가 생긴다.

따라서 소버린 AI는 '선택'의 문제가 아니라 '필연'의 문제다. 이는 국가 안보, 산업 경쟁력, 기술 주권을 동시에 지키기 위한 구조적 과제이며, 지금이 그 출발점이다.

개방과 폐쇄가 뒤바뀐 미중 AI 경쟁과 한국

02

김준연 * 한중과학기술협력센터장

지금 AI와 로봇은 강대국 간 기술 패권의 중심축이며, 국가 간 정책·산업·안보 경쟁이 총동원된 전쟁터와 같다. 특히 선도국 미국은 동맹을 기반으로 글로벌 기술 규범과 반도체 공급망 통제를 강화하고 있으며, 중국은 '자립자강'이라는 전략으로 돌파하고 있다. 사실 AI는 어느 한 분야에 국한된 기술이라기보다 전 산업에 적용되는 범용 기술이고, 산업 혁신을 창발시키는 견인 기술이면서 동시에 국방 및 안보와 직결되는 안보 기술이다. 이러한 특성으로 인해 AI 경쟁은 기술 경쟁을 넘어 플랫폼 경쟁이자, 표준 및 국제규범 경쟁이라는 복합적 특성을 띤다.

이 글은 트럼프 2기 행정부의 강화된 기술통제에도 불구하고 딥시크와 유니트리 쇼크로 인해 다시 주목받는 미중 간 AI 패권 경쟁의 최근 동향을 살펴보고, 우리의 대응 방향을 전망한다.

AI 패권 경쟁의 본질과 더욱 강해진 중국

AI와 휴머노이드 등 첨단 디지털 기술은 산업의 생산성을 끌어올리는 도구이자 사회적 통제의 수단으로 활용되기도 하고, 심지어 무기화되어 사이버전·정보전·지능형 무기 등 비전통 군사 안보 역량의 핵심 자산이 되고 있다. 따라서 AI를 둘러싼 미중의 패권 경쟁은 기술·플랫폼·외교·안보 경쟁이 서로 얽힌 다층적 전쟁터에서 펼쳐지는 복합전의 특징을 보이는데, 최근 중국의 기술력이 만만하지 않다는 현실을 검토해야 한다.

AI에 관한 어떤 지표를 봐도, 중국은 미국의 기술 패권에 도전하는 가장 강력한 상대임에 틀림이 없다. 중국 지표인 2025 글로벌 AI 혁신지수에서 미국은 77.97점(1위)이고 중국은 58.01점으로 2위이다. 미국 지표인 AI 인덱스 2025 AI Index 2025(스탠퍼드대학교)를 보면, 미중 간 AI 기술 성능 격차는 2023년 20%에서 2025년 0.3%로 거의 차이가 없다. 이제 과거의 중국이 아니다.

미국이 대중국 기술 견제에 활용하는 차보즈 핵심기술(미국의 기술통제 기술 35개)에 대해서도 중국은 대부분 국산화에 성공했고, 아이 클립iCLIP 기술, 투과전자현미경 등 겨우 2개 정도가 남은 상황이라며 자신감을 드러내고 있다. 심지어 네이처(Nature Index 2025 Research Leaders)는 첨단 과학기술 분야의 세계 상위 1% 학술연구 역량에서 중국이 이미 미국을 넘어섰다고 발표한 바 있다. 미국의 기술 견제에도 중국이 자립형 기술개발 전략을 더욱 강하게 밀어붙이는 배경이다.

트럼프 1기부터 본격화된 대중국 통제는, 트럼프 2기에 와서는 반도체 및 제조 장비와 GPU 통제, AI 스타트업 투자 제한, 클라우드 서비스 제한 등이 추가되었고, AI 학습모델의 통제와 소스코드 폐쇄화로 전환되면서 전략적 봉쇄 수준으로 진행되고 있다. 역설적으로 이러한 압박은 중국이 자생적 생태계를 형성하는 데 일종의 촉매제로 작용한 측면이 있다.

챗GPT에 버금가는 성능을 보이는 딥시크가 눈길을 끄는 점은, 미국의 기술통제와 인프라의 제약을 뚫고 이룩한 성과라는 점과 정부 투자 없이 순전히 민간기업의 노력으로 달성한 혁신이라는 것이다. 2022년 이후, 미국이 엔비디아 A100, H100 등 고성능 AI 연산 GPU의 중국 수출을 전면 차단했음에도 불구하고, 모델 경량화와 동시에 학습 효율화 기법을 활용하여 미국의 하드웨어 통제를 극복했다.

휴머노이드의 경우, 보스턴 다이내믹스, 테슬라 옵티머스 등 기존 선도기업이 고급 센서, 정밀 제어 기술에 대한 글로벌 공급망을 안정적으로 유지하며 고급 이족보행 및 자율형 로봇 기술로 우위를 과시해 왔다.

하지만 중국은 정부의 집중 투자에 힘입어 상용화를 빠르게 진행하고 있다. 유니트리가 대표적이다. 이 회사는 사족보행 로봇에 특화된 스타트업이다. 최근 공개된 A2 모델의 최고 속도는 18km/h로, 보스턴 다이내믹스에서 개발한 사족보행 로봇 스팟Spot보다 13km/h가 빠르며 30kg 하중으로 3시간 동안 약 13km 거리 이동도 가능하다. 2024년 기준, 세계에서 가장 빠른 속도로 상용화를 추진하고 있는 로봇 기업이다. 미국이나 일본의 사족보행 로봇이 10만 달러 이상 고가에 판매되는 것과 달리, 유니트리는 2,000~5,000달러 사이의 가격대에서 소비자용 제품까지 출시했다. 물류, 순찰, 건설 등 산업 현장에 적용할 수 있는 커스터마이징 솔루션까지 제안하고 있어 '중국형 실용주의 로봇 전략'의 대표격으로 부상했다.

중국의 휴머노이드 산업이 위협적인 것은 규모에 있다. 유니트리 외에도 Gowe, 푸리에 인텔리전스, 푸두 로보틱스 등 수백 개의 다양한 로봇 스타트업이 협동 로봇, 물류 로봇, 의료 재활 로봇 등 세부화된 시장을 공략하고 있다. 이들은 대부분 국산 센서와 모터를 내재화한 설계 구조를 갖추고 있으며, 보급형 솔루션 중심의 전략으로 로봇은 물론이고 엑추에이터Actuator, 작동기 같은 핵심 부품도 상용화하며 글로벌 시장에서 경쟁력을 높이고 있다.

2023년 기준, 중국은 산업용 로봇 설치 대수에서 세계 1위를 기록했다. 한 해 동안 약 29만 대가 신규 설치되었고, 이는 글로벌 전체 설치량의 약 50%에 해당한다. 로봇 밀도(1만 명당 로봇 수)도

2017년 68대에서 2023년 392대로 급상승하며 한국, 싱가포르 다음으로 세계 3위권에 진입했다. 이는 단순한 수치 이상의 의미가 있다. 자국 제조업 내 디지털 전환이 실질적으로 진행되고 있으며, 로봇의 현장 적용이 산업 전반으로 확산하고 있다는 증거다.

개방과 폐쇄에 대한 미중의 뒤바뀐 입장

중국의 역량이 높아지면서, AI에 대해 개방형 전략을 취하던 미국의 입장에도 변화가 포착되고 있다. 우리에게 익숙한 오픈AI는 사실 인류 전체에 큰 혜택을 주는 것을 이념으로 삼아 비영리 AI 연구기업으로 출범했다. 2019년 출시된 GPT-2도 개방형 모델이었으나 후발주자 진입으로 경쟁이 심해지면서 지난 6년간 폐쇄형 유료 모델로 운영했고, 최근에는 영리법인으로의 분사 계획을 들고나오기도 했다.

반면 딥시크는 R1과 더불어 최근 모델인 V3를 온라인 아카이브에 공개하고 있으며, 화웨이 역시 자체 AI 칩 어센드Ascend를 효과적으로 사용할 수 있는 툴킷 소프트웨어 플랫폼 CANNCompute Architecture for Neural Networks을 오픈 소스로 공개하겠다고 발표했다. 이는 엔비디아의 폐쇄형 CUDA 생태계에 대응해 개발자 유입을 촉진하고 자립형 AI 반도체의 생태계를 구축하기 위한 전략의 일환이다. 그간 개방을 강조하던 미국이 소스코드 비공개와 플랫폼 독점을 지향하고, 오히려 중국이 개방형 생태계 전략을 구사하는 아이러니한 상황이다.

최근 발표한 미국과 중국의 국가 AI 종합계획도 양국 간 기술경쟁이 어디를 향하는지 더욱 선명하게 보여주고 있다. 2025년 7월 23일, 미국은 자국 중심의 AI 패권 전략을 담은 위닝 더 레이스(America's AI Action Plan)를 발표했다. AI를 21세기 패권 경쟁의 핵심으로 규정하고, 중국과의 AI 승부에서 반드시 승리하겠다는 것이 목표이다. 여기서 '패권과 승리', '경쟁을 통한 주도'가 트럼프의 키워드였다. 정책의 핵심은 AI 인프라 확충과 규제 완화, 그리고 외교 네트워크를 활용해 자국 기업의 혁신을 동맹국에 확산시키는 것이다.

같은 시기 중국도 13개 항목으로 구성된 '글로벌 AI 거버넌스 행동 계획(7월 25일)'을 발표했다. 여기서 글로벌 협력과 거버넌스가 시진핑의 키워드였다.

양국의 입장과 전략이 극명하게 갈리는 부분은 바로 국제 협력 모델이다. 미국=개방, 중국=폐쇄가 기존 공식이었는데, 이번에는 "미국의 AI 기술과 표준을 전 세계에 채택시키도록 한다"라는 문구가 시사하듯 미국이 오히려 자국 중심의 AI 질서를 동맹에 강제하고 오픈AI, 구글 등 주력 기업도 폐쇄형으로 전환하겠다고 선언한 상황이다.

한편, 중국은 전에 없이 글로벌 동맹과 거버넌스의 중요성을 외치고 있다. 2024년 7월에 발표한 상하이 선언에서 AI 발전과 국제기구의 역할을 강조했는데, 이듬해인 2025년 7월에는 리창 총리가 직접 유엔 등 국제기구를 통한 포용적 국제 협력을 실질적으로 지원하는 글로벌 AI 거버넌스센터를 설립하겠다고 발표했다. 글로벌 AI 파트너십GPAI, 히로시마 AI 프로세스 등 미국이나 서방이 주도하는 글로벌 AI 네트워크와는 차별화된 의제와 채널을 가동하겠다는 의지로 해석된다. 사실 2025년 2월, 파리에서 개최된 AI 행동 정상회의AI Action Summit에서 미국과 영국은 윤리적이고 안전하며 지속 가능하고 포용적인 AI에 대한 서명에 불참했지만, 오히려 중국이 부총리를 참가시키면서 적극성을 보인 것도 개방과 폐쇄에서 뒤바뀐 미국과 중국의 입장을 단적으로 보여주는 장면이다. 지금 AI 패권 경쟁은, 미국과 중국의 뒤바뀐 입장과 전략이 복잡하게 반영되며 기존의 동맹과 세력이 재편되는 초입새에 진입했다.

두 개의 체스판과 소버린 AI

중국은 국가 주도 자본주의라는 중국형 산업 경제체제의 프레임에서 미국 주도의 외부 충격을 감내하며, 중장기적으로 자립적 혁신 체계의 방향으로 AI 정책을 추진 중이다. 중국은 연간 약 60만 명의 AI 전공자(학부와 대학원)를 배출하고 있고, 그중 약 40%가 로봇, 제어공학, 데이터과학 분야로 진출한다. 세계 최대 수준이며 정책 추진의 버팀목이다.

중국은 플랫폼 중심의 미국과 달리 제조, 의료, 금융, 교육, 군사 등과의 융합형 AI를 강조하고 있다. 실제로 아랍에미리트, 사우디아라비아, 인도네시아, 브라질 등은 중국의 영상인식, 교육 AI, 물류 로봇 등을 대규모로 도입 중이며, 이 과정에서 중국식 AI 표준과 인터페이스가 사실상 '시장 규범'으로 기능하고 있다. 동남아, 중동, 중남미 시장에서도 비용 효율성과 맞춤형 솔루션을 무기로 중국 AI·로봇 솔루션이 영향력을 빠르게 확대하고 있다.

중국 AI와 로봇의 부상에 미국은 구글과 메타, 오픈AI 등 자국 플랫폼의 리더십을 확대할 수만 있다면 언제든지 개방이 아닌 폐쇄형 생태계로 전환할 수 있고, 대중국 견제를 위해서는 동맹과 연대의 프레임도 새롭게 재편할 수 있음을 보여주고 있다.

AI 미들파워로서 최근 우리 정부가 추진하는 소버린 AI 전략은 전략적으로 이 두 개의 각기 다른 AI 생태계, 즉 두 개의 체스판을 염두에 둬야 할 것이다. 우리는 개방된 시장이라는 점에서 해외 빅테크의 진입을 막고 있는 중국과 다르고, 미국 플랫폼에 대응하는 자국 검색엔진이나 SNS, 전자상거래 등 토종 플랫폼이 선방하고 있다는 점에서 유럽 시장과도 다르다. AI 플랫폼 서비스에 강점이 있는 미국은 산업융합이 약하고, 산업융합을 강조하는 중국은 글로벌 거버넌스 형성에 약점이 있다. 중국의 상하이 선언에 정작 미국과 프랑스 등 OECD 국가는 없고, 중국의 자금원조를 받는 일대일로 대상국과 브릭스 국가들이 주를 이뤘다는 점이 이를 방증한다.

이렇게 볼 때, 한국의 소버린 AI는 전략적으로 미중 양자택일 (편승)보다는 미국과의 동맹과 중국과의 협력 사이에서 균형을 잡는 포지셔닝을 유지하면서, 우리가 경쟁력이 있는 제조, 의료, 방산, 조선, K-콘텐츠 등과 융합한다면 글로벌 경쟁에서도 승산이 있다.

AI와 전력 시스템: 2026년 한국의 에너지 패러다임 전환

03

조홍종 * 단국대학교 경제학과 교수

| AI=Power, Power=AI

2026년 한국경제를 전망할 때 가장 주목해야 할 변화 중 하나는 AI 기술이 전력 시스템에 미칠 파급 효과다. 생성형 AI, 파운데이션 모델, 디지털 트윈 등 고성능 연산을 요구하는 AI 기술이 산업 전반으로 확산하면서, 이를 구동하는 데이터센터는 단순한 기술 인프라가 아닌 전력을 집약적으로 소비하는 거대 시설로 변모하고 있다.

AI는 단순하게 정의하면 컴퓨팅 파워의 대규모 증가이다. 방대한 언어 자료 및 시각 자료를 데이터화하고 이를 학습시켜서 추론까지 이르는 대규모 연산 처리장치이며, 이를 위해서는 행렬 연산이 필수적이다. 수조 개의 토큰을 추정하기 위해서는 GPU와 HBM이 수십에서 수백만 개를 연결하여 자료를 처리해야 한다. 결국 이러한 인프라를 구동하기 위한 전기를 안정적으로 공급해야 하고 동시에 발열을 잡기 위해서 전기가 또 필요해진다. 이제부터는 AI 강국만 살아남는 세상이며, AI로 경제를 부흥하기 위해서는 24시간 365일 끊임없는 전기 공급이 선행되어야 한다. 지금부터 글로벌 경제는 AI에 국운을 거는 나라와 그렇지 못한 나라로 나뉘어 미래 경제성장이 달라질 것이다.

국제에너지기구IEA는 전 세계 데이터센터의 전력 소비가 2022년 460TWh에서 2026년 1,050TWh로 두 배 이상 증가할 것으로 전망했다. 한국도 예외는 아니다. 2026년 1월 'AI 기본법'이 시행되면서 AI 산업 전반의 확장이 본격화될 것으로 예상되며, 이에 따라 전력 인프라의 준비 상황이 국가 경쟁력을 좌우하는 핵심 변수로 떠오르고 있다.

더욱 주목할 점은 2026년부터 본격 도입될 차세대 컴퓨팅 아키텍처가 전력 소비 패턴을 근본적으로 바꿀 것이라는 점이다. GPUGraphic Processing Unit 기반에서 NPUNeural Processing Unit, 양자컴퓨터, 뉴로모픽Neuromorphic 칩으로의 전환은 단위 연산당 전력 효율성을 높이지만, 동시에 순간 전력밀도를 기하급수적으로 증가시킨다.

예를 들어 엔비디아의 H200 GPU는 700W의 전력을 소비하

그림1 | 글로벌 전력 수요-데이터센터, AI, 암호화폐

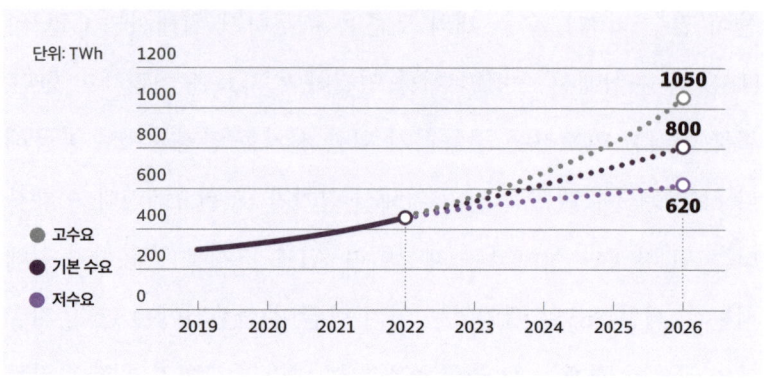

출처: IEA, Electricity 2024-Analysis and forecast to 2026

는 반면, 2026년 출시 예정인 차세대 AI 칩들은 1,000W를 넘어설 것으로 예상된다. 더욱이 AI 모델의 규모가 현재의 GPT-5 수준에서 10배 이상 커질 경우, 단일 훈련 작업에서도 수십 메가와트MW의 전력이 순간적으로 필요할 수 있다. 이는 기존 전력망의 부하 예측 모델과 실시간 제어 시스템을 완전히 새로 설계해야 함을 의미한다.

글로벌 에너지 패러다임의 변화와 AI 국제 경쟁

미국은 AI 인프라 확장을 위해 에너지 정책의 근본적 전환을 추진하고 있다. 트럼프 행정부는 2025년 7월 발표한 'AI 액션 플랜'

을 통해 "중요한 전력 생산 자원의 조기 해체를 방지"하겠다고 명시하며, 기존 석탄발전소의 폐쇄 연기와 원자력발전소의 연장 운영을 적극 추진하고 있다. 천연가스 터빈, 석탄발전 장비, 원자력발전 장비, 지열 발전 등 "신뢰할 수 있는 전력 공급원 reliable, dispatchable power sources"의 우선 배치를 공식화했으며, 5월에는 원자력 에너지 생산을 촉진하는 4개의 새로운 행정명령을 발표하여 원자력 규제 개혁을 통한 신속한 원전 건설을 추진하고 있다. 100MW 이상의 대용량 AI 데이터센터를 "적격 프로젝트"로 분류하여 국가환경정책법 National Environmental Policy Act 면제, 허가 절차 간소화, 연방 토지 우선 배정 등 전례 없는 특혜를 제공하고 있다.

더욱 파격적인 것은 국방부가 군사시설 내 토지를 AI 데이터센터용으로 임대하고, 환경청이 브라운필드(오염토지) 정화 비용을 지불하기 위해 만든 기금인 슈퍼 펀드 Superfund 사이트까지 AI 데이터센터 부지로 활용할 수 있도록 지침을 마련하고 있다는 점이다. AI 인프라 확충을 위해서라면 기존의 환경 보호 원칙도 유연하게 적용하겠다는 의지를 보여준다.

중국은 국가 차원에서 AI 데이터센터와 전력 인프라를 통합 설계하고 있다. 2026년부터 시행될 '국가 AI 컴퓨팅 허브' 계획에 따르면, 베이징-상하이-선전-청두를 잇는 4대 AI 컴퓨팅 벨트에 총 50GW 규모의 AI 전용 전력 인프라를 구축할 예정이다. 특히 주목할 점은 중국이 AI 데이터센터와 재생에너지를 패키지로 수출하는 전략을 추진하고 있다는 것이다. 몽골, 카자흐스탄, 파키스탄 등 중앙아시아 국가들과 'AI 실크로드' 프로젝트를 통해 태양광-풍력 발전소와 AI 데이터센터를 동시에 건설하여 저비용 AI 서비스를 제공하겠다는 계획이다.

EU는 AI 규제법 AI Act 과 그린딜 Green Deal 정책을 연계하여 '지속 가능한 AI' 생태계 구축에 집중하고 있다. 2026년부터는 100MW 이상 AI 데이터센터에 대해 탄소중립 의무를 부과하며, 재생에너지 사용 비율이 80% 미만인 데이터센터는 EU 내 서비스 제공을 제한하는 규제를 도입할 예정이다. 노르웨이와 아이슬란드는 풍부한 수력발전과 지열 에너지를 바탕으로 '친환경 AI 허브' 전략을 추진 중이다. 특히 아이슬란드는 2026년까지 전체 전력의 100%를 재생에너지로 공급할 수 있는 AI 데이터센터 단지를 조성하여 글로벌 AI 기업들을 유치한다.

일본은 후쿠시마 사고 이후 중단됐던 원자력발전소를 AI 산업 육성을 위해 재가동하고 있다. 2026년까지 10기의 원전을 재가동하여 AI 데이터센터 전용 전력을 공급할 계획이며, 이를 위해 10조 엔 이상을 투자하기로 했다. 일본의 독특한 점은 'AI 섬' 전략이다. 규슈와 시코쿠 등 외딴섬에 소형모듈원자로 SMR, Small Modular Reactor 와 AI 데이터센터를 함께 건설하여 본토 전력망과 독립적으로 운영하는 실험을 진행 중이다. 이는 AI 워크로드의 불안정성이 기존 전력망에 미칠 영향을 최소화하면서도 안정적인 전력 공급을 보장하는 혁신적 모델로 평가받고 있다.

2026년은 전력 시스템 혁신의 해: AI 강국을 위한 한국의 선택

2026년은 국내 AI 인프라 투자가 본격화되는 분기점이다. 정부는 AI 강국을 선언하고 AI 국가대표를 선정하기로 하였다. 기업들도 이미 발 빠르게 움직이고 있다. SK텔레콤과 AWS는 울산 미포 산단에 100MW급 AI 데이터센터를 7조 원 규모로 건설 중이며, 네이버는 춘천 데이터센터를 50MW 이상 확장하고, 카카오는 안산에 30MW급 글로벌센터를 구축 중이다. KT도 김해에 25MW급 데이터센터를 추진하고 있어, 향후 수백만 개 GPU가 국내 전력망에 동시 연결되는 시대가 열릴 것으로 보인다.

가트너는 2026년 국내 데이터센터 전력 소비가 2024년 대비 160% 증가할 것으로 내다봤다. 특히 AI 서버 랙의 전력 소모는 2023년 20kW에서 2026년 240kW로 12배 이상 증가할 것으로 예상된다. 한국 정부는 제11차 전력수급기본계획을 통해 2038년까지 전체 전력 수요가 현재보다 30% 이상 증가할 것으로 전망하고, 2030년대 중반에 국내 최초로 소형모듈원전 1기 건설을 계획하여 재생에너지와 원전으로 이를 뒷받침할 생각이다. 하지만 이는 단순한 수요 증가를 넘어, 변전소 설계와 송배전 설비 자체를 전면 개편해야 할 필요성을 의미한다. 문제는 전력망이 이러한 급격한 수요 변화를 따라가지 못하고 있다는 점이다. 현재 수도권에는 전체 데이터센터의 약 73%가 집중되어 있으며, 과도한 수전 용량 요구로 인해 일부 지역에서는 사업 지연 사례도 늘고 있다.

더욱 심각한 문제는 AI 워크로드의 불규칙성이다. 기존 제조업이나 일반 IT 서비스와 달리 AI 모델 훈련은 극도로 불규칙한 전력 수요 패턴을 보인다. 모델 훈련 초기 단계에서는 최대 전력의 20~30%만 사용하다가, 중간 단계에서 갑자기 100% 전력을 요구하기도 한다. 이러한 '스파이크 로드' 현상은 전력망의 주파수 안정성에 직접적인 위협이 될 수 있어서 '전력 계통 연계성 검토'의 구체적 대응책이 필요한 시점이다.

정부와 한국전력은 AI 기반 전력 수요예측 시스템을 2026년까지 전국 주요 변전소에 도입할 계획이다. 이 시스템은 기존 통계적 수요예측 방식에서 벗어나 실시간 AI 워크로드 패턴을 학습하여 15분 단위로 정밀한 수요예측을 제공한다. 또한 디지털 트윈 기반 전력망 운영시스템을 2026년부터 상용화하여 실제 전력망을 디지털로 복제해 AI 데이터센터의 급격한 부하 변화가 전체 전력망에 미칠 영향을 사전에 시뮬레이션하고, 최적의 전력 공급 경로를 실시간으로 결정하는 시스템을 구축할 예정이다. 또한 AI 모델의 연산 복잡도 증가 속도가 하드웨어 전력 효율 개선 속도를 상회하고 있어, 절대적 전력 소비 증가는 당분간 지속될 전망이다.

이는 '무어의 법칙'이 전력 분야에서는 한계에 부딪히고 있음을 의미한다. 더욱이 2026년부터 본격화될 AGI_{Artificial General Intelligence} 개발 경쟁은 현재와는 차원이 다른 전력 수요를 창출할 것으로 예상된다. AGI 모델은 현재의 특화형 AI 모델 대비 100배 이상의 연산 능력을 요구할 가능성이 높으며, 전력 소비량도 그만큼 증가함을 의미한다. 더 나아가 엔비디아는 월드 모델 프로젝트인 코스모스Cosmos를 통하여 전 세계를 디지털 트윈으로 만드는 작업을 시도하고 로봇과 접목하려 하고 있다.

이러한 도전은 동시에 새로운 기회이기도 하다. 전력 시장 안정화를 위해 AI를 적극 도입함으로써 전력 안정화 문제도 해결이 가능하다. 재생에너지가 증가함에 따른 기상예보를 통한 전력 공급 예측부터 전력 계통 운영 및 거래에 이르기까지 다양한 분야에 AI를 활용하고 전력 문제를 효율적으로 해결하는 시도가 다양해질 것이다. 이미 VPPVirtual Power Plant를 통하여 파편화된 전력 자원을 모아서 전력 시장에 공급하는 새로운 사업 기회가 발생하고 있고, 기상 예측을 더욱 정확하게 하면 전력 시장 안정화에 기여하는 대로 보상을 더 지급하는 제도로 운영되고 있다. 전력 계통 운영에서 AI는 가장 중요한 역할을 할 것이다. 초 단위로 변동하는 재생에너지의 간헐성을 반영하여 전력 수급을 균형 있게 유지하고 신뢰도를 높이는 기능을 할 수도 있다. 시장 거래에서도 암호화폐와 연계하여 안전한 전력 거래시스템을 구축할 수 있다. 이제는 AI에 새로운 전력을 공급하는 것도 AI를 통하여 이루어지므로 효율적이고 선진적인 시스템을 만들어야 한다.

2026년은 한국이 진정한 AI 강국으로 도약할 수 있는 결정적 기회를 판가름하는 해가 될 것이다. AI 기본법 시행과 함께 정부와 민간이 합력하여 전력 인프라 혁신을 추진해야 하며, 이는 단순한 기술적 도전을 넘어 국가 에너지 안보와 직결되는 전략적 과제다.

성공의 열쇠는 하드웨어 인프라 확충과 소프트웨어 혁신, 중앙정부와 지방자치단체 간의 협력, 그리고 공공과 민간의 효과적 역할 분담에 있다. 특히 규제 혁신을 통한 한국형 에너지 데이터 스페이스KEDS, Korea Energy Data Space 확보가 필요하다. 인허가 절차 간소화, 전력망 투자 확대, 차세대 에너지 기술개발 지원이 시급하다. 동시에 국제적 관점에서 한국만의 독특한 경쟁 우위를 확보해야 한다. 반도체 강국의 기술력, 빠른 인터넷 인프라, 그리고 효율적인 전력망을 결합한 'K-AI 에너지 모델'을 구축할 때다.

2026년, 전력이 곧 경쟁력인 시대에 한국이 어떤 선택을 하느냐에 따라 향후 10년간의 AI 주도권이 결정될 것이다. 우리는 이 역사적 전환점을 맞아 과감한 투자와 혁신적 사고로 미래를 준비해야 한다. 전력 인프라가 AI 경쟁력을 좌우하는 시대, 그 중심에서 한국이 선도적 역할을 시작하는 2026년이 될 것으로 기대한다.

산업 부문에서의 인공지능 활용 현황과 전망

04

이준영 * 산업연구원 디지털·AI전환생태계연구실 부연구위원

일반인들이 활용하는 챗GPT 등 생성형 AI 서비스의 확산과 더불어 산업 현장에서도 인공지능 기반의 다양한 기술이 급속하게 도입·활용되고 있다. 이제 산업 인공지능 기술은 기업의 생산성과 경쟁력 제고의 핵심 요소로 자리 잡았다. 이 글에서는 산업 부문에서 활용되는 '산업 인공지능'의 특징과 사례, 전망에 대해 논의한다.

| 산업 인공지능의 이해

산업 인공지능이 최근 우리가 많이 활용하고 있는 챗GPT 혹은

제미나이 등 생성형 AI 서비스와 가장 다른 점은 후자의 인공지능은 여러 분야(자연과학, 공학, 경제학, 금융 등)의 다양한 질문에 답할 수 있는 '수평적 horizontal AI' 성격을 지니지만, 전자의 인공지능은 산업 부문의 특정한 문제(불량품 탐지, 위험 요소 탐지 등) 해결에 특화된 '수직적 vertical AI' 성격을 지닌다는 점이다.

챗GPT 같은 수평적 AI의 경우, 일반적으로 최종 소비자를 대상(B2C)으로 서비스가 제공되며, 생성형 인공지능이 작성한 내용을 최종 사용자가 검토한 후 활용할 수 있다는 점에서 인공지능이 사실과 다르거나 허구의 정보를 제공하는 환각 hallucination 문제 역시 일정 부분 허용될 수 있다.

반면, 수직적 AI의 성격을 지니는 산업 인공지능은 산업 활동을 수행하는 기업이(B2B) 관련 서비스를 활용하며, 인공지능의 판단이 즉각적으로 기업 경영상의 중요 의사결정이나 근로자의 생명과 안전에 영향을 미칠 수 있다는 점에서 인공지능의 판단 오류가 허용될 수 있는 여지가 극히 제한적이다.

또한, 산업 인공지능은 특정 산업의 구체적인 공정상의 문제를 오류 없이 해결해야 하므로 고도의 인공지능 기술과 해당 인공지능 기술이 적용되는 산업에 대한 '도메인 지식'이 함께 요구된다. 이에 따라 챗GPT 혹은 제미나이 등의 생성형 AI 서비스에서는 오픈AI, 구글과 같은 IT 빅테크 및 스타트업 기업이 선두 주자를 차지하는 반면, 산업 인공지능 분야에서는 지멘스, 로크웰 오토메이션, 아비바, LG CNS, 삼성 SDS, 포스코 DX, SK C&C 등 제조업

표1 | 생성형 AI 서비스와 산업 인공지능의 비교

	생성형 AI 서비스	산업 인공지능
AI 특징	수평적(horizontal) AI	수직적(vertical) AI
주요 사용자	최종 소비자 (B2C)	기업 (B2B)
환각 이슈	일정 수준 허용 가능	허용 불가
주요 공급 기업	오픈AI, 구글 등 IT 빅테크·스타트업 기업	지멘스, 로크웰 오토메이션, LG CNS 등 제조업 기반 기업

기반 기업들의 솔루션이 선두를 달리고 있다.

산업 공정에서 인공지능 기술을 도입하는 변화를 '인공지능 전환AX, AI transformation'이라고 한다. 인공지능 기술이 활성화되기 이전에 지능형 공장smart factory 등을 통해 추진되던 디지털 전환DX, digital transformation이 공장 설비에 부착된 센서를 통해 디지털 데이터를 수집하여 '인간의 의사결정을 돕는 참고 자료를 제공'하는 수준이었다면, 인공지능 전환은 수집된 데이터를 바탕으로 인공지능이 구체적인 조치를 실행하거나 권고하는, 상대적으로 높은 수준의 공정 자동화를 목표로 한다.

일례로, 공장 내 제조 설비의 이상징후를 포착하여 예방정비를 실행함으로써 설비 고장으로 인한 공정 중단을 방지하고자 할 때, 디지털 전환 단계에서는 제조 설비에 부착된 진동 센서를 통해 수집된 데이터를 바탕으로 사람(공장 관리자 등)이 설비의 이상 유무를 직접 판단하였다면, 인공지능 전환 단계에서는 인공지능이 센

서 데이터를 바탕으로 기계의 이상 여부를 자체적으로 판단하여 공장 관리자에게 설비의 이상징후를 통보하고 예방정비를 권고한다.

산업 인공지능의 기술 사례

최근 산업 분야의 인공지능 기술 활용 사례를 살펴보면, 공정 최적화와 디지털 트윈, 예지보전, 산업 특화 대형언어모델을 통한 공정 및 업무 효율성 제고, AI 비전 기술을 활용한 불량품 및 위험 요소 탐지 등이 있으며, 해당 기술은 기업의 업무·공장 운영 효율성 제고, 비용 절감과 품질 향상, 산업안전 개선에 상당히 기여하고 있다.

먼저, 공정 최적화는 제조 공정의 생산 일정, 자재 투입, 설비 조정 등을 인공지능 기술로 최적화하여 생산성을 제고한다. 일례로, GS 칼텍스는 원유 정제 과정에서 발생하는 부산물인 코크 함량을 예측하는 AI 모델을 적용하여 제품 수율 향상을 추구하고 있다. 또한, 인이지는 철강, 시멘트, 유리, 정유·석유화학 등의 산업 공정에서 원자재 특성, 온도, 연료 투입량 등을 측정하여 인공지능 기술을 통해 공정을 최적화하는 솔루션을 개발·공급하고 있다.

디지털 트윈은 현실의 제조 설비를 가상공간에 동일하게 구현하고, 공정 변화 혹은 신제품 생산을 가상공간에서 시험·시뮬레이

선함으로써 시행착오 없이 최적의 설비 운영 방안을 도출할 수 있다. 디지털 트윈 기술의 적용 과정을 살펴보면, 공장 내 설비 등을 3D 스캐너로 스캔하고, 인공지능 기술을 적용하여 가상공간에 생산 설비 모형을 구축한 후, 공정 개선 혹은 신제품 생산과 관련된 시뮬레이션을 실행한다. 구체적인 사례로, HD현대그룹은 3D 가상 플랫폼을 활용하여 선박 설계부터 모든 생산과정을 통합하는 시스템을 구축함으로써 선박 건조 일정을 단축하고 비용을 절감하고 있다.

예지보전은 제조 설비, 플랜트 장비 등에 부착된 센서를 통해 데이터를 수집하고, 이를 인공지능 기술을 통해 분석하여 설비 혹은 장비의 고장 가능성을 사전에 예측하고, 이에 따른 예방정비를 실시함으로써 예측지 못한 설비, 혹은 장비 중단으로 인하여 발생하는 손해 비용을 최소화한다. 일례로, AI 산업을 기반으로 하는 스타트업 원프레딕트는 발전소 및 정유 공장 등에서 설비의 남은 수명과 고장 확률을 인공지능 기술을 활용하여 예측함으로써, 생산 중단으로 인한 비용을 감소하고 안전사고를 예방할 수 있는 인공지능 솔루션 'GardiOne'을 개발·공급하고 있다.

산업 특화 대형언어모델은 챗GPT 등으로 대표되는 대형언어모델을 특정 산업 분야에 특화된 모델로 개발하여 산업 현장에서 인공지능 비서 형태로 활용한다. 일례로, 포스코 DX는 제철소 운영 데이터 학습을 통해 철강 제조에 특화된 대형언어모델 'P-GPT'를 개발하여 생산 일정 및 공정 흐름 최적화에 활용함과

표2 | 산업 인공지능 기술별 설명과 활용 사례

기술	설명	활용 사례
공정 최적화	제조 공정의 생산 일정, 자재 투입, 설비 조정 등을 인공지능 기술로 최적화	철강, 시멘트, 유리, 석유화학 산업에서의 공정 최적화
디지털 트윈	현실의 제조 설비를 가상 공간에 동일하게 구현하고, 공정 변화 혹은 신제품 생산을 가상 공간에서 시험·시뮬레이션	선박 제조의 설계·제조 과정 통합을 통한 일정 단축 및 비용 절감
예지보전	장비에 부착된 센서 등을 통해 데이터를 수집·분석하여 설비·장비의 고장 가능성을 사전에 예측	발전소 및 정유 공장 등에서 설비의 남은 수명과 고장 확률 예측
산업 LLM	산업 현장에서 인공지능 비서 형태로 활용하는 산업 특화 LLM	철강 제조 특화 LLM을 활용한 공정 흐름 최적화
비전 AI	사진·영상 정보 분석을 통한 제품의 불량률 감소 혹은 산업 위험 요소 탐지	불량품 탐지 및 산업 안전사고 예방

더불어 비전 AI 기술과 결합하여 공장 운영 의사결정의 정확도를 제고하고 있다.

비전 AI 기술은 사진·영상 정보에 대한 인공지능을 활용하여 제품의 불량률을 감소시키고 산업 현장의 위험 요소를 사전에 탐지한다. 일례로, 인터엑스는 카메라 이미지로 제품의 불량 여부를 즉시 판별하는 'Inspection.AI', 실시간 모니터링을 통해 작업자의 사고 위험을 인지하고 즉각적인 조치를 시행하는 'Safety.AI' 등의 인공지능 솔루션을 개발·공급하고 있다.

산업 인공지능의 향후 영향과 전망

산업 부문에서의 인공지능 기술 활용은 기업의 생산성 및 경쟁력 제고를 위한 필수 요인으로 자리 잡고 있으며, 이러한 추세는 점차 가속화될 것이다. 매년 상반기 독일에서 개최하는 세계적인 종합 산업 박람회 하노버 메세Hannover Messe를 살펴보면, 인공지능 기술을 포함하는 산업 자동화 관련 전시 비중이 매년 증가하고, 관련 주제 역시 세분화하고 있으며, 하노버 메세를 매년 참관하는 관계자들 역시 산업 인공지능 관련 기술이 핵심 트렌드로 자리 잡고 있음을 언급하고 있다. 또한 2022년 챗GPT의 출시 이후, 대형언어모델을 중심으로 한 생성형 AI 기술이 빠르게 발전하고, 인공지능 기술 발전의 다음 단계라고 할 수 있는 '에이전트 AI' 기술 역시 빠르게 발전하고 있다는 점에서 산업 부문에서의 인공지능 활용도 점차 가속화될 것으로 전망된다.

이러한 산업 인공지능 전환 추세는 자연스럽게 아직 인공지능 기술을 도입하지 않은 기업에 대한 압력으로 작용하겠지만, 우리나라의 모든 기업이 이러한 흐름에 발맞춰갈 수 있을지는 다소 의문이다. 일정 규모 이상의 (대·중견) 기업은 산업 인공지능 솔루션을 외부에서 도입하거나 자체적으로 개발할 수 있는 역량이 충분하지만, 상대적으로 규모가 작은 중소기업은 조직 규모나 역량 측면에서 환경 변화에 발맞춰가기가 쉽지 않을 수 있다. 더불어, 미국 등 선진국에 비해 기술 환경 변화에 따른 기업 혁신 활동이 상대적으로 경직돼 있는 우리나라의 특성을 고려할 때, 산업 인공지능 기술의 도입·활용을 통한 생산성과 경쟁력 역량 강화는 우리나라 상당수 기업의 시급한 도전 과제로 부상하리라 예상한다.

산업 인공지능 기술의 활용은 노동시장에서 산업 부문별 도메인 지식과 인공지능 기술 지식을 모두 갖춘 인재, 인공지능과 함께 일할 수 있는 인재에 대한 노동 수요는 증가시키는 반면, 인공지능 도입으로 필요 없어진 업무에 관한 노동 수요는 급격하게 감소시킬 것이다. 실제로 최근 산업 현장에서는 인공지능 전환과 관련하여 인력 공급의 부족을 주요 장애 요인으로 제시하고 있다.

최근 미국 마이크로소프트는 인공지능 도입에 따라 필요가 없어진 컴퓨터 엔지니어(프로그래머), 중간 관리자에 대한 대규모 해고를 단행한 바 있다. 산업 인공지능 기술에 따른 노동 수요의 변화는 향후 노동시장에 진출하는 청년 세대에게 인공지능 기술 교육의 중요성이 점차 증가할 것임을 시사한다.

한편, 과거 최저임금의 급격한 상승 충격이 키오스크 도입을 통해 관련 노동 수요를 빠르게 대체하는 촉매제로 작용하였던 사례를 고려할 때, 최근 〈노동조합 및 노동관계조정법 개정안〉(노란봉투법) 등의 노동 관련 기업 규제 강화는 기업들의 산업 인공지능 기술 도입을 촉진하는 압력으로 작용할 수 있다. 특히, 이러한 추세가 관세를 무기로 미국이 추진하는 투자 유치 정책과 맞물릴 경우, 국내기업의 산업 인공지능 기술 도입과 생산 설비의 해외 이탈이 동시에 나타날 수 있다.

최근 현대제철은 기업 실적이 악화하는 상황에서 노조가 성과급 지급을 요구하며 파업을 강행하자, 직장폐쇄로 대응하였다. 금호타이어는 광주공장 화재 이후 유럽 신공장으로 생산 거점을 이전하는 방안을 논의하고 있다.

한편, 현대차그룹이 2025년 3월 미국 조지아주에 준공한 메타플랜트 아메리카HMGMA는 연간 10만 대를 생산하지만 전체 근로자 수는 880명에 불과하며, 이는 생산량 대비 근로자 수 기준 현대자동차 울산공장의 3분의 1 수준이다. 2025년 7월, 우리나라는 현대, 삼성 등 대기업이 지원한 미국과의 관세 협상 과정에서 3,500억 달러(약 487조 원) 규모의 미국 투자를 약속했는데, 이는 2024년 우리나라 명목 GDP의 약 20% 규모이다.

이러한 대내외 환경을 종합적으로 고려할 때, 최근 강화되고 있는 노동 부문에서의 기업 규제 및 미국 투자 증가 추세가 산업 인공지능 기술 도입과 맞물릴 경우, 국내기업은 산업 인공지능 기술을 도입하지만, 이에 따른 신규 투자는 국내가 아닌 해외에서 추진되는 국내기업 생산 설비의 해외 이탈이 나타날 수도 있으며, 이는 국내 경제 여건을 악화시키는 요인으로 작용할 것이다.

언어모델 기반
AI를 넘어
물리적 AI의 시대로

신동형 * 알서포트 CSO(Chief Strategy Officer)

05

엔비디아 CEO 젠슨 황이 CES, COMPUTEX 등 다양한 행사에서 "이제 물리적 AI가 미래다"라고 선언한 것은, 단순한 기술 발전이 아닌 AI 패러다임의 근본적 전환을 의미한다. 현재 메타, 구글, 오픈AI 등 빅테크 기업들이 벌이고 있는 인공 일반 지능 AGI, Artificial General Intelligence 경쟁에서 물리적 AI는 중요 요소로 간주되고 있다. 지금까지 AI는 주로 텍스트 생성과 이미지 처리에 특화되어 있지만, 2026년부터는 물리적 세계에서 직접 작업을 수행하는 AI 시스템이 본격 도입될 것으로 예상된다.

이러한 전망을 뒷받침하는 구체적 지표들이 나타나고 있다. 시티그룹이 2024년 12월 발표한 〈인공지능 로봇의 부상〉 보고서는

2026년 4억 대, 2035년 13억 대, 2050년 41억 대의 AI 로봇 배치를 예측했다. 삼사라의 조사에서는 93%의 기업이 1~2년 내 AI 도입 계획을 발표했으며, 이는 2026년이 물리적 AI 확산의 실질적 원년이 될 수 있음을 시사한다.

변화의 핵심 동력은 경제적 타당성이다. 테슬라가 목표로 하는 2만~2만 5,000달러의 휴머노이드 로봇 가격은 미국 최저임금 기준으로 36주 만에 투자 비용 회수가 가능한 수준이다. 미국 물류 창고 분야의 40만 개 미충원 일자리와 한국 3D 업종의 구조적 인력 부족 상황에서 물리적 AI는 현실적 해결책으로 주목받고 있다.

물리 법칙 이해하는 AI: 월드 모델의 등장

물리적 AI는 본질적으로 로봇용 AI다. 기존 LLM과는 학습 방식부터 다르다. 챗GPT에게 "물컵을 집어서 옮겨라"라고 명령하면 텍스트로는 완벽한 설명을 제공하지만, 실제로는 물컵의 무게를 고려한 힘 조절, 액체를 흘리지 않는 각도 유지, 목적지까지의 최적 경로 계산 등을 수행할 수 없다.

로봇이 공장에서 부품을 조립할 때도 마찬가지다. 기존 AI는 "나사를 시계방향으로 돌려라"라는 지시는 할 수 있지만, 실제 나사의 재질에 따른 적절한 토크 조절, 부품 간격의 미세한 차이에 대한 대응, 작업 중 발생하는 진동이나 소음을 통한 상태 판단은 불가능했다. 이는 AI가 중력, 관성, 마찰, 재질의 물성 등 물리 법칙을 실제로 이해하지 못하기 때문이다.

물리적 AI는 이러한 한계를 극복하기 위해 텍스트 중심 학습에서 비디오 중심 학습으로 전환한다. 로봇에게 용접 기술을 가르칠 때 매뉴얼을 읽어주는 것보다 숙련공의 용접 과정을 비디오로 반복 학습하는 것이 훨씬 효과적이라는 원리다. 이는 단순히 AI를 강조한 로봇을 의미하는 물리적 실체로 구현된 AI(Embodied AI)와는 구별되는 개념으로, 물리적 세계의 법칙을 근본적으로 이해하는 AI 시스템을 의미한다.

엔비디아의 코스모스는 월드 모델을 기반으로 한 물리적 AI 플랫폼이다. 기존 LLM이 40조 개의 텍스트 토큰을 패턴 매칭으로 학습했다면, 코스모스는 비디오 데이터를 통해 물리적 상호작용의 인과관계를 직접 학습한다.

메타의 AI 수석과학자 얀 르쿤이 제시한 월드 모델의 핵심은 두 가지 사고 모드다. 첫 번째는 직관적 대응으로, 계산 없이 즉각적으로 반응하는 시스템이다. 두 번째는 심사숙고를 통해 장기적 결과를 예측하고 계획하는 시스템이다. 예를 들어, 로봇이 뜨거운 물체를 감지하면 즉시 손을 떼는 것은 직관적 대응이고, 복잡한 조립 과정에서 최적의 순서를 계획하는 것은 심사숙고에 해당한다.

이러한 월드 모델은 2026년 실제 산업 현장에서 예상치 못한 상황에 유연하게 대응할 수 있는 AI 시스템 구현의 기반이 된다.

기존 산업용 로봇이 사전 프로그래밍이 된 동작만 반복했다면, 물리적 AI를 탑재한 로봇은 부품 위치 변화, 형태 차이, 환경 변화에도 실시간으로 적응할 수 있을 것이다. 2026년에는 이러한 기술이 실제 제조업 현장에 확산될 것으로 예상된다. 이미 피겨 AI의 로봇이 BMW 제조 현장에 투입되었지만, 중국발 성능-가격 경쟁 심화로 실제 제조업 현장에 확대될 것으로 예상된다. 자동차 조립 라인에서 물리적 AI 로봇은 점차 부품의 미세한 치수 차이를 감지하고 그에 맞춰 조립 방식을 자동 조정할 수 있다. 용접 작업에서는 재료의 두께와 상태에 따라 실시간으로 온도와 속도를 조절하며, 품질 검사에서는 육안으로 식별하기 어려운 미세한 결함까지 탐지할 수 있을 것이다.

중국의 푸두 로보틱스가 이미 8만 대 이상의 서비스 로봇을 배치한 것은 이러한 변화의 선행 사례이자 시그널로 볼 수 있다. 이들 로봇은 단순히 정해진 경로를 따라 이동하는 것이 아니라, 고객의 움직임을 예측하고 장애물을 회피하며 최적의 서비스를 제공한다.

2만 달러 경제 혁명: 휴머노이드 로봇의 경제성

시티그룹 보고서의 경제성 분석은 물리적 AI 확산의 현실적 근거를 제시한다. 테슬라가 목표로 하는 2만~2만 5,000달러 휴머노이드 로봇의 투자 회수 기간을 살펴보면, 미국 최저임금 7.25달러 기준으로 36주, 캘리포니아 최저임금 16달러 기준으로 13주, 미국 평균 공장 근로자 임금 28달러 기준으로 7.4주, 간병사 평균 임금 41달러 기준으로 5.1주면 투자비 회수가 가능하다.

한국의 경우 최저시급 1만 원 기준으로 4대보험과 각종 수당을 포함한 기업 부담은 연간 약 3,000만 원 수준이다. 2만 5,000달러(약 3,300만 원) 로봇의 연간 총비용은 유지보수비를 포함해도 990만 원 수준으로, 인간 근로자 대비 약 3분의 1 수준이다. 특히 로봇은 24시간 연속 작업이 가능하여 3교대 인력을 대체할 수 있어 실제 경제성은 더욱 높다.

이러한 경제성을 검증하는 사례가 사우디아라비아의 알랏ALAT 프로젝트다. 2033년까지 1,000억 달러를 투자하여 100% 자동화 공장을 구축하는 이 프로젝트는 100% 청정에너지 기반 운영, 완전히 자율화된 생산 시스템, 물리적 AI 기술의 전면적 적용 등 세 가지 요소로 구성된다.

소프트뱅크 로보틱스 공장이 6개월 만에 완공된 것은 디지털 트윈 기술의 효과를 보여준다. 가상공간에서 완전한 공장을 먼저 구현하고 다양한 시나리오를 시뮬레이션한 후 실제 건설에 착수하여 기존 1~2년 소요 기간을 대폭 단축했다. 이는 물리적 AI가 설계 단계부터 운영까지 전 과정에 적용될 수 있음을 보여주는 사례다.

물리적 AI 확산은 제조업 경쟁력의 결정 요인을 바꿀 가능성이 높다. 인건비가 제조원가에서 차지하는 비중이 줄어들면서 기존 저임금 국가들의 우위가 약화되고, 대신 AI 기술력, 에너지 효율성, 물류 인프라를 보유한 국가가 경쟁에서 유리한 위치를 점할 것으로 예상된다. 시티그룹 분석에 따르면 중국이 전 세계 로봇 관련 특허의 78%를 차지하고 있으며, 일본 7%, 한국 5%, 미국 3% 순으로 나타났다. 이는 아시아 지역이 물리적 AI 기술개발에서 선도적 위치에 있음을 보여준다. 물론 중국이 월등한 점은 부인할 수 없는 부분이다.

| 2026년 산업 지형 변화 전망

2026년부터는 제조업 경쟁력의 핵심이 '저임금'에서 'AI 기술력'으로 이동할 것으로 예상된다. 휴머노이드 로봇 한 대가 24시간 연속 작업을 통해 기존 3교대 인력을 대체할 수 있다면, 저임금 국가들의 경쟁 우위는 상당히 약화될 수 있다. 대신 AI 알고리즘 최적화, 로봇 시스템 통합, 데이터 분석 역량을 갖춘 기업과 국가가 새로운 제조업 강자로 부상할 가능성이 높다.

에너지 비용도 새로운 경쟁 요소로 부상할 전망이다. AI와 로봇 시스템은 24시간 전력을 소비하므로 에너지 효율성과 비용이 제조원가에 직접적으로 영향을 미친다. 사우디아라비아, 아랍에미리트 등 저렴한 재생에너지를 확보한 국가가 에너지 집약적 제조업에서 새로운 경쟁력을 발휘할 가능성이 있다.

이러한 변화와 함께 물리적 AI 확산에 따른 일자리 변화는 2026년 중요한 사회적 과제가 될 것으로 예상된다. 단순 반복 업무, 위험 환경 작업, 야간 근무 등은 로봇으로 대체될 가능성이 높지만, 동시에 새로운 직종도 창출될 것이다. 사우디아라비아 알랏 프로젝트에서는 AI 엔지니어, 로봇 시스템 통합 전문가, 데이터 분석가, 예측 유지보수 전문가 등 새로운 직종이 등장하고 있다. 시티그룹 보고서에 따르면, 로봇 관련 일자리 게시글이 2021년 하반기 이후 연평균 65% 성장률을 보이며, 2024년 상반기에는 약 50만 건에 달했다.

2026년 새롭게 부상할 직종으로는 물리적 AI 트레이너(로봇 작업 학습 지원), 휴먼-로봇 협업 코디네이터(인간과 로봇의 협업 시스템 설계), 로봇 윤리 컨설턴트(AI 윤리 기준 수립), 디지털 트윈 아키텍트(가상 공장 구현) 등이 예상된다. 이들 직종의 특징은 기존 제조업 일자리보다 높은 기술적 전문성을 요구하며, 그에 따른 보상 수준도 상당히 높다는 점이다.

2026년은 물리적 AI가 실험실에서 나와 실제 산업 현장에 도입이 시작되는 전환점이 될 것이다. AGI 경쟁에서 물리적 세계 이해가 핵심 요소로 부상하면서 기술 발전이 가속화되고 경제적 타당성이 확보되면서 제조업, 서비스업, 물류업 등 다양한 분야에서 AI 로봇에 관한 관심과 활용이 확산될 것이다.

하지만 이러한 변화는 점진적으로 진행될 가능성이 높다. 기술적 완성도, 안전성 확보, 규제 환경 정비, 사회적 수용성 등의 변수에 따라 확산 속도와 범위가 결정될 것이다. 2026년은 물리적 AI 시대의 실질적 시작점으로, 향후 10년간 지속될 산업혁명의 서막이 될 것으로 전망된다.

인공지능의
사회경제적 파장과 전망

06

성효용 ✱ 성신여자대학교 경제학과 교수

2025년 현재 AI는 더 이상 미래 기술이 아니라, 인간의 삶과 경제 구조를 바꾸는 현실의 동력으로 작용하고 있다. 생성형 AI는 텍스트 작성, 콘텐츠 추천, 고객 응대, 데이터 분석을 실시간으로 수행하며, 산업의 효율성과 소비자의 편익을 동시에 끌어올린다. 특히 AI는 단순한 기술 도구를 넘어, 예측력과 자율성이라는 속성을 통해 제조, 금융, 물류, 의료, 교육 등 전 산업의 패러다임을 근본적으로 바꾸고 있다.

AI는 수요예측과 재고 관리에서도 핵심적인 역할을 할 뿐만 아니라, AI를 활용한 경제지표 예측은 정부의 경기대응력을 강화하고 세수 오차를 축소하여 재정 운용의 효율성과 신뢰성을 높일 수 있다. 최근 조지아주립대학교와 시카고대학교의 공동 연구에 따르면, 생성형 AI가 분석한 경제 전망이 연방준비은행의 전문가 설문 조사 결과보다 더 정확한 것으로 나타났다.*

기술 진화로 AI의 위상이 단순한 기계장치를 넘어 '인간과 상호작용하는 시스템'으로 바뀌면서 AI는 생활의 편리함과 생산성 증대에 기여하지만, 동시에 여러 가지 사회경제적 문제를 발생시킨다. 이에 대응하여 OECD는 2019년에 인공지능 권고안을 마련하여 5대 원칙(포용적 성장과 지속 가능한 발전 및 복지 증진, 인간중심의 가치 및 공정성, 투명성 및 설명 가능성, 견고성·보안성·안전성, 책임성)과 국가 정책 및 국제 협력을 위한 5대 정책 권고 사항(연구개발 투자 확대, 포용적 생태계 조성, 상호 운용적 거버넌스와 정책 환경 조성 및 지원, 인적 역량의 강화와 노동시장의 변화에 대비, AI의 신뢰성 확보를 위한 국제 협력체계의 구축)을 제시했다.**

우리나라도 OECD의 권고안을 반영하여 2025년 1월 21일 〈인공지능 발전과 신뢰 기반 조성 등에 관한 기본법〉(AI 기본법)과 〈디지털 포용법〉을 제정했고, 2026년 1월 22일 시행을 앞두고 있다.

이재명 정부는 AI를 국가 대전환의 핵심 동력으로 삼고, 한국을 세계 3대 AI 강국으로 도약시키기 위해 임기 동안 25조 원의

---

* Jha, Manish and Qian, Jialin and Weber, Michael and Yang, Baozhong, Harnessing Generative AI for Economic Insights (October 04, 2024). Available at SSRN: https://ssrn.com/abstract=4976759 or http://dx.doi.org/10.2139/ssrn.4976759.

** OECD, Recommendation of the Council on Artificial Intelligence, OECD/LEGAL/0449, 2025.

재정을 투입하기로 했다.*

특히 AI 고속도로를 구축하여 산업 및 지역 전반의 AI 대전환을 추진하고, AI 기본 사회를 구축하며, 재난 예방 및 공공서비스에 AI를 적극 활용하여 세계 1위의 AI 정부를 구현하고, 범국가 차원의 AI 컨트롤 타워를 구축하여 정책·전략 조정 기능을 강화하기로 했다. 2025년 세제 개편안에서는 국가 전략 기술에 AI 분야 세부 기술과 사업화 시설을 신설하여 조세특례를 적용하고, 국내에 복귀하는 AI 우수 인력에 대한 소득세 감면 적용 기한을 연장하기로 했다. 하지만 AI 발전을 위한 혁신의 생태계가 취약한 상태에서 노동 수요의 변화, 소득 및 디지털 격차 확대, 윤리 규범과 민주주의 위기에 대한 대응이 미약하고, 2026년에는 이러한 문제들이 사회적 쟁점으로 부각될 전망이다.**

혁신과 포용의 생태계 조성

영국 언론기관인 토터스 미디어가 발표한 2024년 한국의 AI 지수 종합 순위는 83개 국가 중 6위로 2023년과 같지만, 영역별로 다소

---

*   2025년 국정기획위원회 국민보고대회 자료집 참고.
** 성효용, 〈인공지능(AI) 시대의 사회경제적 문제와 정책 대응 방안〉, 한국재정정책학회 연구용역보고서, 2025.

의 차이를 나타내고 있다.* 오픈 소스 모델과 특허 분야에서 높은 평가를 받아 개발 부문 3위에 올랐고, AI 관련 정책과 공공 인프라 투자에서 강세를 보여 국가 전략 부문 4위를 달성했으며, 슈퍼컴퓨팅, 반도체, GPU 접근성 등에서 높은 점수를 받아 인프라 부문 6위를 기록했다. 반면에 AI 관련 법률, 신뢰도, 다양성 등 사회적 요소에서 낮은 평가를 받아 운영환경은 35위로 크게 하락했다. 더욱이 국내 AI 인재의 해외 유출이 심화되면서 인재 확보와 유지, 연구에 대한 투자가 중요한 정책과제로 제기되고 있다.

　AI에 대한 글로벌 각축전이 치열해지는 가운데 주요 국가들은 AI 산업에 대규모 투자를 기획하고 있다. 미국은 오픈AI와 앤트로픽 등 민간기업 주도로 AI 생태계를 확산시키고 있으며, 중국은 차세대 AI 발전계획에 따른 대규모 공공투자와 기술 국산화를 추진하고 있다. 우리도 전문 인력 양성과 R&D 투자, 운영환경 개선 등으로 AI 산업에 대한 민간투자를 유인하되 소버린 AI를 구축하여 인공지능의 독립성과 보안성을 확보하는 방향으로 나아가야 한다.

　한편, AI의 발전과 확산으로 노동시장 구조가 급격히 재편되고 있다. 반복적이고 단순한 업무뿐만 아니라 전문 직종의 일자리도 AI로 대체되면서 전반적으로 실업과 고용불안이 사회갈등 요인으로 작용할 전망이다.** 한국은행에 따르면 우리나라 취업자

---

* The Global AI Index(https://www.tortoisemedia.com/data/global-ai#rankings).
** 한국개발연구원, 〈AI의 사회경제적 영향과 대응과제〉, GLOBAL ISSUE BRIEF Vol. 07(2023년 1월호).

중 약 341만 명(전체 취업자 수 대비 12%)은 AI 기술로 대체될 가능성이 높다. 산업연구원에 따르면 AI가 2022년 기준 327만 개의 국내 일자리를 대체하고, 이 중 59.9%가 전문 직종일 것으로 분석했다.* 물론 AI 산업의 발전으로 새로 창출되는 일자리가 소멸하는 일자리를 초과하거나 근로시간이 감소하는 경우에는 경제 전체적으로 일자리가 줄어들지 않을 수도 있다. 세계경제포럼은 AI 기술의 보편화와 인구·지정학적 변화로 향후 5년간 9,200만 개의 일자리가 사라지는 동시에 1억 7,000만 개의 일자리가 새로 생길 것으로 예측했다.**

2026년에는 이러한 노동시장 구조의 변화에 대응하여 노동법 체계 등 제도적 기반 개편이 불가피할 것으로 전망된다. AI로 초래될 실업과 고용불안에 적절히 대응하기 위해서는 노동시간 단축에 대한 사회적 합의와 고용 안전망 확충이 필요하고, 기존의 고용 형태에 기반한 사회보험제도를 소득에 기반한 제도로 개편하여 AI의 발전에 따른 소득원천의 변화에 능동적으로 대응해야 한다.

AI의 파장은 단순히 소득 격차뿐 아니라 '기술 친화력'에 따른 계층 분화를 심화시키고 있다.*** AI는 높은 연산 능력과 데이터 접근성을 가진 대기업에 더욱 유리하게 작동하고, 소규모 기업이

---

* 한국은행, 〈AI와 노동시장 변화〉, 《BOK 이슈노트》 제2023-30호, 2023.
산업연구원, 〈AI 시대 본격화에 대비한 산업인력양성 과제〉, 《i-KIET 산업경제이슈》 제162호, 2024.
** World Economic Forum, Future of Jobs Report 2025.
*** Mauro Cazzaniga and others, "Gen-AI: Artificial Intelligence and the Future of Work." IMF Staff Discussion Note SDN2024/001, International Monetary Fund, Washington, DC.

나 개인에게는 도입 비용과 학습 진입장벽이 부담으로 작용한다. 국제통화기금IMF에 따르면, AI와 고소득 근로자 간의 상호 보완성이 강할 경우, 노동 소득 불평등이 심화되고, 자본 수익의 증가는 자산 불평등을 확대시킬 수 있다. 고급 기술을 보유한 인력은 높은 보상을 받지만, 반복적으로 전개되는 저숙련 직무는 자동화 설비로 대체될 수 있기 때문이다. 더욱이 대기업은 막대한 데이터를 활용해 AI 알고리즘을 최적화하여 시장 지배력을 강화하지만, 중소기업은 AI 시스템의 활용이 미흡하여 대기업과의 경쟁에서 밀려날 것이다.

AI의 발전에 따른 불평등과 양극화 문제에 대응하기 위해서는 포용적 교육으로 디지털 격차를 축소해야 한다. 핀란드는 전 국민을 대상으로 'AI Basics' 온라인 교육을 무료로 제공하고, 싱가포르는 정부가 민간과 협력하여 AI 관련 직업훈련 프로그램(SkillsFuture)을 운영하고 있다. 나아가 생존을 위한 최저임금을 인간다운 삶을 보장하는 생활임금 수준으로 올리고 사회안전망을 확충하면서 대기업과 고소득자에게 복지세 또는 데이터세를 부과하여 필요한 재원을 마련해야 한다.

| 윤리적 규범과 민주주의 위기, 그리고 합리적 규제

AI 기술이 인간의 삶과 사회 구조에 깊숙이 침투하면서, 단순한 기술혁신을 넘어 윤리적 책임과 규제가 필수 요소로 부상하고 있다. 2021년 유네스코는 AI 윤리 권고안을 채택했고, EU는 2024년 8월 AI Act를 제정하여 생체 인식과 감정 분석을 원칙적으로 금지했다. 미국은 2025년 4분기에 AI 연계 개인정보보호 프레임워크 Privacy Framework 1.1를 발표하여 기업과 조직이 AI 시대의 프라이버시 리스크를 체계적으로 관리할 수 있도록 지원할 예정이다.* 우리나라도 2025년 2월 'AI 윤리 기준 실천을 위한 자율점검표'를 발표했지만** 그 위반에 대해서는 직접적인 제재 조항을 두지 않고 있다. 자율 규제 차원의 지침은 한계가 명확하기에 위반 시 제재 수단을 마련해야 한다.

한편, AI가 인간과 상호작용하면서, 개인의 자율적 판단 능력을 약화시켜 민주주의를 위협할 수 있다는 우려가 제기되고 있다. 예를 들면, 생성형 AI가 정치적 허위 정보나 편향된 콘텐츠를 대량 생산할 수 있고, 이는 선거 과정에서 유권자의 판단을 왜곡할 수 있다. 실제로 일부 온라인 플랫폼은 사용자의 의견을 시각화하거나 요약하는 과정에서 편향된 알고리즘을 사용한다. 유권자의 의사가 체계적으로 왜곡되어 합리적 선택이 방해받는다면 공공 자원의 효율적이고 공정한 배분은 보장되지 못한다. 알고리즘 투명성, 디지털 리터러시, 미디어 분권화 등의 이슈는 이제 기술 문

---

* National Institute of Standards and Technology, Privacy Framework 1.1, 2025.
** 과학기술정보통신부의 자율점검표에 제시된 10대 핵심 요건은 인권 보장, 프라이버시 보호, 다양성 존중, 침해금지, 공공성, 연대성, 데이터 관리, 책임성, 안전성, 투명성이다.

제가 아니라 정치적 존립 기반을 좌우하는 사회적 요소가 되고 있다.

챈은 이러한 문제를 해결하기 위해 단순한 기술 규제가 아닌, 민주주의적 가치와 개인의 권리를 보호하는 방향으로 규제를 재구성해야 한다고 주장한다.* 다만 과도한 규제는 AI의 발전을 저해하고 느슨한 규제는 사회적 피해를 증폭하기 때문에 국제 협력을 기반으로 적정 수준의 규제를 모색해야 한다. 공정한 알고리즘의 사용을 의무화하고 AI 모니터링의 투명성과 윤리적 기준을 준수하는 방향으로 AI 거버넌스를 정비해야 한다.

향후 AI 경제는 기술 그 자체보다 그 기술을 누가, 어떻게, 누구를 위해 설계하는가에 따라 전혀 다른 미래를 만들 것이다. 기술 중심의 고도성장을 추구하면, 글로벌 경쟁력을 선점할 수 있지만 포용성은 약화될 수 있다. 반면에 협력형 AI 생태계의 구축에 치중하면, 포용성은 강화되나 초기의 성장 속도가 더딜 수 있다. AI는 단순한 기술 발전을 넘어 경제와 사회의 작동 방식을 재구조화하는 거대한 변화의 매개이고, 그 방향은 혁신적이면서도 포용적이어야 한다. 2026년은 AI 경제의 대전환을 결정지을 분기점이 될 것이다.

---

* Hung-Ju Chen, The Freedom of Speech under Siege: The Tension between Generative AI and Democracy, SAPI Colloquium 2025-Ⅲ.

제2장

지정학적 변곡점에 처한 각국의 각자도생

INTRO	각자도생의 시대의 각국의 대응 전략
01	트럼프 2기, 보호무역과 새로운 질서
02	중국이 제조업을 장악하는 세 가지 경로
03	극적 변화 속에 연착륙 시도하는 유럽경제
04	쌀값 상승이 보여주는 일본경제의 실상
05	동남아경제, '불안정한 균형' 속의 기회와 도전
06	트럼프 2기 관세 정책과 한국 수출의 전망

각자도생 시대의 각국의 대응 전략

INTRO

이현태 * 서울대학교 국제대학원 교수

2026년 세계 경제는 지정학적 격변과 경제 질서 재편이라는 충격 속에서 '각자도생'의 시대로 접어들고 있다. 미국은 트럼프 행정부 2기의 보호무역주의로 자국 산업을 키우고 이익을 극대화하려 하고 있으며, 중국은 제조업 고도화를 추진하지만 내수 부진과 과잉생산이라는 한계에 직면해 있다. 유럽은 전쟁 장기화와 개혁 지체로 회복세가 더디고, 일본은 농정 왜곡과 구조적 비효율로 저성장이 심화되고 있다. 동남아는 미중 경쟁의 전방에서 국가별 성장 격차가 확대되고, 한국은 이 거대한 변화의 교차점에서 전략적 결단을 요구받고 있다.

제2장에서는 6명의 국내외 경제 전문가가 집필한 글을 통해 미국·중국·유럽·일본·동남아·한국 경제의 구조적 제약과 기회 요인을 짚는다. 이를 통해 2026년 세계 경제의 공통된 흐름과 국가별

대응 전략을 입체적으로 확인할 수 있을 것이다. 지정학적 전환점에 선 지금, 각국의 '각자도생' 사례는 한국의 전략적 방향 설정에도 중요한 통찰을 제공한다.

우선 미국경제 전망은 미국 오번대학교 경제학과 교수로 재직하면서 현지에서 직접 연구 중인 거시경제 전문가 김형우 교수가 집필하였다. 트럼프 2기 행정부는 고율 관세와 미국 우선주의 정책을 본격적으로 강화하며, 세계 경제에 가장 큰 불확실성 요인으로 떠올랐다. 상호 관세 부과는 동맹국과의 무역 갈등을 초래하고 있으며, 단기적으로는 미국 내 투자 유치를 유도할 수 있지만 장기적으로는 글로벌 공급망의 비효율 누적, 생산성 하락, 기술 교류 위축 등으로 스태그플레이션의 위험을 키우고 있다. 연방준비제도는 경기 침체 가능성에 대비해 금리 인하를 검토 중이지만, 정치적 압력에 따른 정책 결정이 통화정책의 독립성과 물가안정에 악영향을 줄 수 있다는 우려도 커지고 있다.

중국경제는 한국금융연구원 선임연구위원으로 재직 중이며, 중국 산업구조 전환을 오랜 기간 추적해 온 지만수 박사가 집필하였다. 중국은 부동산 시장 침체와 내수 둔화라는 구조적 문제에 대응하기 위해 첨단 제조업 육성에 국가적 역량을 집중하고 있다. '중국 제조 2025'가 종료되고 새로운 5개년 계획이 시작되는 2026년은, 중국이 '추격자'에서 '장악자'로 제조업 전략을 전환하는 원년이 될 전망이다. 인공지능, 로봇 등 첨단기술을 전통 산업에 융합하고, 자본집약산업의 경쟁력을 국가 주도로 끌어올리며, 신산업 분야에서는 시장과 공급망을 동시에 장악하는 전략을 구사하고 있다. 그러나 이러한 전환은 글로벌 공급 과잉과 무역 갈등을 심화시키는 새로운 리스크로 작용한다.

유럽경제는 아산정책연구원 객원선임연구위원으로 활동 중인 김흥종 박사가 집필하였다. 그는 유럽 정치·경제 시스템에 대한 풍부한 정책 경험과 연구를 바탕으로 이번 전망을 제시한다. 유럽은 러시아-우크라이나 전쟁 장기화와 미국과의 통상 갈등이라는 이중 압력 속에서 더딘 회복세를 보이고 있다. 국방비 증액에 따른 재정 부담은 중기적으로 복지 축소와 공공투자 위축을 불러올 수 있으며, 독일 등 핵심국의 구조 개혁 지연은 유럽 전체의 잠재성장률을 갉아먹는 요인이 되고 있다. EU는 탄소국경조정제도CBAM 등 규범적 전략을 통해 영향력을 유지하려 하나, 미국과 중국의 양강 구도 속에서 그 실효성은 점차 약화되고 있다.

동남아경제 분석은 연세대학교 디지털통상연구센터에서 연구교수로 활동 중이며, 동남아 지역의 통상·성장 전략을 다년간 분석해 온 고영경 박사가 집필하였다. 동남아시아는 미중 전략 경쟁의 틈바구니에서 외부 충격에 민감하게 반응하고 있으며, 각국의 경제 체질에 따라 성장 경로가 극명하게 갈리고 있다. 베트남과 필리핀은 외국인 직접투자 유입과 견고한 내수 소비를 바탕으로 6%에 가까운 고성장을 이어갈 전망이지만, 인도네시아는 구조적 제약으로 성장 모멘텀이 약화되고 있고, 태국은 높은 가계부채와 제조업 경쟁력 저하로 저성장 국면에 접어들고 있다. 대미 관세 협상의 진전으로 단기 불확실성은 일부 해소되었으나, 국가 간 성장 격차는 더 확대될 가능성이 높다.

일본경제 분석은 일본대학 경제학부 교수이자 일본 내 경제정책 구조에 정통한 권혁욱 교수가 집필하였다. 최근 일본의 쌀값 급등과 품귀 현상은 일본경제의 구조적 문제를 상징적으로 드러내고 있다. 정부는 1970년부터 감반減反 정책을 통해 쌀 생산을 의도적으로 축소하며 가격 안정을 도모해 왔으나, 이 때문에 쌀 생산성은 캘리포니아보다 낮고 중국보다도 뒤처지는 결과를 낳았다. 강력한 정치적 영향력을 지닌 농협은 비효율적 유통 구조와 낙농업 보호를 고수하며 산업 전반의 혁신을 가로막고 있다. 권혁욱 교수는 이러한 구조를 타개하기 위해 감반 정책 폐지, 전업농가 직접보상, 쌀 수출 산업화, 재정 재배분을 통한 첨단산업 투자 등을 해법으로 제시한다.

한국경제 분석은 서강대학교 경제학부 소속으로, 한국의 대외경제 전략과 산업구조에 정통한 허정 교수가 집필하였다. 한국은 글로벌 경제 질서 재편의 중심에서 직접적인 영향을 가장 많이 받는 국가 중 하나다. 트럼프 2기 행정부의 고율 관세 정책은 한국의 대미 수출을 위협하고 있으며, 미중 갈등 심화로 인한 중국의 공급망 재편은 중간재 중심의 대중 수출을 약화시키고 있다. 반도체 경기는 AI 수요 증가에 힘입어 회복세를 보이고 있으나, 비반도체 산업의 부진과 내수 침체는 전반적인 산업 간 불균형을 심화시키고 있다. 한국은 공급망 다변화, 신시장 개척, 동남아 등 전략적 파트너십 강화를 통해 이 위기를 돌파할 수 있는 정책적 선택의 기로에 서 있다.

트럼프 2기,
보호무역과 새로운 질서

01

김형우 * 오번대학교 교수

| 트럼프 2기의 출범과 미국 중심주의

2025년 재집권에 성공한 트럼프 대통령은, 전임기보다 한층 강화된 보호무역 기조와 '미국 우선주의 America First' 원칙 아래, 관세수입 증대와 더불어 전면적 관세 부과를 협상 수단으로 활용한 강제적 해외투자 유도 정책을 추진하고 있다. 이러한 정책은 미국 내 투자, 소비자물가, 무역구조 전반에 복합적인 영향을 미치며, 전 세계에도 강한 파급력을 발휘한다. 오랫동안 유지되어 온 자유무역 질서는 급격히 약화되고, 힘에 기반한 무차별적 관세 정책이 세계 경제 재편의 핵심 도구로 자리 잡았다. 작년의 지정학적 리스크가

가시기도 전에, 올해는 미국발 정책 리스크가 새로운 불확실성을 더하고 있다.

경제학의 기본 원리에 따르면, 외부경제나 비경쟁적 산업구조 등 일부 예외를 제외하면 정부의 과도한 개입은 경제 효율성을 저해한다. 트럼프 정부의 정책은 이러한 원리에 정면으로 배치된다. 예컨대, 해외 저임금 노동력을 활용한 아웃소싱을 금지하고 국내 생산을 강제하는 것은 기업의 효율성을 떨어뜨리고, 가격 상승을 통해 소비자 후생을 저해한다. 생산 설비 확충을 통한 단기 경기 부양 효과가 있을 수 있으나, 비효율성이 누적되면 장기적으로 경제 전반에 부정적 영향을 미칠 가능성이 크다.

또한 이러한 정책은 해외 국가들에 일방적 부담을 전가함으로써 세계 경제를 위축시키고, 그 부메랑은 결국 미국경제로 돌아올 수밖에 없다. 생산량이 늘어도 구매자가 없으면 경제는 어려움에 직면한다. 트럼프 대통령이 이를 모를 리 없지만 단기 성과에 집중하는 이유는 정치적 계산과 맞닿아 있다. 2025년에 시작된 그의 임기는 2029년 1월 종료 예정이며, 임기 중 단기적 혜택이 나타난다면 이후 부정적 효과에 대한 정치적 책임은 피할 수 있기 때문이다.

관건은 단기적 혜택이 얼마나 지속될 수 있느냐다. 만약 부작용이 예상보다 빨리, 특히 임기 중반에 가시화된다면 정책 기조가 부분적으로 수정될 가능성도 있다. 실제로 일부 부작용 조짐은 이미 나타나고 있으며, 트럼프 대통령은 그 시점을 최대한 늦추기 위해 연방준비제도에 지속적인 금리 인하 압박을 가하고 있다. 이는 관세 정책의 부정적 효과가 본격적으로 나타나는 시점을 늦추려는 전략으로 해석할 수 있다.

다음에서는 이러한 정책 환경 속에서 미국의 경제 상황과 전망을 살펴보고, 이에 따른 연방준비제도의 통화정책 방향과 그 파급효과를 분석한다.

미국경제의 현 상황과 시장의 전망

트럼프 2기 정부 출범과 함께 강화된 '관세 무기화'에도 불구하고, 2025년 8월 현재 인플레이션은 크게 확대되지 않은 모습이다(《표 3》 참조). 필라델피아 연방준비은행의 전문가 전망 조사SPF에 따르면, PCE 및 근원 PCE 인플레이션은 관세전쟁의 여파로 2025년에 3%를 상회할 것으로 예상되지만, 2026~2027년에는 각각 2.51%, 2.68%로 완만히 하락할 것으로 전망된다. 리빙스턴 서베이와 연방공개시장위원회FOMC 보고서도 비슷한 경로를 제시한다. 미국 노동통계국이 최근 발표한 PPI 인플레이션이 시장의 예상을 크게 넘어서 충격을 가져왔지만, CPI 인플레이션의 경우 전년 대비 2.7%로 예상치를 소폭 하회했다. 즉, 관세로 인한 급격한 인플레이션 우려가 아직 현실화된 것으로 보기는 힘들다.

표3 | 인플레이션 전망(단위: %)

2025	3.2 (2.4)	3.3 (2.4)	3.0 (2.3)	2.5 (1.1)	2.5-3.3	2.5-3.5
2026	2.5 (2.3)	2.5 (2.3)	3.0 (2.3)	1.8 (2.1)	2.1-3.1	2.1-3.2
2027	2.1 (2.0)	2.1 (2.1)	N.A.	N.A.	2.0-2.8	2.0-2.9

출처: 필라델피아 연방준비제도(SPF 5월 Report, Livingston Survey 6월 Report), FOMC Meeting 6월 Report

그러나 이러한 수치만으로 관세 정책이 미국경제에 무해하지 않다는 트럼프 대통령의 주장을 뒷받침하기는 어렵다. 노동시장 지표는 이미 경고음을 울리고 있다. 8월 비농업 신규 고용은 예상치를 크게 밑돌았고, 신규 실업급여 청구 건수는 2021년 11월 이후 최고치를 기록했다. 실업률도 소폭 상승했으며, 이는 정책 불확실성 속에서 기업이 신규 채용을 주저하고 있음을 시사한다. 1분기의 마이너스 성장에서는 벗어났지만, 회복세의 지속 여부는 불확실하다.

전문가 컨센서스 조사(2025년 5월 기준)는 경기 전망에 대해 상당히 비관적인 결과를 보여준다(〈표4〉 참조). 실질 GDP 성장률 전망은 기존 2% 이상에서 하향 조정되었고, 실업률 예상치는 이전 분기보다 더 높아졌다. 특히 신규 고용 전망은 급격히 낮아져, 제조업 부활을 목표로 한 트럼프 정부의 정책 기조와 상충하는 흐름을 보인다.

금융시장의 위험지표 역시 우려를 반영한다. 경기 악화 가능성을 나타내는 리스크 프리미엄, 즉 무디스 Baa 회사채와 10년 만기

표4 | 전문가 컨센서스 조사 거시변수 예측(2025년 5월 보고서)

2025 2/4분기	1.5	2.1	4.2	4.2	141.4	144.4
2025 3/4분기	0.9	2.0	4.3	4.2	79.5	109.8
2025 4/4분기	1.4	2.1	4.5	4.3	90.5	119.7
2026 1/4분기	1.7	2.2	4.5	4.3	120.5	129.2
2026 2/4분기	1.9	N.A.	4.5	N.A.	129.1	N.A.

* 중간값(median forecasts), 전 분기 자료는 전 분기의 해당 분기 예측치임
* 출처: 필라델피아 연방준비제도

    미 재무성 채권Treasury Note 수익률 간 스프레드는 8월 현재 1.72%로 낮은 수준이나, 2025년 들어 하락세가 멈추고 상승 전환했다. 무디스 Aaa 회사채 대비 스프레드도 유사한 패턴을 보여, 정책 불확실성으로 인한 리스크가 확대되고 있음을 시사한다.

    이러한 비관적 전망은 인플레이션이 완만하게 오르는 이유가 관세의 영향이 미미해서가 아니라, 경기 둔화로 인한 수요 위축 때문임을 보여준다. 다시 말해, 낮은 인플레이션은 정책 성공이 아니라 경기 활력 저하의 결과일 수 있다. 특히 비효율적인 산업 정책과 공격적인 상호관세 부과가 지속될 경우, 생산성과 무역 환경의 동반 악화로 인플레이션 압력과 경기 둔화가 동시에 나타나는 소위 스태그플레이션 위험이 커질 수 있다. 따라서 향후 정책은 단기적인 정치적 유불리보다 장기 성장 기반을 강화하는 방향으로의 전환이 요구된다.

연방준비제도의 대응 방향과 향후 경기 전망

트럼프 대통령은 연일 연방준비제도에 금리 인하를 압박하고 있다. 이는 관세 정책의 부작용이 본격화하는 시점을 최대한 늦추려는 전략적 의도와 맞닿아 있다. 노동시장 둔화 등 경기 침체 신호가 점차 현실화하는 점을 고려하면, 연방준비제도가 향후 금리 인하에 나설 가능성은 높다.

연방준비제도 이사 미셸 보우먼과 크리스 윌러는 7월 말 FOMC 회의에서 금리 인하 필요성을 제기했고, 보우먼은 8월 인터뷰에서 2025년에 세 차례 금리 인하가 필요하다고 밝혔다. 여기에 현 의장 제롬 파월의 임기가 2026년 5월 만료되면서, 트럼프 대통령이 친정부 성향의 인사를 새 의장으로 지명하고 FOMC가 트럼프 정책을 지지하는 방향으로 재편될 가능성도 크다. 이런 인사 변화와 경기 불확실성은 연방준비제도가 보다 완화적인 통화정책을 택할 가능성을 높이고 있다. 파월 의장 역시 8월 말 잭슨홀 연설에서 금리 인하 가능성을 조심스럽게 내비쳤다.

지난 6월 발표된 연방준비제도 점도표(〈그림2〉 참조)를 보면, 이러한 시나리오가 FOMC 위원들 사이에서 공감대를 형성하고 있는 것으로 보인다. 다시 말해서 현 연방기금금리FFR 목표 범위인 4.25-4.50%가 향후 수년 내 1%p 이상 하락할 것으로 위원들 다수가 예상하고 있다. 또한 CME 그룹의 FedWatch에 따르면, 연방준비제도가 9월 회의에서 금리를 인하할 가능성은 거의 100%에

그림2 | FOMC 6월 점도표

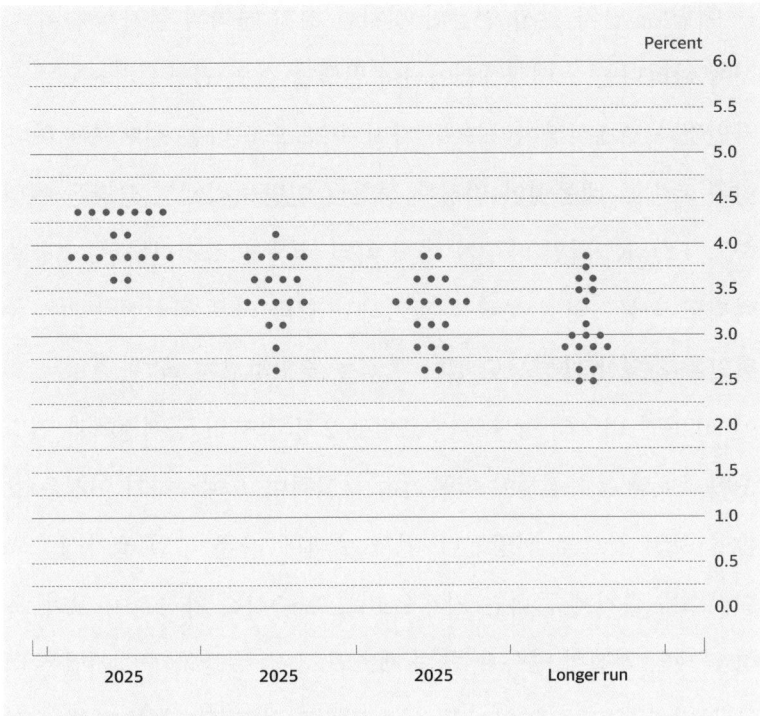

출처: 미국 연방준비제도 Summary of Economic Projections 6월 보고서

달하며, 2025년 말 기준금리가 3.50%에서 3.75% 수준으로 낮아질 확률이 이미 50%를 넘어섰다.

연방준비제도와 시장의 전망에 광범위한 동의가 이루어지고 있음에도 불구하고, 필자는 이러한 전망이 경기의 급격한 냉각이나 인플레이션 급등이 없다는 전제하에 수립되었다는 점을 지적하고자 한다. 불행히도 현재 전 세계적으로 불확실성이 만연하여,

예상치 못한 최악의 상황으로 전개될 가능성을 완전히 배제하기는 어렵다. 만약 앞서 언급한 것처럼 경기 하락과 물가상승이 동시에 나타나는 스태그플레이션이 발생할 경우, 연방준비제도는 물가안정과 경제성장이라는 두 가지 목표 중 하나를 선택해야 한다. 향후 트럼프 대통령이 친정부 성향의 연방준비제도 의장을 지명하고, FOMC 위원 다수가 이에 따라 정책을 결정한다면, 연방준비제도가 물가안정 목표를 포기하고 결국 더욱 극심한 물가상승 위기를 자초할 가능성도 있다는 점을 경고하고자 한다.

2026년 미국의 총수요는 트럼프 2기 정부의 경제정책과 연방준비제도의 통화정책이 맞물리며 복합적이고 예측하기 어려운 흐름을 보일 것으로 전망된다. 관세 부과에 따른 수입 물가상승과 실질소득 증가세 둔화는 가계 소비를 위축시킬 가능성이 크며, 특히 관세의 직접적 영향을 받는 제조업·유통 부문의 중소기업은 비용 부담과 수익성 악화라는 이중고에 직면할 수 있다. 더불어 정책 불확실성 증가는 기업이 중장기 투자 계획을 연기하게 하고, 동시에 외국인 강제 투자를 확대하는 역설적 현상을 낳을 가능성이 있다.

연방준비제도의 경우, 기준금리 인하 외에 실물경제를 뒷받침할 정책 수단이 제한적일 것으로 예상된다. 금리 인하는 단기적으로 투자 회복을 유도할 수 있으나, 전반적인 경기 둔화를 상쇄하기에는 역부족일 수 있다. 또한 인플레이션이 재차 가속화할 가능성을 배제하기 어려운 상황에서 정책적 딜레마에 빠질 수 있다.

이러한 환경에서 한국을 비롯한 주요 교역 파트너 국가는 미국발 불확실성과 보호무역 리스크에 대응하기 위해 보다 선제적이고 복합적인 전략을 마련해야 한다. 구체적으로, 전략산업의 현지화와 기술 내재화 강화, 다자간 통상 연대와 협력 네트워크 확대, 핵심 소재·부품 및 장비 분야의 공급망 자립화가 핵심 과제로 부상할 것이다. 이를 통해 단기적 충격을 완화함과 동시에, 중장기적으로 대외 의존도를 낮추고 글로벌 경제 구조 변화 속에서 협상력을 강화하는 것이 필요하다. 특히 한국은 미국과 경제 안보 협력 채널을 유지하면서도, 대체 시장과 공급망 다변화 전략을 병행하는 복합적 접근이 요구된다.

중국이 제조업을 장악하는 세 가지 경로

지만수 * 한국금융연구원 선임연구위원

02

중국의 제조업 성장은 다차원적 의미를 지니고 있다. 2025년 초부터 국내적으로 중국은 장기간의 부동산 투자 위축을 대체하기 위해 제조업 설비개선 투자 확대에 나섰다. 중국 내수경기가 얼마나 회복될 수 있을 것인가가 제조업 투자의 활성화 여부에 달렸다. 하지만 세계적으로는 자동차, 태양광, 철강, 석유화학 등 업종에서 중국의 설비 확대가 글로벌 과잉생산과 가격 하락으로 연결된다는 우려를 낳고 있다. 이와 연결될 통상분쟁도 확산 중이다. 트럼프 대통령 취임 이후에는 미국이 자국 제조업 능력 회복을 관세전쟁의 명분으로 내세우고 있다. 제조업을 둘러싼 주도권 경쟁은 미중 패권 경쟁의 향방에서도 중요한 변수가 된다.

마침 2026년은 중국이 10여 년 전 제시했던 '중국 제조 2025'의 목표연도가 끝나고 새로운 15차 5개년 계획을 시작하는 해다. '중국 제조 2025'가 중국이 제조업 각 영역에서 선진국 수준을 추격하기 위한 로드맵 역할을 했다면, 2026년부터 실시될 15차 5개년 계획에서는 글로벌 제조업 전반을 장악하기 위한 중국의 비전이 제시될 전망이다. 즉 2026년은 중국의 제조업 발전 비전이 추격에서 장악으로 전환되었음을 보여주는 첫해가 될 것이다. 2026년에 나타날 중국의 제조업 비전과 성과는 단기적으로 중국 경제의 회복과 지속가능성을 판단할 수 있는 기준일뿐 아니라, 장기적으로는 미중 패권 경쟁의 양상을 가늠해 볼 수 있는 변수다.

기술, 체제, 시장

이미 중국은 세계 제조업 부가가치 생산의 30% 내외를 차지하는 세계 1위의 제조업국이다. 많은 업종에서 중국은 세계 1위의 생산 규모를 갖추고 있으며, 세계에서 가장 규모가 크고 경쟁력이 높은 기업을 보유하고 있다. 규모와 경쟁력 면에서 중국 제조업의 부상을 강조하는 것이 뒷북 치는 이야기가 된 지 오래되었다.

이 시점에서 주목할 것은 중국이 제조업의 각 영역에서 경쟁력을 강화하고 산업을 장악하는 새로운 경로들을 만들고 있다는 점이다. 과거 중국은 신흥공업국의 성장 과정에서 나타나던 전형적인 성장 경로를 모방했다. 한국이나 대만이 보여준 바와 같은, 글로벌 가치사슬을 활용하는 수출주도형 산업화 경로다. 그러나 최근 중국이 보여주는 경쟁력 강화나 시장 확대는 전통적인 산업 추격 경로와는 다르다. 중국은 2013년 시진핑 주석의 집권 이후 이른바 '중국특색'의 경제체제를 구축해 왔는데, 경제체제뿐만 아니라 이제는 산업 경쟁력을 형성하는 경로에서까지 중국만이 할 수 있는 '중국특색'을 만들고 있다.

제조업은, 전통적 노동집약적 제조업 분야, 전통적 자본집약산업 분야, 새로운 시장과 산업이 형성되는 신산업 분야 등 세 가지로 대별하여 볼 수 있다. 이 각 분야에서 중국은 그동안 축적한 기술력, 국가주도적 경제체제의 특수성, 초기 시장 형성 능력 등을 결합해 글로벌 경쟁에서 우위를 점하고 장기적으로 산업과 시장을 장악하는 성장 경로를 만들고 있다.

첫째, 전통적 노동집약적 산업은 중국의 소득과 임금이 상승함에 따라 중국이 빠르게 비교우위를 잃고 해외로 이전될 운명이라고 간주되어왔다. 대부분 선발공업국이 겪었던 변화이기도 하다. 하지만 1인당 GDP가 1만 4,000달러에 가깝게 높아졌음에도 중국은 여전히 전통적 노동집약적 산업의 생산기지 역할을 지속하고 있다. 가령 의류, 완구, 신발, 가죽, 가구 등 5개 업종에서 중국의 수출액은 2000년 650억 달러, 2010년 2,574억 달러, 2020년 3,671억 달러, 2022년 5,046억 달러로 증가세가 지속되고 있다. 중국의 전체 수출에서 이들이 차지하는 비중도 2022년 14%에 달할 정도로 높고, 각 품목에서 세계 1위 수출국의 지위도 유지하고 있다.

주목할 것은 새롭게 발전하는 AI, 로봇 산업의 발전과 가장 높은 시너지를 만들어낼 수 있는 산업이 바로 이 전통적인 노동집약적 산업이라는 점이다. 인공지능과 로봇 산업의 목적 자체가 인간의 지적, 감각적, 육체적 노동을 대체하는 것이기 때문이다. 이런 의미에서 인공지능과 로봇의 시대에 노동집약적 산업은 사양산업이 아니라 거꾸로 첨단산업을 적용하고 혁신을 만들어내는 배양토이자 플랫폼이 된다.

이미 중국은 인공지능 분야에서 미국과 1위를 다투는 경쟁력을 보유하고 있다. 또한 2024년 전 세계에 설치된 52만 대의 산업용 로봇 중에서 54%인 29만 대가 중국에 설치되었다. 만약 중국이 인공지능과 로봇 산업을 전통적 노동집약적 산업을 고도화하여 자본 및 기술집약적 산업으로 변모시키는 데 성공한다면, 중국에서는 완전히 새로운 산업 성장의 동력을 만들어낼 수 있다. 이 경우 노동비용 변화에 따른 비교우위의 변화와 생산기지 이전을 묘사해 온 국제무역 이론도 완전히 다시 쓰게 된다.

둘째, 철강, 기계, 자동차, 석유화학, 조선, 반도체 등 업종을 포함한 전통적 자본집약산업은 '중국 제조 2025' 비전 등을 포함해 그동안 중국의 산업고도화 노력이 집중되었던 분야다. 이러한 업종에서 중국은 산업고도화를 통해 선발국들을 추격하면서 수입에 의존했던 자본재와 중간재 수입대체를 추구하는 한편, 세계시장에서 기존 선진국 기업들과 경쟁하는 구조를 만들어냈다. 하위 추격자에서 대등한 경쟁자로 변모한 것이다.

그런데 산업의 역사가 비교적 길고 자본집약적인 성격을 가진 이들 업종에서는 애초부터 주로 중국의 국유기업이 중요한 시장 참여자였다. 개혁개방 이후 이들 국유기업은 가혹한 구조조정에 직면하기도 하였으나, 중국 공산당이 채택한 점진주의적 체제 전환 전략 덕분에 상당수가 생존하고 체질을 개선하며 성장하였다.

2013년 집권한 시진핑 정부는 중국특색 사회주의 건설을 표방하면서 국유기업을 근간으로 하는 국가 주도적 경제체제를 더욱 강화할 것을 천명하였다. 이에 따라 시진핑 정부 시기에 이 업종에 종사하는 국유기업의 성장은 더욱 촉진되었다. 이들이 바로 전통적 자본집약산업에서 중국이 선발국에 대한 추격을 넘어 경쟁하는 구조를 만들어낸 주역이기도 하다.

이 과정에서 중국의 전통적 자본집약산업은 중국의 국가 주도적 경제체제가 산업에 제공하는 다양한 지원 혜택을 받았다. 정부는 국유기업에 대한 출자, 산업 보조금, 저렴한 자금이나 에너지 등 생산요소 공급, 시장 제공 같은 다양한 방식으로 이 산업을 지원하고 있다.

특히 미중 갈등이 고조되고 미국 등 주요국에서 보호주의 산업 정책이 부활하는 시기에 중국도 자국 산업에 대한 지원을 크게 늘렸다. 그중 재정에서 직접 지원되는 부분만 보더라도 국유기업에 대한 출자 규모는 2017년 254억 위안에서 2024년 653억 위안으로, 국유기업에 대한 보조금은 77억 위안에서 729억 위안으로 늘어났다. 이러한 지원은 시장에서 중국 제품의 가격 경쟁력을 높이는 데 그치는 것이 아니라, 반복되는 업황의 부침 과정에서 정부의 지속적인 자금 지원을 받아 투자를 확대하거나(호황기) 영업을 유지할 수 있는(불황기) 중국 기업들이 동태적으로 해당 산업을 장악할 가능성을 높여주고 있다.

셋째, 태양광, 풍력, 전기차, 배터리, 로봇, 휴머노이드 등 비교적 산업의 역사가 짧지만 최근 산업과 시장의 규모가 급성장하고 있는 신산업에서 순차적으로 초기 시장 형성에서 시작하여, 산업 생태계 구축, 규모의 경제 달성, 글로벌 공급망 장악으로 귀결되는 새로운 산업 장악의 공식을 만들어가고 있다. 신산업에서는 이미 형성된 글로벌 시장과 산업생태계에 중국이 점진적으로 침투하는 것이 아니라, 기존에 존재하지 않던 시장과 산업생태계가 새로 만들어지게 된다. 그런데 중국이 이미 세계 2위의 시장 규모와 세계 1위의 제조업 생산 규모를 갖게 된 상황에서는, 많은 신산업 분야에서 산업 형성 초기부터 중국에서 세계 1위의 규모를 갖는 시장이 형성되는 양상이 나타나고 있다. 전통 산업과 달리 기존에 형성된 산업생태계가 없는 상황에서 새로운 산업의 제조 생태계 또한 중국에서 먼저 형성되기 시작했다. 제조업 1위 국가로서 제조업 생태계의 형성에 필요한 비용, 규모, 공급망 경쟁력을 갖추고 있기 때문이다.

일단 시장과 생산 양 측면에서 중국 기업이 규모의 경제를 갖추고 나면 이들이 글로벌 시장뿐 아니라 공급망을 동시에 장악하는 현상이 빈번해졌다. 태양광, 풍력, 전기차, 배터리, 산업용 로봇, 휴머노이드 등 비교적 최근에 시장과 산업이 형성된 거의 모든 업종에서 이러한 현상이 반복되고 있다. 이들 업종에서 중국은 세계 1위의 시장임과 동시에 세계 1위의 생산국이다. 마치 20세기 초에 전기, 철도, 철강, 석유 등 새로운 산업이 대규모화되던 시기에 미국이 세계 1위의 시장이자 생산기지 역할을 동시에 수행했던 것과 유사한 산업 성장의 경로가 중국에서 재연되고 있는 것이다.

영향: 억제, 갈등, 디커플링

중국이 만들고 있는 제조업 장악의 세 가지 새로운 경로는 다양한 경제적 영향을 끼치게 된다. 우선 노동집약적 업종은 원래 노동비용 상승에 따른 비교우위의 변화로 저임금 노동력을 풍부하게 제공하는 지역으로 매우 유연하게 이동하던 업종이다. 이 과정에서 수출 주도적 발전모델을 추종하는 개발도상국의 경제성장도 이루어진다. 과거 아시아에서 일본, NICS, 동남아, 중국 등 순으로 제조업 생산기지가 이전했던 것도 이러한 경로였다.

그런데 만일 중국이 인공지능이나 로봇을 활용하여 전통적인 노동집약적 산업의 성격 자체를 기술 및 자본집약적인 산업으로 바꿔버리게 되면, 낮은 노동비용을 따라가는 제조업 생산기지 이전이나 개도국의 순차적인 발전을 억제하는 부정적 영향을 주게 된다. 실제로 베트남이나 방글라데시 등을 제외하면 매우 오랜 기간 중국의 뒤를 잇는 저임금 생산기지가 등장하지 못하고 있다. 한국 수출의 90% 가까이를 점하고 있는 중간재와 자본재의 상당 부분은 글로벌 가치사슬 내에서 노동집약적 생산기지 역할을 하는 지역으로 수출되었다. 중국 이후 생산기지 형성이 지연될수록 한국 기업 또한 새로운 수출 시장을 개척하는 데 어려움을 겪을 수밖에 없다.

선발국이 이미 산업생태계를 형성하고 생산 설비를 구축하고 있던 전통적 자본집약산업에서 중국이 빠른 추격에 성공하고 중요한 경쟁자로 부상함에 따라, 이른바 과잉생산, 과잉설비 문제가 본격적으로 글로벌 통상 이슈로 부상하고 있다.

그런데 중국의 전통적 자본집약산업에는 국유기업이 집중되어 있을 뿐 아니라 국가 주도적 경제체제가 제공하는 각종 지원도 집중되었다. 이처럼 최근 중국의 국유기업 체제 및 산업 보조금이 야기하는 불공정 문제가 미국이나 EU의 중국 견제에서 중요한 타깃이 되고 있다. 이 산업은 한국 기업들이 중국의 빠른 추격이나 국가 주도적 체제의 불공정성 때문에 이미 큰 타격을 받은 업종이기도 하다.

중국이 대부분 신산업에서 시장과 공급망을 동시에 장악하면서 미국 등 선진국의 집중적인 견제 대상이 되고 있다. 선발국도 신산업의 주요 업종을 자신들의 미래 산업이라고 생각하기 때문이다. 양측은 피할 수 없는 경쟁과 갈등 관계에 놓일 수밖에 없다. 이미 미국은 배터리와 전기차 등 분야에서 공급망 안정화 및 경제안보 논리에 따라 관세 등을 활용해 미국 시장을 중국의 공급으로부터 차단하고 있다. 동시에 우호국과의 동맹을 통해 중국에 대항하는 공급망 구조를 구축하기 위해 노력하고 있다. 이러한 갈등은 향후 신산업 분야가 미중 간 시장-기술-공급망 디커플링이 나타나는 중심 분야가 될 것임을 예고한다.

극적 변화 속에 연착륙 시도하는 유럽경제

김흥종 * 아산정책연구원 객원선임연구위원

03

추세적 하락을 벗어나지 못하는 유럽

유럽은 위기 상황에 있다. 유럽경제의 상대적 위축은 어제오늘 일이 아니지만, 2010년 유럽 경제위기 이후 지난 15년간의 몰락은 양적 위축을 넘어 질적 전환으로 진화했다. 1인당 소득, 첨단기술 경쟁력, 제조업·서비스업 위상, 전통·신흥 안보 역량, 공급망 안정성까지 전반적인 하락이 관찰된다.

러시아-우크라이나 전쟁은 이러한 현실을 자각하게 만든 방아쇠였으며, 트럼프 2.0 시대는 유럽에 더 가혹한 현실을 강요하고 있다. 미국과의 통상·안보 합의에서 유럽의 양보가 두드러졌고, 문제가 해결되지 않은 상태에서 중국과 통상 및 경제협력 강화를 추구한다. 또 러시아발 안보 위협에 효과적으로 대응하지 못했다.

양적 지표로도 유럽의 상대적 위축은 분명하다. EU와 유로 지역의 경제 규모는 2010년 대비 각각 32%와 28% 증가하는 데 그쳤으나, 미국은 같은 기간 94% 성장했다. 일본의 장기 침체와 달리 유럽은 2010년 이후 급격한 하락세가 두드러진다.*

최근 유럽경제가 비교적 안정세를 보이며 EU와 유로 지역은 2024년 각각 1.2%와 0.9%, 2025년에도 1.3%와 1.0% 성장을 기록했다. 2026년 전망은 EU 1.4%, 유로 지역 1.2%로 더 가속화된다. 하지만 미국(2.0%), 중국(4%대), 인도(6%대)와의 성장 격차는 계속 벌어질 것이고** 이는 유럽의 위기가 구조적임을 암시한다.

단기적 안정세에도 불구하고 유럽의 위기를 강조하는 이유는 다른 강대국 대비 상대적 저성장의 지속과 규범적 영향력 약화에 주목할 필요가 있기 때문이다. 유럽이 지난 수십 년 동안 미래 규범의 주창자로서 역할을 해왔음을 상기해 볼 때, 유럽발 정책 파급력의 변화를 인지해야 한다는 문제의식은 매우 중요하며, 유럽발 규범 확산이 세계 경제 질서에 미치는 영향이 어떻게 변할지 가늠해야 한다.

---

* 참고로 한국은 같은 기간에 1.19조 달러에서 1.87조 달러로 경제 규모가 57% 커졌다. 한국은 2021년 총 GDP가 1.94조 달러에 달해 2010년 대비 63% 증가하여, 같은 기간 미국 총 GDP 증가율 57%를 상회하였으나 지난 3년간 역성장하면서 미국과의 격차가 극적으로 확대되었다.

** https://www.imf.org/en/Publications/WEO/Issues/2025/07/29/world-economic-outlook-update-july-2025.

2025년 유럽경제:
성장 회복, 통상 질서의 재편, 안보 충격

2025년 유럽경제는 완만한 성장 회복, 미국발 통상 질서 충격, 안보체제 재정립의 해였다. IMF에 따르면 EU와 유로 지역은 각각 1.3%, 1.0% 성장하며, 독일 0.1%, 프랑스 0.6%, 이탈리아 0.5%, 스페인 2.5%, 영국 1.2%였다. 스페인, 그리스 등 남유럽은 견조했으나 독일, 프랑스, 이탈리아는 저성장에 머물렀다. 영국은 브렉시트의 충격에서 서서히 벗어나는 추세다.

통상에서는 고관세 상수화가 뉴노멀이 됐다. EU는 미국과 30% 상호관세를 피하는 대신 15% 기본관세, 6,000억 달러 대미 투자와 7,500억 달러 규모의 에너지·국방 구매 확대에 합의했다. 일부 품목에선 예외를 인정받았지만, 자유무역의 시대는 사실상 종말을 고했다.

안보에서는 국방비 증액이 기정사실화됐다. 나토는 모든 동맹이 최소 2%를 충족했으며, 헤이그 정상선언은 2035년까지 3.5% 목표를 명시했다. 트럼프 행정부의 압박 속에 일부 국가는 GDP 대비 5%까지 감내할 수밖에 없었다. 이는 우크라이나 전쟁 장기화로 협상력이 약화된 결과였다. 국방비 증가는 단기적으로는 내수 확대에 기여하지만, 중기적으로는 복지·투자와의 배분 압박이 불가피하다.

유럽정치 지형의 변화와 독일경제의 회복, 이민·난민 문제는 지속적으로 해결해야 할 과제다. 먼저 2월 독일 총선에서 극우 독일대안당(AfD)이 사상 최대의 득표율을 기록했으며, 독일 사회의 전반적인 우경화를 확인할 수 있었다. 5월에는 사민당(SPD)과 대연정에 성공한 기민당(CDU)의 프리드리히 메르츠 정부가 출범했고, 경기부양과 인프라 투자를 위한 대규모 공공투자 기금 설치와 국방 증액을 가능케 하는 재정 패키지를 시작했다.

독일경제를 둘러싼 논의의 초점은 구조개혁의 속도와 효과에 모아지고 있다. 연금 개혁, 노동시장 유연화, 생산성 제고 같은 과제가 더디게 진행되는 데 대한 비판이 고조되는 가운데, 2025년에도 독일경제는 0.1%의 성장에 그칠 전망이다. 구조적 제약으로 인해 독일경제가 장기적으로도 잠재성장률을 높이지 못할 것으로 본다. 과감한 공급능력 확충 없이는 반등이 제한적일 것이라는 평가가 우세하며, 이는 유럽 최대 경제국이 안고 있는 개혁 지체의 부담을 여실히 드러내고 있다.

프랑스에선 6월 유럽의회 보좌관 급여 유용 사건과 관련해 마린 르펜에게 유죄 판결이 내려져 충격을 주었다. 향후 르펜의 피선거권 박탈 및 당 운영에 대한 제약이 가중될 것이다. 이는 루마니아에서와 마찬가지로 법치를 통하여 극우의 부상을 억제하고 민주주의를 회복한다는 명분으로 읽힌다. 하지만 법치가 오히려 민주주의를 후퇴시키고 있는 헝가리의 사례와 극우 후보가 당선된 폴란드 5월 대선 결과는 유럽에서 법치와 민주주의의 조화, 극우의 확장에 대한 기존 정당들의 대응양식 등 여러 가지 난제를 확인시켜 주었다.

　이민과 난민 흐름은 둔화되었다. 2025년 상반기 EU 국경의 불법 월경은 전년 동기 대비 20% 감소, 7월 누계로는 18% 감소했다.* 망명 신청도 월간 기준으로 2025년 봄에 뚜렷한 하향세로 돌아섰다. 2025년 유럽은 억제 중심의 국경 관리와 송출국 협력 강화, 2026년에 시행될 EU 이민·난민법 준비의 효과가 영향을 미쳤으나 여전히 인권 보호와의 균형이라는 난제는 남아 있다.

　종합하면, 2025년 유럽경제는 완만한 안정세 속에 무역전쟁 회피, 국방·에너지 투자 확대, 난민 관리 개선 등 긍정적 요인을 확보했다. 그러나 국가·산업 간 성장 격차와 정치적 양극화는 2026년 이후에도 잠재성장을 제약하는 리스크로 남을 것이다.

변화 속에 연착륙 시도하는 2026년 유럽경제

2026년 유럽은 안보, 경제, 사회, 정치 전반에서 구조적 전환과 불확실성이 교차하는 가운데, 변화의 연착륙을 시도할 것이다. 유럽 경제성장률은 2025년 대비 0.2%p 정도 상승할 것으로 전망되며,

---

* https://www.frontex.europa.eu/media-centre/news/news-release/eu-external-borders-irregular-crossings-drop-by-20-in-first-half-of-2025-CUpZ5o?utm_source=chatgpt.com.

글로벌 수요 회복과 정책 효과가 개선 요인으로 작용할 것이다. 그러나 독일 등 일부 국가의 취약한 성장 기반, 개혁 지체, 지정학적 불안정은 제약으로 남는다.

외교·안보 측면에서 EU는 러시아에 대한 기존의 제재를 고도화하며 제3국을 겨냥한 세컨더리 제재까지 검토하는 등 대러 압박을 이어가려 할 것이다. 다만, 미국과의 조율에서 난항을 겪을 것으로 보여 제재의 한계를 맞닥뜨릴 가능성이 크다. 한편, '우크라이나 펀드' 출범으로 지원이 제도화되면서, 지원과 제재를 병행하는 이중 전략이 사실상 중기적 EU 안보 모델로 자리 잡을 것이다. 러시아-우크라이나 전쟁 장기화로 안보 비용이 급증하는 가운데, 유럽 방산의 자립을 목표로 한 유럽 방위산업 프로그램EDIP이 입법화되었음에도, 공급망 현지화와 생산력 확대는 여전히 미국 의존을 완전히 탈피하지 못한 채 진행될 것인바, 한국 등 방산 강대국과의 협력이 더욱 강화될 것이다.

경제, 산업 측면에서는 탄소국경조정제도CBAM가 철강, 시멘트, 전기 등에 대한 실질 과세로 시행된다. 하지만 유럽의 상대적 위상 약화와 미국·중국과의 경쟁 심화 속에서, 초기 구상에 비해 적용 범위와 규율 강도가 다소 후퇴한 모습이다. 디지털과 AI 규제에서는 빅테크 통제를 강화하는 디지털시장법DMA과 디지털서비스법DSA이 트럼프 정부의 거센 공격을 받는 가운데 당초 목적대로 시행될지 의문이며, AI Act 및 기업의 리스크 관리 의무가 본격화될 것이나, 이 역시 글로벌 기술 패권 경쟁에서 EU가 규제 주도권을 지켜낼 수 있을지 불확실성이 커지고 있다.

2025년 불법 입국이 30~40% 감소하는 성과가 있었으나, 북아프리카·사헬 루트 등 특정 지역은 여전히 불안정하다. 우크라이나 난민 약 430만 명이 EU 내에 체류하며 임시 보호 체계가 유지되는 가운데, 2026년부터 이민과 망명 제도를 재편하는 EU 이민·난민법Pact on Migration & Asylum이 본격 시행되어 신속심사와 송환 절차가 예상된다. 그러나 물리적 차단과 외주화 중심의 통제 강화는 인권 문제를 낳으며, 유럽 내부의 갈등 요인으로 번질 것으로 보인다.

정치 지형에서 극우의 부상은 여전히 상수로 작용할 것이다. 유럽의회, 독일, 프랑스, 영국, 네덜란드 등 거의 모든 유럽 국가에서 극우는 20~30%의 안정적인 지지율을 보이고 있는바, 전통적 중도·보수 정당은 극우와의 협력 혹은 흡수 압력에 직면하며 정치적 기반이 불안정한 모습이다.

종합하면, 2026년 유럽은 러시아-우크라이나 전쟁이라는 안보적 압박 속에 국방과 방산 자립을 추진하면서도 미국에 대한 의존을 벗어나지 못하고, 녹색 전환과 디지털 규제를 통해 규범적 힘을 유지하려 하지만, CBAM 등 핵심 수단에서는 국제 협상 환경에 밀려 영향력이 약화되는 이중의 현실을 마주할 것이다. 이는 2026년 유럽경제의 성장세를 제약할 뿐만 아니라, 유럽의 글로벌 리더십이 구조적으로 후퇴하는 흐름을 반영한다. 제도와 정책에서도 구조적 변화와 이민과 난민 등 외부 충격 관리, 극우 확산 등 정치 지형 변화 가능성, 그리고 전쟁과 미중과의 통상마찰 등 외부 리스크는 증폭될 가능성이 있기 때문에 기민한 대응과 조정이 필요하다.

한편, 2026년 1월 1일부터 불가리아가 유로화를 도입함에 따라 유로존 회원국은 21개국으로 늘어나는데, 어려움 속에서도 유럽은 EU와 유로존의 확대 및 심화 작업을 계속 이어갈 것이다.

쌀값 상승이 보여주는 일본경제의 실상

권혁욱 * 일본대학 경제학부 교수

04

2024년 9월부터 일본의 주식인 쌀값이 급격히 상승하고 슈퍼마켓에서 쌀을 구할 수 없는 상황이 계속됨에도, 일본의 농림수산부는 이를 쌀 부족 때문에 생긴 문제로 인정하지 않았다. 그래서 아무런 조치를 하지 않고 있다가 참의원 선거를 앞두고 여론 상황이 악화되자 장관을 바꾸고, 2025년 3월 18일에야 겨우 비축미를 방출하기 시작했다. 일본의 농림수산부가 쌀 부족 때문에 생기는 문제가 아니라고 하던 주장을 비웃기라도 하듯이 〈그림3〉이 보여주는 것처럼 비축미 방출 이후에도 쌀의 소비자물가지수 상승은 멈출 줄 모르고 계속되는 것을 알 수 있다.

그림3 | 쌀과 식료품의 소비자물가지수 추이

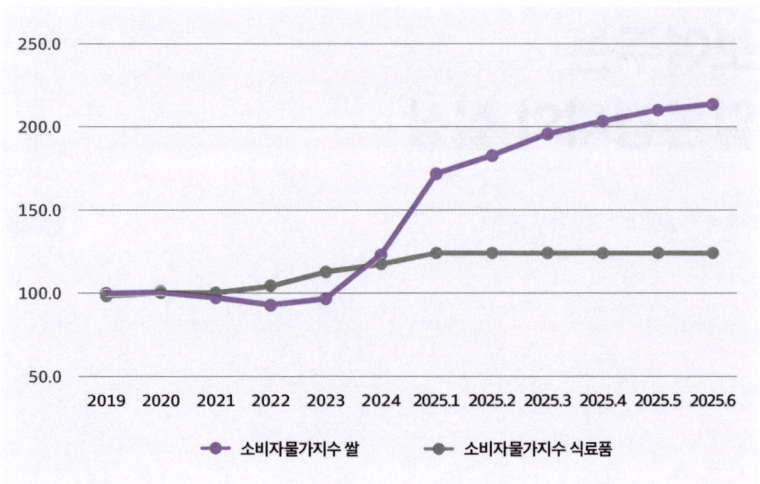

출처: 일본 총무성 소비자물가지수

    현재 동경에서 1kg의 쌀을 구입하려고 하면 국제적으로 쌀 가격이 비싼 서울에 비해 1.8배의 높은 값을 치러야 한다. 사실 2024년 9월 이전에는 동경과 서울의 쌀값이 크게 다르지 않았다. 〈그림4〉는 동경에서 5kg의 쌀을 구입하려고 할 때 치러야 하는 쌀의 명목가격 추이를 보여주는 것이다. 〈그림4〉에서 브랜드가 있는 쌀과 그렇지 않은 쌀의 가격도 함께 상승하고 있음을 확인할 수 있다. 1년 전과 비교해서 동경 쌀값이 거의 1.8배 정도 상승했음을 알 수 있다.

    일본에서 왜 동일본대지진과 같은 엄청난 재난이 있을 때도 없었던, 주식인 쌀의 부족 사태라는 이상한 현상이 일어났을까? 이

그림4 | 동경에서 명목 쌀값의 추이

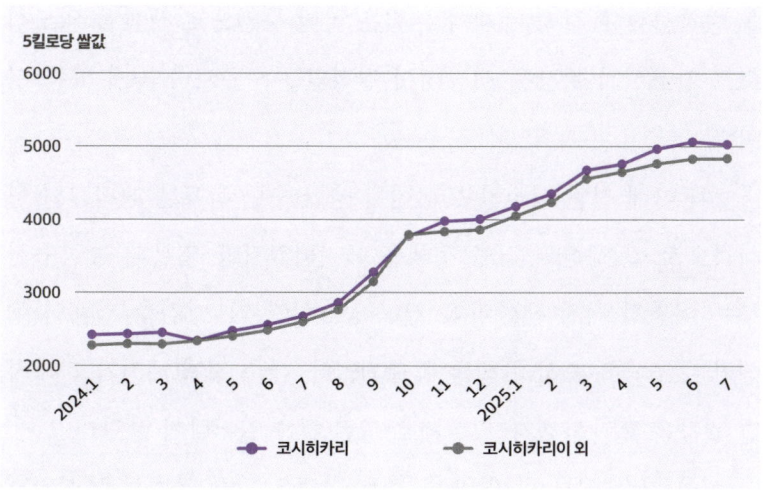

출처: 일본 총무성 소매물가 통계

물음에 대한 대답은 농업정책과 농협JA, Japan Agricultural Cooperatives의 존재에서 찾을 수 있다.

쌀 감축 정책

일본에서는 1970년 이후 보조금(납세자 부담)으로 쌀 생산을 의도적으로 줄여서 높은 가격(소비자 부담)을 유지해 왔다. 감축 정책의 결과로 1970년에 1,253만t이었던 생산량은 2020년에 776만t으로 약 40% 감소했다. 한편, 1961년 이후에 세계 쌀 생산량은 3.5배 증가했다. 특히 중국은 쌀 4배, 콩 3배, 밀 9배, 옥수수 14배 생산을 증가시켰다. 감축 정책의 본질은 국민 부담으로 생산을 의도적으로 감소시켜 쌀값을 시장에서 결정되는 수준보다 높게 하는 것이다.

2차 아베 정권 시절인 2018년에 생산 수량 목표를 폐지해서 형식적으로 쌀 생산의 감축 정책은 폐지되었지만, 일본의 농림수산부는 여전히 적정 생산량을 결정·공표하고 있고, 감축 정책의 핵심인 보조금은 오히려 대폭 확충되었다. 감축 정책 폐지가 진짜라면 쌀값은 폭락하겠지만, 실제로 그런 일은 일어나지 않았다.

이와 같은 일본의 쌀 생산 감축 정책은 많은 문제를 불러일으킨다. 첫 번째로, 쌀의 생산성을 하락시키는 원인으로 작용한다. 쌀 생산 감축 정책은 쌀 생산을 억제하는 정책이기 때문에, 쌀의 단위 면적당 수확량을 증가시키는 품질개량은 금기시하게 되었다. 단위 면적당 수확량이 바로 쌀의 생산성이다. 1970년에 일본과 같은 수준의 캘리포니아 쌀의 단위 면적당 수확량이 지금은 일본의 1.6배나 높게 되었다. 1960년대에 일본의 절반 정도 수준이었던 중국의 생산성은 일본을 넘어섰다. 만약 지금 일본의 논 면적에 캘리포니아 정도의 생산성으로 쌀을 생산한다면 현 생산량의 두 배 이상인 1,700~1,900만t의 쌀을 생산할 수 있다.

두 번째로, 가격유지에는 돈이 든다는 문제가 있다. 매년 3,500억 엔의 재정 부담으로 쌀 생산을 억제해서 소비자에게 비싼 쌀을 사게 하고 있다. 이는 정부가 재정 부담으로 국민이 의료비 일부를 부담해서 싸게 치료를 받을 수 있게 하는 의료제도와 근본적으로 다르다. 또한 비축을 위해 매년 20만t의 주식용 쌀을 수매해서 5년 후에 사료용으로 처리하는 데도 500억 엔이 든다.

세 번째로, 농가 수입의 75%가 감축 정책을 위한 보조금과 가격유지제도에 의한 것이다. 농업 종사자로 자칭해서 보조금 혜택을 받는 전업농가는 3분의 1에도 미치지 못한다. 사실 비싼 쌀값이 비효율적이고 영세한 겸업농가의 퇴출을 막고 있다. 겸업농가 대부분이 효율적으로 운영하기 어려운 소규모이고, 농지 용도를 더욱 효율적으로 바꾸어서 막대한 이익만을 바라고 있을 뿐이다. 그래서 쌀 생산 농가의 7~8할이 쌀을 생산하지만, 쌀은 전 농업 생산액의 16%밖에 되지 않는다.

농협의 존재

일본 농협이 일본의 농업정책을 수중에 갖고 놀고 있다고 해도 과언이 아니다. 구체적인 예를 하나 든다면, 일본 인구의 80%가 살고 있어 인구밀도가 높은 혼슈 지역에는 좁은 토지에서 비효율적으로 낙농을 하는 농가가 많다. 이들을 보호하기 위해 북해도에서 생산된 우유가 혼슈 지역에 들어오는 것을 막고 있다. 북해도의 광대한 토지에 더 효율적으로 낙농을 할 수 있고, 북해도 지역에서 생산되는 우유로 일본 전체가 소비할 수도 있지만, 농협이 유통을 막고 있기 때문에 북해도에서 우유를 더 많이 생산할 수도 없는 상황이다.

북해도에서 생산되는 우유 중 남는 부분을 높은 가격에 구매해서 버터를 만들기에 일본의 버터는 맛이 없고, 버터에 대한 관세가 매우 높게 설정되어 있다. 북해도의 낙농가는 우유를 많이 생산할 필요가 없고 규모를 더 키워서 효율적으로 생산해도 인센티브가 없기 때문에 조금만 생산에 차질이 발생해도 버터 공급에 지장이 생길 위험이 있다. 실제로 2014년에 버터의 품귀현상이 일어났다.

농협은 직원 수가 20만이 넘는다. 1엔이라도 많이 생산자의 이익을 확보하고, 1엔이라도 싸게 좋은 자재를 공급한다는 모토와 달리, 농가에 농업용 자재를 높은 가격에 팔고, 농산물은 싼 가격에 수매하는 종합상사 같은 조직이다. 은행의 역할도 하는 농협은 총자산 약 100조 엔, 예금잔고는 약 63조 엔에 이르는 거대 금융기관이다. 농협이 운영하는 공제사업과 판매사업도 국내 최대 규모이다. 농협은 전통적으로 여당, 자민당의 주요 선거 기반이기 때문에 독점금지법의 적용에서 제외되어 있다.

농협의 폐해를 최소화하기 위해서 아베 정권에서 설치한 규제개혁회의는 도매와 소매를 분리해서 완전 민영화, 겸업농가의 농협 가입 제한, 농협으로부터 은행과 공제 산업 분리 등을 제안했지만 무산되었다.

이번의 쌀값 상승도 쌀값을 높게 유지하려는 농협의 의도를 정부가 충실히 따르고 정치가 뒷받침해서 문제를 더 악화시킨 것이다. 미국과 유럽은 고가격을 유지하는 농업보호 정책에서 정부가 농가에 직접 소득을 보상하는 정책으로 전환했다. 국산 보호를 가격으로부터 직접보상으로 바꾸었기 때문에 수입품에 대한 관세는 필요 없게 되었다. 직접보상으로 농업도 보호하고, 소비자는 싸게 식료품을 구입할 수 있게 된 것이다.

사실 농가 입장에서는 가격유지와 직접보상이 같음에도 일본은 왜 고가격유지를 고집하는가? 이는 농가의 이익을 대변하는 서구의 정치단체와 달리 농협은 금융, 공제, 판매와 같은 경제활동을 하고 있기 때문이다. 그래서 농협은 농가의 이익보다 자신들의 이익을 실현하려는 문제가 있다.

쌀이 일본을 살릴 수 있다

감축 정책의 폐지에 따른 쌀값 하락과 전업농가에 대한 직접 소득보상(사실 겸업농가는 직접 소득보상이 필요 없다)으로 영세 겸업농가를 퇴출하고 전업농가에 농지를 집적시키면, 생산비용은 줄고 수익은 상승할 것이다. 전업농가에 농지를 빌려준 영세 겸업농가는 지대를 얻게 될 것이다. 일본 농협에서 쌀 60kg의 적절한 값이라고 주장하는 1만 5,000엔과의 시장가격 차이 분을 쌀 생산량의 40%를 담당하는 전업농가에 지급하면 1,500억 엔 정도로 충분하다.

국민은 낮아진 쌀값과 2,500억 엔의 부담을 줄이게 되는 것이다.

감축하지 않고 증산을 하면 어떻게 비축할지 걱정하는데, 국제적으로 일본 쌀의 평가가 높으므로 수출하면 된다. 쌀의 무역량은 5,500만t으로 밀의 3분의 1 수준이다. 미국과 캐나다는 밀 생산량의 절반을 수출한다. 중국은 일본의 25배인 1억 6,000만t의 쌀을 매년 소비하고 있고, 일본식 쌀이 시장의 40%를 점유하고 있다. 경제발전이 빠른 베트남, 인도에서는 국내의 수요도 크기 때문에 많이 수출할 수 없는 문제가 있다. 그래서 일본이 감축에서 증산으로 바꾸고 품질개량으로 캘리포니아 수준의 생산성을 달성할 수 있다면 쌀을 주요 수출품으로 키울 수 있다. 캘리포니아 수준의 생산성이면 연간 1,700~1,900만t을 생산할 수 있기 때문에 국내 소비를 제외하고 세계 무역량의 최대 22%에 해당하는 1,000~1,200만t을 수출할 수 있다. 이로써 일본은 세계의 식량안전보장에 크게 기여하게 될 것이다. 실제 수출이 이루어지면 국내가격은 수출가격보다 내려가지 않기 때문에 수출가격이 최저가격을 유지하는 역할을 할 것이다.

일본이 쌀 감축 정책에서 증산 정책으로, 전업농가에 대한 직접보상으로 전환한다면 쌀 보호를 위한 재정지출을 줄일 수 있을 뿐만 아니라 저렴한 쌀값으로 소비자 후생이 대폭 증가할 것이다. 또한 농협을 발본적으로 개혁하여 축적된 자본을 더 효율적으로, 장래에 큰 수익이 보장되는 AI, 로봇 등의 첨단분야에 더 많이 투자할 수 있게 될 것이다. 즉, 쌀이 보호 대상이 아니라 수출품으로 바뀔 때 일본경제가 다시 비상할 것이다.

문제는 일본이 스스로 쌀에 관련된 개혁 조치를 할 수 없다는 사실이다. 1853년 미국의 페리 제독이 이끄는 흑선 4척의 등장으로 메이지 유신이 시작되었듯이, 현재 트럼프 대통령이 예전의 흑선처럼 일본에 대해서 미국산 쌀을 더 수입해야 하고, 그동안 수입된 쌀을 일본의 농림수산부가 마음대로 처분할 것이 아니라 소비자들에게 팔아야 한다고 압박하고 있다.

사실 일본은 우루과이라운드 합의에 따라 관세 없이 해외로부터 국내 생산의 10% 정도에 해당하는 77만t을 수입하고 있는데, 이 쌀은 술이나 쌀과자 제조, 사료, 해외원조 등으로 사용하면서 국내 쌀시장에 영향을 미치지 않아 농협이 바라는 농업구조가 유지되고 있다. 만약 미국의 압박대로 미국산 쌀이 더 많이 들어와 일본의 쌀 소비시장에 공급된다면, 지금과 같은 비효율적인 쌀 농정이 유지되기는 어려울 것이다. 그렇다면 일본의 전업농가와 소비자는 트럼프 대통령에게 감사할 수도 있다.

동남아경제, '불안정한 균형' 속의 기회와 도전

고영경 * 연세대학교 디지털통상연구센터 연구교수

05

싱가포르 웡 총리는 2025년 4월 7일 연설에서 "규칙 기반 세계화와 자유무역의 시대가 끝났다. 이제 더 자의적이고 보호주의적이며 위험한 새로운 단계에 진입했다"라고 말했다

동남아경제는 새로운 경제 질서 속 이전보다 도전적인 상황을 맞이하게 되었다. 동남아경제가 지난 30년 동안 성장하는 과정에서 글로벌 경제나 가치사슬 참여도가 높아진 만큼 경제 질서의 변화와 글로벌 경기에 받는 영향도 커졌다. 미중 무역 갈등의 심화와 미국발 고율 관세 위협, 국가들이 공급망·산업·자원 등을 해외가 아닌 자국 중심으로 재편하는 세계화의 퇴행, 보호무역주의 강화는 동남아경제 성장에 부정적 영향을 끼칠 수밖에 없다. 외부 여

건의 변화는 동일하게 작동하더라도 이를 수용하고 극복하는 조건은 동남아의 모든 국가에 동일하지 않다. 주력 산업과 정치 우선 과제나 재정정책, 리더십 등에서 차이가 있기 때문이다. 동남아경제는 국가별, 산업별 성장 추이가 극명하게 갈리는 '엇갈린 성장' 시대에 진입하고 있다.

견조한 4%대 성장 전망, 관세 협상 타결로 하방 리스크 완화

관세 협상 타결로* 동남아경제의 하방 리스크가 상당 부분 해소되면서, 2026년 동남아 전체는 견조한 4%대 성장을 기록할 전망이다. 코로나19 팬데믹 이후 아세안(동남아시아국가연합, 동남아 10개국) 국가들의 성장을 견인한 것은 탈중국, China+1 전략에 따른 기업의 유입과 외국인 직접투자의 증가, 그리고 수출 증가이다. 수출에서 미국이 차지하는 비중이 커졌고, 대미 수출의 증가는 동남아 개도국에는 중요한 성장 동력이었다.

2025년 5월 미국이 제시한 높은 상호관세율은 지역경제 전체를 충격과 혼돈으로 몰아넣었다. 2024년 기준으로 미국은 아세

---

* 싱가포르는 기본관세 10%, 인도네시아와 필리핀, 태국, 캄보디아 등 4개국은 19%, 베트남과 말레이시아는 20%, 라오스와 미얀마는 40%.

표5 | 동남아경제성장률 전망

국가	2024년	2025년 전망			2026 전망	
		IMF	ADB	관세 타결 이후*	IMF	ADB
동남아 평균	4.10%	4.10%	4.20%	4.2~4.3%	4.10%	4.30%
인도네시아	5.10%	4.70%	5.00%	4.7~5.0%	5.00%	5.10%
말레이시아	4.40%	4.10%	4.30%	4.50%	3.80%	4.20%
태국	1.70%	1.80%	1.80%	1.8~2.2%	1.70%	1.60%
베트남	5.20%	5.20%	6.30%	6.2~6.3%	5.50%	6.00%
필리핀	5.50%	5.50%	5.60%	5.5~5.9%	5.80%	5.80%

* 각종 기관 자료 종합, 저자 정리
* 출처: IMF(2025) World Economic Outlook 2025 July, ADB (2025) Asian Development Outlook

안에서 큰 폭의 무역적자(2,277억 달러)를 기록하고 있었기 때문이다. 베트남은 2024년 무려 1,235억 달러 흑자를 냈는데 전년 대비 18.07% 증가, 미중 무역전쟁 이전 2017년(38억 달러) 대비 무려 3배 이상 증가하였다.

다행히 관세 협상 타결 이후 주요국의 경제 전망은 대체로 긍정적인 방향으로 조정되었다. 관세 인상에 대한 우려가 완화되면서 수출 성장세와 내수 중심의 견조한 성장세가 유지될 것이라는 기대감이 반영된 결과다.

하지만 미국 리쇼어링 정책은 새로운 도전 요인으로 작용할 것이다. 애플이 4년간 6,000억 달러를 투자해 반도체와 센서, 커버 글라스 등 주요 부품을 미국 내에서 제조, 조달할 계획을 발표한

그림5 | 아세안의 미국·중국과의 무역 불균형 추이(단위: 100만 달러)

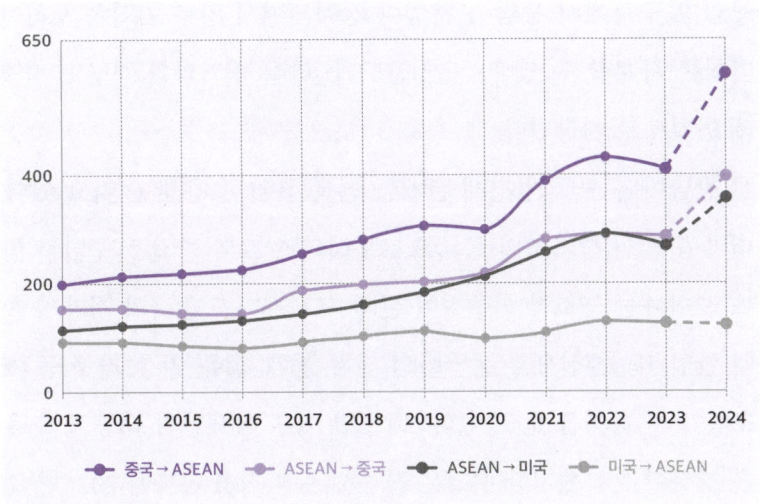

* 2024년 ASEAN 통계 미발표로 타 기관 자료 사용, 기관별 집계방식의 차이 있음
* 출처: ASEAN Statistics(2013-2023), USTR·중국 GAC(2024)

것이 대표적 사례다.* 동남아 전역이 애플 공급망에 깊숙이 연결되어 있는데, 베트남에는 35개 기업이 참여해 아이패드·애플워치(20%), 에어팟(65%)을 최종 조립하고 있고, 말레이시아는 스마트폰, 노트북 부품(기판, 센서 등)을, 태국은 전원 공급 및 완제품 일부를 담당하고 있다. 그러나 최종 제품 조립·부품 일부는 계속 동남아 생산의존도가 높아지면서, '미국 생산(핵심 부품)+동남아 생산

---

* 스마트폰 유리(코닝), 반도체(삼성, Texas Instrument, TSMC, GlobalFoundries, Amkor 등), FaceID·카메라 모듈(Coherent) 등 핵심 부품의 미국 내 생산 비중 확대. Apple Newsroom(2025년 8월 6일).

(조립, 부품, 모듈)' 이중 구조로 설계될 전망이다. 중국을 배제하는 공급망 구축에서 동남아 분업이 강화되면서 일부 기업은 오히려 기회를 확대할 수 있다. 다만 인도 등 다른 지역과의 경쟁도 치열해질 것으로 예상된다.

동남아와 중국의 경제 관계는 더욱 복잡한 양상을 띠고 있다. 대미 수출이 증가하면 중국으로부터의 원료와 중간재 수입이 함께 늘어나는 구조적 의존성이 존재한다. 게다가 중국의 저가 수출과 산업 과잉생산으로 동남아의 전자, 기계, 섬유, 철강, 가구 등 제조업이 큰 타격을 입고 있다. 2022년 이후 아세안의 대중국 수출은 성장이 둔화했지만 수입은 급증해, 무역적자 규모가 2024년 중국발표 기준으로 1,800억 달러까지 확대되었다. 이러한 무역 불균형 심화는 동남아 각국이 중국과의 경제 관계에서 새로운 균형점을 모색해야 하는 과제를 안겨주고 있다.

베트남 6% 고성장, 태국은 1%대 저성장

2026년 동남아경제는 국가별 성장 격차가 더욱 뚜렷해질 전망이다. 관세라는 외부 리스크가 완화된 지금, 각국의 내부적 성장 동력이 경제 성패를 가르는 핵심 요인이 되고 있다.

성장 강세 국가는 베트남(6.0%)과 필리핀(5.8%)이다. 베트남은 다층적 성장 동력을 바탕으로 동남아 최고 성장률을 기록할 전망이다. 상반기 FDI 집행액이 전년 대비 8% 증가하고, 신규 투자 약정은 33% 급증해 역대 최대치를 기록했다. 폭스콘, 럭스쉐어, 앰코 등 글로벌 기업과 글로벌 투자펀드의 대규모 신규 투자가 이어지고 있다. 특히 공공투자 집행률이 31.7%로 최고치를 기록하며 인프라 구축이 가속화되고 있고, 7개월간 신규기업 10만 7,700개가 설립되는 등 기업 생태계도 급성장하고 있다. 전자제품 조립과 섬유 분야에서 중국을 대체하는 핵심 생산기지로 부상했으며, 젊은 인구 구조와 정치적 안정성이 지속적인 성장을 뒷받침하고 있다. 다만 대미 수출 의존도가 높아 미국 경기 변동에 취약한 구조적 리스크를 안고 있다.

필리핀은 견고한 내수 기반으로 5.8% 성장을 유지할 전망이다. 1억 1,900만 명의 거대한 인구와 해외 필리핀 근로자들의 연간 258억 달러 송금(필리핀 통계청)이 민간소비 성장의 핵심 동력이다. 정부의 인프라 투자도 GDP의 5~6% 수준으로 지속되고 있다. 고용률 95% 이상을 유지하며(국립통계청) 임금 상승세가 이어지고 있어, 외부 충격에 대한 경제의 완충 능력이 뛰어나다는 점이 필리핀경제의 가장 큰 강점이다.

하지만 글로벌 경기 둔화가 성장에 제약 요인으로 작용하고 있다. 미국과 중국의 경기 둔화로 필리핀의 주력 수출품인 전자제품, IT 서비스, 농산품 수출이 타격을 받고 있으며, 특히 미국의 19% 관세 부과가 수출 기업에 직접적인 부담을 주고 있다. 인플레이션도 3.5~3.8% 수준으로 상승하며 소비 여력을 제약하고 있고, 남중국해를 둘러싼 지정학적 불안정과 국내정치 혼란, 자연재해 등의 위험도 상존하는 리스크 요인이다.

주의가 필요한 국가는 인도네시아와 태국이다. 인도네시아는 여러 구조적 제약으로 성장 모멘텀이 약화되고 있다. 루피아가 달러 대비 15% 이상 급락하며 금융시장 불안정이 지속되고 있고, 주력 수출품인 석탄과 팜오일, 니켈 가격 약세에 중국 경기 둔화까지 겹치면서 원자재 수출이 큰 타격을 받고 있다. 설상가상으로 프라보워 대통령 취임 후 성장 정책도 급변했다. 이전 조코위 정부의 대규모 공공 인프라 투자에서 벗어나 민간·외국인 투자 중심으로 전환하면서, 수도 누산타라 프로젝트 예산을 30% 이상 삭감하고 전체 인프라 예산도 축소했다. 대신 무상급식 예산만 대폭 늘리고 다른 분야는 삭감하는 선별적인 예산편성과 비효율적 재정 운용으로 단기적으로는 전통적 인프라 투자의 내수·고용 견인 효과가 크게 제한될 전망이다.

다만, 2억 8,000만 명의 거대한 내수시장과 디지털 경제성장, 자원 기반 밸류체인 육성, 핵심광물의 지정학적 가치, 브릭스 가입 등이 완충역할을 함으로써 2026년 성장률은 정부 목표 5.4%에는 못 미치지만 5.0% 내외를 유지할 것으로 예상된다.

태국은 관광과 수출이 회복세를 보이고 있지만, 구조적 문제가 성장을 심각하게 제약하고 있다. 가계부채가 GDP의 87.4%(2025년 1분기 기준)에 달해 내수 소비 여력이 제한적이고, 고령화 진행으로 노동력 부족이 심화되고 있다. 특히 '아시아의 디트로이트'로 불릴 정도로 동남아 최대 규모의 자동차 생산 생태계를 구축했지만, 전통 내연기관 중심 구조가 전기차·신기술 전환을 제약하고 있다. 중국과 베트남 등 경쟁국이 빠르게 첨단기술에 투자하는 가운데 태국의 구조 혁신은 상대적으로 더디게 진행되고 있어 제조업 경쟁력이 점차 약화되고 있다.

특히 연립정부 내 정당 간 갈등과 정책 결정 지연이 지속되고 있고, 2025년 캄보디아와의 국경 충돌로 인한 지정학적 불안까지 가중되면서 주요 경제정책의 일관성과 실행력이 크게 저하되었다. 이 때문에 국내외 투자자들이 정치적 리스크를 주요 투자 장벽으로 인식하게 되어 FDI와 설비투자가 위축되고 있으며, 밧화 변동성도 심화되고 있다. 2026년에도 1.8~2.2%의 낮은 성장률이 지속될 것으로 전망된다.

| **전자·디지털 경제 호조, 원자재·전통제조업 부진**

고성장 유망 분야는 전자·반도체, 디지털 경제, 관광·항공이다. 전자·반도체는 글로벌 수요 회복과 China+1 전략에 따른 공급망 재편의 수혜가 예상된다. 특히 말레이시아는 반도체·의약품 분야에서 미국 관세 면제를 확보하며 인텔, 인피니언 등 글로벌 기업의 수년간 누적 투자와 최근 생산라인 증설이 이어지고 있고, 데

이터센터 허브로도 부상하고 있다. 베트남(완제품 조립·부품), 태국(부품) 등과 함께 국가별 특화 분야를 중심으로 기회가 확대될 것이다.

디지털 경제는 젊은 인구와 정부의 육성 정책에 힘입어 핀테크, 이커머스, 게임 등이 높은 성장 잠재력을 보인다. 관광·항공은 미중 관세 완화와 중국 경기 개선에 따라 관광객이 증가하며, 태국과 베트남 등 주요 관광 국가의 회복세가 가속화될 것이다.

반면 원자재·광업과 전통제조업은 부진이 예상된다. 중국 부동산 시장의 부진과 전통 인프라 투자 둔화로 인도네시아의 석탄, 니켈 등 원자재 산업은 구조적인 약세를 보일 수 있다. 섬유, 자동차, 철강 등 전통제조업은 관세 불확실성과 임금 상승, ESG 규제 강화라는 삼중고에 직면해 있다. 다만 ESG 규제 강화는 신재생에너지, 친환경 기술 등 그린 인프라 분야에는 새로운 투자 기회를 제공하고 있어 일부 상쇄 효과가 기대된다.

'불안정한 균형' 시대의 동남아경제 전망

2026년 동남아경제는 '불안정한 균형' 상태에서 4.2% 이상의 성장을 이어갈 전망이다. 관세 타결로 단기적인 불안정성은 해소되었지만, 각국의 구조적 취약성과 산업별 차별화는 더욱 명확해졌다. 가장 주목할 변화는 동남아 내부의 극명한 차별화다. 아세안

경제공동체 내에서도 각국의 성장 궤도가 달라지고 있으며, 성장 강세 산업을 얼마나 키우고 관세·공급망 재편에 얼마나 잘 대응하느냐가 핵심 변수가 되고 있다.

한국경제에 대한 시사점도 분명하다. 동남아가 보호무역주의 득세와 미국 우선주의, 중국의 경쟁 압박 속에서 상당한 어려움과 제한적 기회를 동시에 경험하는 상황은 한국이 직면한 현실과 매우 유사하다. 리스크는 분명한데 기회는 제한적인 이러한 환경에서 한국과 동남아가 상호보완적 협력을 통해 공급망 다변화, 신시장 개척, 글로벌 포트폴리오 구축을 함께 추진하는 것이 무엇보다 중요하다. 한국 기업이 동남아에 많이 진출해 있는 만큼, 중국 의존도를 줄이는 새로운 공급망 구축에서 동남아와의 전략적 파트너십을 강화해야 할 것이다.

트럼프 2기 관세 정책과 한국 수출의 전망

허정 * 서강대학교 경제학과 교수

06

2025년 1월, 트럼프 대통령이 다시 백악관에 입성하면서 미국의 통상정책이 새로운 전환기를 맞이하고 있다. 트럼프는 2017년 첫 취임 직후부터 '미국 우선주의'를 기치로 내걸고 보호무역주의를 강화한 바 있다. 당시 미국의 무역적자를 '불공정 무역관행' 탓으로 돌리며, 강력한 관세 부과와 기존의 다자무역 질서를 흔들었다. 1기 집권기(2017~2020년) 동안 그가 보여준 정책은, 무역법과 무역확장법 등 과거 보호무역주의적 법률을 적극 활용하여 주요 산업에 고율 관세를 부과하는 방식이었다.

대표적인 사례로, 2018년 무역법 Trade Act of 1974 201조를 근거로 태양광 셀·모듈과 대형 가정용 세탁기에 대해 각각 4년, 3년의 세

이프가드(긴급수입제한) 조치를 발동했다. 또한 무역확장법 Trade Expansion Act of 1962 232조에 따라 한국을 포함한 다수 국가의 철강(25%)과 알루미늄(10%) 수입품에 고율 관세를 부과했다. 여기에 무역법 301조를 통해 중국산 수입품 총 3,500억 달러 규모에 고율 관세를 부과했으며, 중국 역시 보복관세로 대응하면서 미중 무역 분쟁이 본격화됐다.

트럼프 1기는 이러한 관세 정책과 함께 WTO 상소기구 위원 신규 임명을 막아 다자무역 분쟁 해결 절차를 사실상 무력화했고, 취임 직후 환태평양경제동반자협정 TPP과 파리기후협정 탈퇴를 선언하는 등 다자주의 국제질서에서 벗어났다. 대신 캐나다, 멕시코와 NAFTA를 재협상하여 USMCA로 대체하는 등 자국에 유리한 방향의 양자 협상을 선호했다. 한국과 FTA도 재협상하여 미국 자동차 수입에 대한 안전기준 완화 등 미국에 유리한 조항을 추가했다.

2025년 재집권 이후, 트럼프 2기는 보호주의 색채를 한층 강화하고 있다. 바이든 행정부가 동맹국과의 협력을 강조하되 중국 견제 기조를 유지했던 것과 달리, 트럼프는 이를 넘어 관세를 경제적 무기이자 외교·안보 정책 수단으로 활용하는 모습을 보인다. 2024년 11월 당선 직전 발표한 미란 보고서 MIRAN Report 는 이러한 기조를 명확히 드러낸다. 보고서는 (1) 전략산업(반도체, 배터리 등)에 대한 안보 관점 도입, (2) 미국 제조업 부활을 위한 동맹국 협력과 필요시 관세·비관세 조치, (3) 환율조작·보조금 문제 제기, (4) 공급망 투자 정책 재조정 등을 권고했다.

실제로 트럼프 2기 정부는 232조를 근거로 철강·알루미늄 관세를 25%에서 50%로 인상했고, 자동차·부품에는 25%, 구리(정제, 동박 등)에 50%의 관세를 부과했다. 반도체와 의약품에는 초고율 관세를 예고한 상태다. 국가별로는 한국과 일본에 25%의 상호관세를 통보했고, EU에는 30%를 부과하겠다고 밝혔다.

다행히도 최근 이 같은 고율 관세 방침이 발표된 뒤 주요국은 잇따라 협상에 나섰고, 7월 말까지 순차적으로 관세 인하 타결이 이뤄졌다. 일본은 5,500억 달러 투자와 시장 개방을 조건으로 대부분 품목을 15%로 낮췄다. EU는 6,000억 달러 투자와 공동개발을 제시해 30%를 15%로 인하했다. 한국도 조선업 투자 패키지를 포함하여 3,500억 달러 투자와 1,000억 달러 에너지 구매를 조건으로 25%를 15%로 낮췄다.

캐나다는 비-USMCA 물품에 35%를 적용받고, 멕시코는 30% 부과를 90일 유예받았으나 일부 품목은 고율이 유지된다. 베트남은 전면적 시장개방을 조건으로 대부분 품목에 기존 관세에 20% 추가, 중국 우회 판정 물품에는 40%가 추가 적용되며, 인도네시아는 광물·에너지 자원 분야 개방과 대미 구매 약속을 대가로 기존 관세에 19% 추가하는 것으로 합의했다. 국가별 관세 합의와는 별도로, 품목관세는 고율의 관세가 일부 시행될 것으로 보인다. 이미 철강, 알루미늄, 구리에 대해서는 모든 나라에 50%를 부과하고 있다.

이러한 미국의 고관세 체제가 앞으로 한국의 총수출 흐름에 어떤 영향을 미치게 될까?

이 글에서는 트럼프 1기 관세가 한국 수출에 미치는 영향을 크게 세 가지 경로로 요약한다. 첫째, 중국 제품의 공백을 한국이 대체하면서 대미 수출이 증가하는 경로, 둘째, 중국의 대미 수출 감소에 따라 한국의 대중 중간재 수출이 축소되는 경로, 셋째, 해외 자회사를 매개로 한 제3국 수출이 변동하는 경로이다.

〈그림6〉은 이 세 가지 경로를 잘 보여준다. 우선, 첫 번째 그림에서 2021년 이후 대중 수출보다 대미 수출액이 뚜렷하게 상승하는 모습을 확인할 수 있다. 두 번째 그림에서도 2020년 전후로 한국의 총수출과 미중을 제외한 제3국으로의 수출이 동시에 증가하는 경향이 나타난다.

채널1 대미 수출 증가:
중국 대체효과

트럼프 1기 관세 정책 이후, 미국 수입시장에서 중국의 비중은 하락했다. 이는 특히 반도체, 전자, 전기, 배터리와 같은 기술집약 산업에서 두드러졌다.

최근 실증분석 연구 결과에 따르면, 트럼프 1기 미국의 대중 관세가 발효된 이후, 미국 수입시장에서 중국 점유율이 감소하고 한

그림6 | **2016~2024 한국 수출 구조의 변화**(단위: 10억 달러)

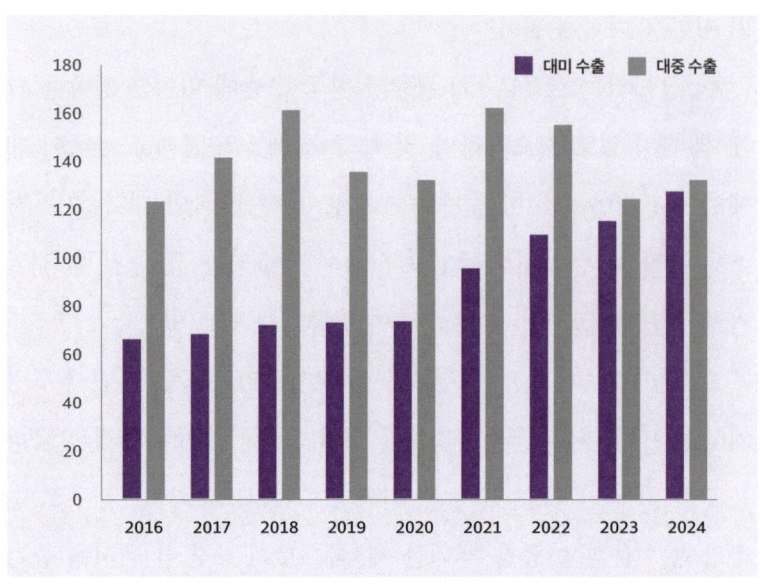

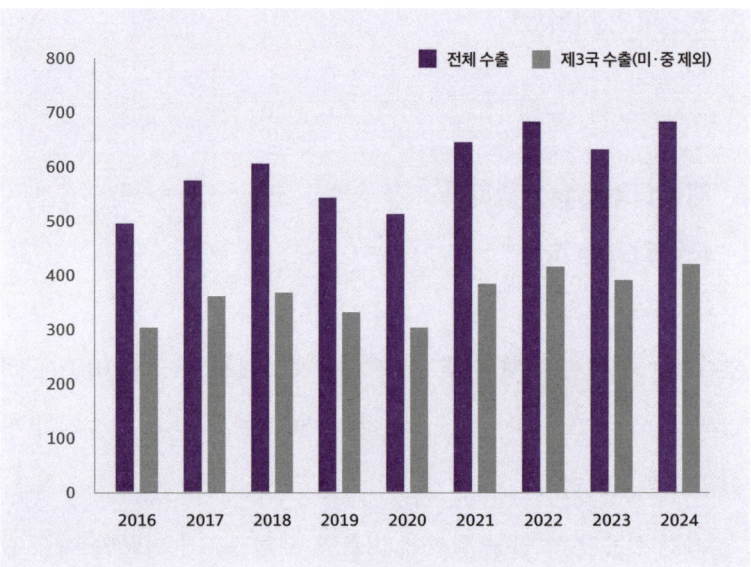

출처: 관세청 수출입통계

국·멕시코 등 제3국 점유율이 증가한 것이 드러났다. 특히, 중국의 대미 수출이 컴퓨터, 통신장비, 전기전자 등 일부 산업에 54% 집중되어 있어, 이 분야에서 한국과 멕시코가 가장 큰 대체효과를 누렸다. 실제로 미국의 ICT 제품 수입에서 한국 비중은 2018년 이후 지속적으로 확대됐다. 반도체와 배터리는 대체효과가 가장 강하게 나타난 품목군으로, 한국 기업이 기존 중국 점유분을 상당 부분 차지했다.

채널2 대중 중간재 수출 감소: 공급망 파급 효과

중국의 대미 최종재 수출 감소는 한국의 대중 중간재 수출을 줄였다는 연구 결과도 있다. 이 연구 결과에 따르면, 2018~2019년 미중 무역전쟁이 발발한 이후, 기계 부문에서 중국의 대미 최종재 수출 감소에 따라 한국, 일본, 대만의 대중 중간재 수출이 동반 감소했음을 밝히고 있는데, 특히 한국은 감소세가 지속적으로 나타남을 보여주고 있다.

사실, 1990년대 중반 중국의 중간재 수입에서 최대 공급국이었던 일본을 대신하여 2010년대 중반에 이르러서는 한국이 그 자리를 차지했다. 그러나 2019년 미중 간 관세전쟁 이후 중국은 국산화와 공급망 자립을 추진하면서 한국산 첨단 중간재 의존도를 낮쳤다. 이러한 변화는 반도체 등 첨단산업 전반에서 두드러지게 나타나고 있다. 현재는 중국의 한국 중간재 의존도는 다소 줄어든 상태지만, 중국 공급망의 한국 수출에 대한 영향력은 여전하다고 할 수 있다.

채널3 제3국 수출 증가: 기업 내 무역

한국의 총수출 구성 요소 중 눈에 띄는 부분은, 미중 관세전쟁 이후 제3국 수출이 증가한다는 사실이다. 수출 다변화의 결과로 볼 수도 있으나, 한국의 해외직접투자와 좀 더 밀접한 관계가 있는 것으로 보인다. 그동안 한국의 수출 모기업이 해외직접투자를 통해 생산 조립 거점을 제3국으로 옮기는 과정에서, 본국과 자회사 간 기업 내 무역이 확대되는 현상이 발견된다.

수출입은행 해외직접투자 경영분석 자료에 따르면, 2021년 기준 한국의 기업 내 수출은 총수출의 39.7%, 기업 내 수입은 총수입의 20.2%를 차지했다. 이러한 기업 내 무역은 다음과 같은 경로를 통해 제3국 수출을 늘릴 수 있다.

우선 베트남, 인도, 멕시코 등에 생산 거점을 구축한 후 부품과 소재를 한국 모기업이 해당 지역 생산 법인으로 수출 공급할 수 있다.

둘째, 미국 관세를 피하고자 제3국에서 조립 후 미국, EU, 기타 큰 시장으로 수출할 수 있다. 이 경우 제3국 조립을 위해 한국에서 제3국으로의 중간재 수출이 늘어날 수 있다.

셋째, 본국과 자회사 간 거래에서 이전가격을 조정해 현지 가격 경쟁력을 확보할 수 있다. 많은 물량을 한계비용에 근접한 가격으로 해외 자회사로 보내어, 해외 생산 비용을 근본적으로 줄일 수 있게 된다.

결론 및 전망

앞서 살펴본 바와 같이, 트럼프 1기의 관세 정책은 한국에 기회와 위험을 동시에 제공했다. 대미 수출 증가는 중국 대체효과 덕분이었지만, 대중 중간재 수출 감소는 공급망 측면에서 구조적 부담을 남겼다. 제3국 수출 증가는 일부 완충 효과를 제공했으나, 이는 기업 내 무역이라는 특수 경로에 크게 의존했다.

트럼프 2기에서는 이러한 세 가지 채널이 모두 이전보다 불리한 방향으로 작용할 가능성이 높다. 우선 대미 수출의 경우, 앞서 분석에서 확인된 중국 대체효과가 크지 않으리라 예상된다. 이는 8월 6일부터 시행되는 한국산 제품에 부과되는 고율 관세(최대 25%에서 15%로 일부 인하, 철강·알루미늄·구리 등은 50% 유지)가 미국 내 수출 물량을 직접적으로 감소시킬 것이다. 특히 자동차, 전자 부품 등 주요 수출 품목에서 가격 인상 요인이 더 크게 작용할 경우, 대미 수출은 순감소로 전환될 가능성이 높다.

대중 수출은 미국의 대중 관세 30%와 한중 공급망 약화가 맞물리면서 감소 폭이 확대될 전망이다. 중국이 미국 시장에서 입은 손실을 자국 내수와 제3국 시장으로 전환하는 과정에서, 한국산 중간재의 수입 의존도를 더 낮출 가능성이 크다. 앞서 살펴본 것처럼 트럼프 1기에도 대중 중간재 수출이 구조적으로 축소된 바 있으며, 2기에는 중국의 국산화 속도가 더욱 빨라질 것으로 예상된다. 이에 따라 한국의 대중 수출은 단순한 경기 변동이 아닌 구조적 하락세에 진입할 수 있다.

제3국 수출도 불확실성이 크다. 트럼프 1기에는 일부 품목에서 기업 내 무역을 통한 우회 수출이 완충 역할을 했으나, 2기에는 중국의 세계시장 덤핑 가능성이 제3국 시장에서 경쟁을 심화시킬 수 있다. 특히 동남아, 중남미 등 신흥 시장에서 중국산 저가 공세가 강화되면 한국 기업의 가격·품질 우위가 약화될 수 있다. 여기에 더해, 미국이 일부 동남아 국가를 대상으로 중국의 우회 수출에 대해 고율 관세를 부과할 경우, 해당 국가에서 생산 조립 후 수출되는 한국 제품도 간접적인 영향을 받아 제3국 수출이 타격을 받을 가능성이 있다.

종합하면, 트럼프 2기 관세 정책으로 인해 2026년 '한국 총수출 감소'라는 전망을 피하기 어렵다. 이는 단순히 일부 품목이나 특정 시장에서의 손실이 아니라, 대미·대중·제3국 수출 채널 모두에서 동시다발적으로 압박이 가해지는 구조적 문제라고 할 수 있다.

제3장

2026년 경제의 핵심 변수들

INTRO	2026년 한국경제의 변곡점을 가져올 5대 변수
01	불확실한 세계 경제, 보호무역이라는 변곡점
02	달러 패권과 스테이블코인
03	데이터로 본 한중 관광산업과 인적 교류 전망
04	지역경제 대전망: 제2의 국가균형발전 정책이 필요하다
05	한국의 중소기업, '생존 공식'을 넘어 '성장 전략'으로

2026년 한국경제의 변곡점을 가져올 5대 변수

INTRO

정무섭 ＊ 동아대학교 국제무역학과 교수

2025년 초부터 전 세계 거의 모든 국가를 대상으로 거세게 몰아붙인 미국 트럼프 정부의 관세 폭탄이 지속·확대됨으로써, 2026년은 세계 경제가 보호무역주의로 전환하는 구조적 변곡점이 될 가능성이 높다. 이러한 세계 경제의 변화는 2026년 한국경제에도 가장 큰 변화를 불러올 변수이다. 이 장에서는 오랜 기간 세계 경제의 변화를 연구해 온 일본 내 대표적 한국인 경제학자인 리쓰메이칸대학의 이강국 교수가 이러한 변화에 대해 진단했다.

최적관세optimal tariff에 관한 몇몇 연구는 미국처럼 시장이 매우 큰 국가들은 관세 인상의 부담을 미국에 수출하고자 하는 수출국에 부분적으로 지울 수 있기 때문에 경제성장을 최대화하는 최적관세가 약 20%에 달한다고 보고하고 있다. 트럼프 정부가 전 세계에 부과하고 있는 관세는 대략 이 수준으로 수렴될 가능성이 높다. 이는 제2차 세계대전 이전의 보호무역주의 시대로 돌아가는 관세 수준이라 할 수 있다. 물론 미국이 전 세계 25% 정도의 경제 규모를 차지하고 있으므로 나머지 75%의 국가들이 여전히 기존의 낮은 관세율을 유지하거나 트럼프의 관세 인상 정책이 원점으로 회귀한다면, 보호무역주의 시대로의 급격한 변화는 일어나지 않을 수 있다.

하지만 상호관세 부과로 인해 미국의 실효관세율은 이미 대공황 이후 1930년 스무트-홀리 관세법이 통과된 이후의 약 20% 이래로 가장 높은 수준을 기록했다. 파이낸셜타임스의 분석에 따르면, 2025년 7월 29일 미국의 실효관세율은 17.3%로 높아졌다고 한다.

한번 높아진 관세가 다시 원점으로 돌아갈 가능성은 작아 보인다. 결론적으로 미국의 상호관세 부과가 세계 경제에 미치는 중요한 함의는, 멀리는 제2차 세계대전 이후 브레턴우즈 체제 확립 이후 80년간, 가까이는 30년 넘게 지속된 자유무역과 세계화의 시대가 종언을 고한 것이라고 이강국 교수는 진단한다.

미국 트럼프 정부는 관세 폭탄과 함께 달러의 위상과 사용 편의성을 획기적으로 높이는 달러 스테이블코인으로 전 세계 각국의 통화 주권을 위협하고 있다. 달러 스테이블코인은 2026년 한국 경제에도 변곡점을 가져올 중요한 변수가 될 것이다. 이미 전체 달러 스테이블코인 시장 규모는 약 2,770억 달러로, 이 중 USDT와

USDC가 약 85%를 차지하고 있다. 2025년 GENIUS 법안_{Guiding and Establishing National Innovation for U.S. Stablecoins Act}은 스테이블코인 발행을 은행, 비은행, 신협으로 확대하고, 100% 준비금 유지와 월별 감사를 요구해 소비자 보호를 기반으로 달러 중심의 디지털 금융 네트워크를 구축하며, 글로벌 금융 흐름을 재편하고 있다.

이 주제와 관련해서는 실제 암호화폐 거래소의 대표이사 경험이 있으면서 국내에서 이 분야 최고 전문가인 국민대학교 글로벌창업벤처대학원의 최준용 교수의 진단을 제시한다. 최준용 교수는 2026년의 스테이블코인은 금융 접근성과 효율성을 혁신하면서도, 달러 패권의 디지털 확장 과정에서 각국의 통화 주권과 금융정책 자율성을 동시에 위협하는 이중적 도전을 제기하고 있다고 진단한다. 한국 또한 글로벌 스테이블코인 질서에 능동적으로 대응하면서, 자국 통화의 디지털화와 블록체인 금융 혁신을 병행해야 한다고 제언한다.

2026년의 한국경제의 변곡점이 될 세 번째 변수로는 달라진 중국인, 변화하는 중국이 가져올 한중 관광을 선정했다. 한중 관광이 미칠 영향에 대해서는 대한민국 공무원으로 6년간 중국에서 생활하면서 중국 경제와 문화의 속살을 엿보며 쓴 책 《중국에서 당황하지 않고 사는 법》의 저자인 전상덕 과장의 전망을 실었다.

2025년 상반기 중국인 방한자 수는 252만 명을 기록했으며, 최근 발표한 한국 정부의 중국 단체관광 무비자 조치에 따라

2025년은 600만 명 이상, 2026년 이후는 700만 명 이상을 예측하고 있다. 한중 관계 우호 모드가 지속된다면 역대 최고 수치를 넘을 수도 있다고 전망한다. 글로벌 경제위기와 내수경기 침체의 이중고를 겪고 있는 한국경제에 한중 관광 확대는 분명 단비가 될 것이다. 중국인의 해외여행자 수가 향후 10~20년간 우상향할 것이며 중국의 전체 해외 여행지 중 한국 방문 비율 4%가 유지된다고 가정할 때, 중국인의 출경자 수가 2억 명이면 8백만, 3억 명이면 1,200만 명이 한국에 오게 된다.

2010년대 이후 비수도권과 수도권의 경제적 격차는 더욱 심해지고 있다. 이러한 현상에는 디지털산업 전환이 가속화되고 제조업의 서비스업화 또는 서비스업의 상품화라는 '서비타이제이션servitization'이 가속화되면서, 제조업과 생산 기능 위주의 비수도권은 더욱 기울어진 운동장에 놓이게 된 것이라는 산업연구원 이두희 박사의 견해가 설득력이 높다. 이두희 박사의 글에서는 이러한 상황에서 비수도권 지역이 미래선도 전략산업 슈퍼클러스터로 부상하면서 한국경제의 신성장 동력이 될 가능성을 염두에 두고 이러한 지방의 성장 동력을 2026년의 한국경제의 중요한 변수로 제시하고자 한다. 산업연구원에서 수십 년간 지역경제와 산업을 연구한 이두희 박사가 진단과 전망을 비교적 상세히 제시한다.

이두희 박사는 수도권 이외의 비수도권 4극 슈퍼클러스터의 메가시티에 대기업 본사 및 R&D 기관 이전을 위해 중앙-지방정부

협의를 통해 해당 산업의 대표 앵커기업과 핵심 기능 이전·투자를 위해 기존의 지역대학과 함께 앵커기업(대기업) 캠퍼스를 조성하는 방안 등 2026년 이후 지역이 한국경제의 글로벌 경쟁력과 성장 동력을 동시에 높일 수 있는 제2 국가균형발전 정책을 제시하고 있다.

한국경제의 일자리 대부분을 차지하고 있는 중소기업이 생존을 넘어 성장으로 나아간다면 한국경제 성장의 가장 확실한 변곡점이 될 것이다. 중요한 것은 이러한 정책 변화가 얼마나 효과적으로 구체화될 수 있을 것인가이다. 이 질문에 대해서는 중소벤처기업연구원에서 정책 전환 현장을 담당하고 있는 김준엽 박사의 처방을 들어본다. 3대 핵심 성장 전략으로는 내수기업의 수출 전환의 꾸준한 시도, 스마트팩토리 전환과 AI를 활용한 디지털 기반의 생산성 혁신, 위기 속에서도 틈새시장을 공략하는 산업별 맞춤형 전략을 제시하고 있다. 이를 통해 2026년이 한국 중소기업이 생존에서 성장 전략으로 이동하는 원년이 될 수 있을 것으로 기대한다.

불확실한 세계 경제, 보호무역이라는 변곡점

이강국 * 리쓰메이칸대학 교수

01

2026년 세계 경제 전망은 불확실성으로 가득 차 있다. 무엇보다도 미국 트럼프 정부의 관세 인상을 배경으로 세계 경제의 성장률 회복이 쉽지 않을 전망이다. 지난 7월 29일 IMF는 '세계 경제 전망 업데이트'에서 2026년 세계 경제의 성장률을 3.1%로 전망했다. 미국의 2026년 경제성장률 전망치는 2%, EU는 1.2%, 일본은 0.5%, 그리고 선진경제는 1.6%, 신흥 시장과 개도국 경제는 4%로, 모든 지역과 세계 경제에서 2023~24년보다 낮은 수치였다.

무엇보다도 미국이 주도하는 보호무역 정책으로 인한 국제무역의 둔화, 향후 정책 불확실성이 세계 경제의 회복에 걸림돌이 되고 있다는 것이 문제다. 이 보고서나 여러 경제학자의 연구가 보고하듯 전반적인 경제정책의 불확실성은 경제성장에 악영향을 미칠 것이다.

특히 2026년은 세계 경제의 구조적인 변곡점이 될 가능성이 매우 높다. 세계화로 대표되는 전 세계의 경제통합이 후퇴하고 세계 경제의 분열이 시작되는 해가 될 것이기 때문이다. 1990년대 이후 세계 경제는 국제무역의 급속한 증가와 국제적 투자의 확대로 점점 통합되었다. 이러한 세계화와 정보통신기술의 급속한 발전에 기초하여 전 세계를 통합하는 글로벌 공급망이 확립되었다. 이 과정에서 개도국들에는 경제성장이 촉진되고 빈곤이 하락했다. 또한 선진국 소비자들은 값싼 제조업 제품을 소비할 수 있었고 낮은 인플레이션이 유지되었다.

그러나 세계화의 이득 이면에 개도국, 특히 중국으로부터의 수입 경쟁에 직면한 미국과 같은 선진국 제조업체들은 경쟁력을 잃었다. 실제로 2001년 중국의 WTO 가입 이후 소위 '차이나 쇼크'를 배경으로 1999~2011년까지 제조업에서 100만, 전 산업에서 최대 240만 개의 미국 노동자의 일자리가 사라졌다. 미국의 하층 노동자들은 세계화에 분노했고, 이는 자유무역과 이민노동자를 공격하는 트럼프의 집권으로 이어졌다. 2016년 브렉시트와 유럽 국가들의 극우파 정당의 인기에서 보듯, 경제 개방을 반대하고 외국인 노동자를 적으로 삼는 극우파 포퓰리스트 정치는 유럽에서도 정치적으로 힘을 얻었다.

2024년 두 번째로 집권한 트럼프 대통령은 집권 1기와 달리 세계 각국에 대해 관세를 급속히 인상하며 강력한 보호무역을 추진했다. 다음에서는 세계 경제의 변곡점이 되고 있는 트럼프 정부의 보호무역 정책과 전망에 관해 살펴볼 것이다.

트럼프의 관세 인상과 보호무역

2025년 4월 2일, 트럼프 대통령은 무역적자 문제를 해결하기 위해 모든 국가의 수입품에 대해 기본관세 10%를 매기고, 각국에 대해 상호관세를 추가로 부과하겠다고 발표했다. 각국에 대한 협상 이후 8월 1일 미국 정부는 대부분 무역상대국에 15%가 넘는 높은 상호관세를 부과했다. 이러한 고율 관세는 미국의 무역수지 적자와 달러 강세가 지속되어 온 세계 경제 시스템이 미국경제와 국민의 이해에 악영향을 미쳤다는 주장에 기초하고 있다.

트럼프 정부의 경제자문위원회 위원장 마이런은 한 보고서에서 이러한 체제가 미국 산업의 경쟁력을 약화시키고 제조업 노동자의 고용에 악영향을 미쳤기 때문에, 미국 정부는 고율의 징벌적 관세를 부과하여 무역수지 적자를 줄이고 미국 산업과 노동자를 보호해야 한다고 주장했다.* 실제로 최적관세 optimal tariff에 관한 몇

---

* Miran, Stephen. 2024. A User's Guide to Restructuring the Global Trading System. Hudson Bay Capital.

몇 연구는, 미국과 같이 시장이 매우 큰 국가들은 미국에 수출하고자 하는 수출국에 관세 인상의 부담을 부분적으로 지울 수 있기 때문에 경제성장을 최대화하는 최적관세가 약 20%에 달한다고 보고하기도 한다. 또한 미국의 무역상대국 무역수지 흑자가 미국 국채와 같은 안전자산으로 재투자되어 달러 가치가 높게 유지되어 미국의 무역수지를 악화시켰기 때문에 장기적으로 미국은 달러 가치를 낮추어야 한다고 강조한다. 이 과정에서 마이런은 각국에 제공하는 미국의 안보 우산의 힘을 활용하여 과거 플라자합의와 같은 국제적 협상을 강제하고 달러를 절하하는 노력을 기울여야 한다고 주장한다.

그러나 많은 경제학자는 이러한 트럼프 정부의 주장에 비판적이다. IMF의 수석경제학자였던 옵스펠트 교수는 미국으로의 해외투자나 달러 환율 변화가 미국의 무역수지에 유의한 영향을 미치지 않으며, 미국 무역수지 적자 확대의 근본적인 이유는 저축에 비해 소비가 과다하고 재정적자가 심각한 미국 거시경제의 불균형 때문이라고 반박한다.* 실제로 무역수지 적자는 국내 수요가 과다한 결과로 발생하는 것이고 경제성장에 나쁜 것은 아니며, 그것이 제조업 고용 감소로 이어졌다고 보기 어렵다. 제조업 고용 감소는 자동화와 같은 기술혁신에 큰 영향을 받고 무역수지가 흑자

---

* Obstfeld, Maurice. 2025. The U.S. Trade Deficit: Myths and Realities. Brookings Papers on Economic Activity, Spring 2025.

였던 다른 선진국도 2000년대 이후 제조업 고용은 줄어들었다. 소위 차이나 쇼크로 인한 제조업 고용 감소의 규모도 전체 고용보다는 그리 크지 않았으며, 2010년대 이후에는 무역수지 적자가 지속되었음에도 줄어들지 않았다. 또한 많은 사람이 주장하듯, 미국의 높은 임금을 고려할 때 높은 관세와 보호무역이 미국의 제조업 부활과 고용 확대로 이어지기 어려울 것이다.

그럼에도 트럼프의 대외경제 정책은 경제학적 분석보다 정치적인 목소리를 더욱 반영하여 고율의 상호관세 부과로 나타났다. 상호관세는 미국에 대해 무역수지 흑자를 기록하고 있는 무역상대국에 높은 관세를 부과하는 정책으로, 트럼프는 지난 4월 2일 각국에 10~49%까지 상호관세를 부과하겠다고 발표했다. 이후 협상을 통해 8월 7일부터 그보다는 낮아진 상호관세가 발효되었다.

아래 표는 각국에 대한 상호관세율을 보여준다. 미국 정부는 EU, 일본, 그리고 한국 등 우방국에 15%의 동일한 상호관세를 매겼고, 협상 과정에서 상호관세를 낮추는 대신 일본으로부터 5,500억 달러, EU 6,000억 달러, 한국은 4,500억 달러의 대미 투자를 약속받았다. 대미 투자의 형식과 수익 배분은 여전히 불확실하고 논란도 존재한다. 또한 미국은 철강과 알루미늄 50% 등 각 산업에 대해 품목관세도 부과했고, 8월 7일에는 반도체에 대해 100% 관세를 발표했으며, 의약품에도 높은 품목관세를 계획하고 있다.

표6 | 각국에 대한 트럼프 정부의 상호관세율(%)

	기존	수정
영국	10	10
오스트레일리아	10	10
EU	20	15
뉴질랜드	10	15
일본	24	15
한국	25	15
인도네시아	32	19
캄보디아	36	19
태국	36	19
필리핀	20	19
대만	32	20
베트남	46	20
멕시코	25	25
인도	26	50
중국	54	30
캐나다	25	35
스위스	31	39
브라질	10	50

출처: 필자 조사. 2025년 8월 7일 현재

자유무역의 종말과 갈라지는 세계 경제

이러한 상호관세 부과로 인해 미국의 실효관세율은 대공황 이후 1930년 스무트-홀리 관세법이 통과된 이래로 약 20%에서 가장 높은 수준을 기록했다. 파이낸셜타임스의 분석에 따르면, 2025년 7월 29일 현재 미국의 실효관세율은 17.3%로 높아졌다.

이러한 높은 관세가 과연 미국의 무역수지 적자를 줄이고 제조업의 부활을 가져오며 미국경제에 도움을 줄 것인지에 관해서는 회의적인 목소리가 크다. 높은 관세로 미국의 인플레이션이 높아질 가능성이 크고, 미국 기업들도 피해를 볼 것이며, 국제무역이

그림7 | 미국의 실효관세율

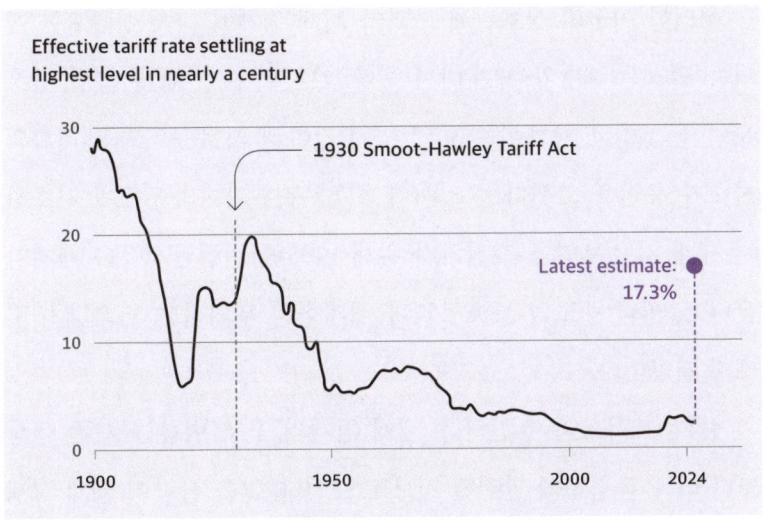

출처: Financial Times. 2025. 7. 29. Donald Trump's tariff blitz brings US levies to highest levels since 1930s

둔화하여 세계 경제성장에 충격을 줄 것이기 때문이다. 다행히도 우려와는 달리 EU 등 다른 국가들이 미국에 대해 높은 보복관세를 부과하지는 않았다. 그리고 미중 관세 협상은 4월에는 미국의 대중관세 145%, 중국의 대미관세가 125%였으나, 5월 25일 협상에서 각각 115%p씩 낮추기로 합의했고 7월 30일에는 8월 11일로 예정된 관세 부과를 다시 90일 연기하기로 합의했다.

결국 미국의 상호관세 부과가 다른 국가들과의 관세전쟁으로 이어지지는 않았지만, 여전히 국제무역과 세계 경제에는 악영향을 미칠 가능성이 높다. 실제로 2023년 IMF는 세계 경제에 심각한 지경학적 분열이 발생할 경우. 세계 경제는 장기적으로 GDP가 7%나 축소되고 특히 수출의존도가 높은 국가의 성장이 크게 둔화될 것으로 전망했다.

이러한 미국의 상호관세 부과가 세계 경제에 미치는 중요한 함의는 멀리는 제2차 세계대전 이후 브레턴우즈 체제 확립 이후 80년간, 그리고 가까이는 30년 넘게 지속된 자유무역과 세계화의 시대가 종언을 고했다는 것이다. 특히 우루과이라운드에 기초하여 세계 자유무역을 촉진하기 위해 1995년 설립된 WTO 체제가 끝나고, 미국 주도의 보호무역과 세계화의 후퇴라는 변화가 뚜렷해질 전망이다.

한편, 트럼프가 추진하는 세계 경제의 구조 변화는 기존 예상보다 더욱 복잡하게 발전될 것으로 보인다. 많은 사람이 세계 경제의 패권을 둘러싸고 미중 간 갈등 격화와 지정학적 분열을 우려했지만, 미국 정부는 오히려 유럽이나 동아시아 우방국에 높은 관세를 부과했지만, 중국의 보복관세와 희토류 수출금지 등을 배경으로 중국에 대해서는 관세 협상을 계속하고 있다. 미중 간 협상 결과는 지켜보아야 하겠지만, 미국은 중국에 대한 억제를 넘어 서구와 개도국의 시장경제 국가 모두를 포함하여 세계적인 보호무역을 지향하고 있다고 할 수 있다.

실제로 미국 무역대표부의 그리어는 최근 뉴욕타임스 칼럼에서 명목상 166개국의 경제적 효율성을 추구하고 무역정책을 규제하기 위해 설계된 현재의 WTO 체제는 지속 가능하지 않다고 강조했다.* 그에 따르면 이 체제는 관세를 공공정책의 도구로 거부했기 때문에, 특히 미국이 무역적자 확대로 인해 산업의 일자리와 경제 안보를 상실하여 이 체제의 대가를 치렀다. 그는 이러한 문제를 해결하기 위해 미국 정부는 관세를 인상했고, 여러 국가의 무역장벽을 낮추고 시장접근을 확보하여 국제무역에서 미국이 주도하는 트럼프 라운드가 나타나고 있다고 지적한다. 또한 미국 정부 스스로가 이러한 협상 결과의 이행을 모니터하고, 불이행하는 경우 더 높은 관세를 신속히 부과할 것이다. 결국 그가 강조하듯 미국은 크고 수익성 높은 소비시장이라는 당근과 관세라는 채찍을 미국의 국익 추구를 위해 함께 사용할 것으로 보인다.

---

* Greer, Jamieson. 2025. Trump's Trade Representative: Why We Remade the Global Order. New York Times, 2025. 8. 7.

문제는 이러한 미국의 보호무역 추구가 국제적인 합의를 무시하고 일방적인 힘의 논리에 기초한 것이며, 실제로 미국경제의 균형 회복과 제조업의 부활을 가져오기도 어렵다는 것이다. 따라서 노벨상 수상자인 크루그먼을 비롯한 많은 미국 내 경제학자가 트럼프의 정책을 비판하고 있다. 그러나 많은 국가가 시장 규모에 기초하여 일방적으로 밀어붙인 미국에 대해 제대로 된 대응이나 반발을 하지 못하고 협상 결과를 받아들였다.

이제 미국을 제외한 다른 국가들 사이에 국제무역 관계의 발전을 위한 노력이 어떻게 나타날지가 관심사가 되고 있다. 예를 들어, 일본 중심의 포괄적·점진적 환태평양 경제동반자 협정CPTPP, Comprehensive and Progressive Agreement for Trans-Pacific Partnership에 유럽이 참여할 가능성이나, 브릭스 국가들 사이의 협력 강화가 보호무역을 추진하는 미국에 대항하여 얼마나 발전할 것인지 지켜봐야 할 것이다. 특히 높은 관세를 부과받은 인도와 브라질이 현재 협력을 강화하고 있고, 중국이 인도와 얼마나 긴밀한 관계를 발전시킬 것인지 주목해야 한다.

한편, 높은 관세 때문에 경제성장과 소득 불평등이 악화되어 정치적 반대가 심화되면 미국이 높은 관세를 되돌릴지도 모른다는 주장도 제기된다. 실제로 트럼프 정부는 대규모 부자 감세와 동시에 관세를 인상했기 때문에 소득분배도 악화될 전망이다.

그러나 트럼프 정부의 관세수입이 2025년 약 3,000억 달러로 2024년에 비해 약 4배가 증가할 것이고 향후 10년간 약 2조

5,000억 달러에 이를 전망이다. 이는 감세로 인한 세수 감소를 어느 정도 상쇄하는 것이기 때문에 적어도 트럼프 정부에서는 관세가 낮아지기 어려울 것이다. 또한 앞으로 관세 인하에 대해서는 기업들이 로비를 통해 반대할 가능성이 크고 미중 간 패권 경쟁이 계속될 전망이어서, 미국의 높은 관세와 보호무역은 상당 기간 지속될 전망이다.

하지만 8월 29일 워싱턴연방순회항소법원은 국제비상경제권한법에 기초한 트럼프대통령의 관세인상이 불법이라고 판결하여 10월 이후 대법원의 판결로 최종 결론이 날 것으로 보인다. 또한 한국의 경우에서 보이듯, 대미투자의 구체적인 내용을 둘러싸고 협상이 계속되고 있어서 관세협상 결과의 불확실성이 존재한다. 그럼에도 미국 트럼프 정부가 주도하는 보호무역 체제로의 변화는 세계 경제의 가장 중요한 변곡점으로서 향후 한국경제에 미치는 영향과 대응에 관해 깊은 논의가 필요할 것이다.

달러 패권과
스테이블코인

최준용 * 국민대학교 글로벌창업벤처대학원 겸임교수

02

미국 달러는 여전히 글로벌 무역의 88%, 외환보유고의 60% 이상을 차지하며 세계 금융 질서의 중심에 자리하고 있다. 최근 블록체인 기술은 달러의 영향력을 오프라인 금융에서 디지털 금융 영역으로 확장시키고 있으며, 그 중심에는 스테이블코인이 있다. 스테이블코인은 국제 송금, 결제, 투자 흐름을 바꾸며 디지털 금융의 핵심으로 부상하고 있다. 미국은 초기에 보수적인 규제를 고수했지만, 이제는 스테이블코인을 적극적으로 지지하며 달러 패권을 디지털 영역에서 더욱 공고히 하려 한다. 반면 미국 외 국가들의 자국 통화 기반 스테이블코인이나 중앙은행 디지털화폐CBDC는 프라이버시 우려와 제한된 채택 범위 때문에 확산 속도가 더딘 상황

이다. 2025년 스테이블코인 시장은 2,770억 달러 규모를 넘어섰으며, 2026년에는 5,000억 달러 수준에 이르러 디지털 금융의 중심축으로 자리 잡을 것으로 전망된다.

이 글에서는 스테이블코인의 지배력, 미국의 정책 변화, 송금 및 결제 시장의 재편, 그리고 한국의 디지털 금융 전망을 살펴보며 2026년의 미래를 내다보고자 한다.

달러 스테이블코인의 지배력

USDT와 USDC 같은 달러 스테이블코인은 달러 가치와 1:1로 연동되며, 발행사가 보유한 현금이나 국채로 안정성을 담보한다. 2025년 현재 USDT의 발행사인 테더가 보유한 미국 국채 규모는 약 1,300억 달러에 이르는데, 이는 한국 전체 외환보유고(약 4,113억 달러)에는 못 미치지만 한국이 보유한 미국 국채 규모(약 1,300억 달러)와 비슷한 수준이다. 이는 스테이블코인이 이미 글로벌 금융에서 핵심 축으로 자리 잡아가고 있음을 보여준다.

아르헨티나와 나이지리아는 자국 통화의 급격한 인플레이션과 가치 하락으로 인해 스테이블코인의 실제 사용 비중이 세계에서 가장 높은 국가로 꼽힌다. 아르헨티나에서는 월급을 받자마자 현지 화폐를 USDT로 바꾸는 관행이 확산되었고, 암호화폐 거래의 절반 이상이 스테이블코인을 통해 이뤄진다. 나이지리아 역시 나이라 가치 폭락과 현금 부족 사태를 겪으면서 P2P 송금과 온라인 결제에서 스테이블코인 사용률이 일부 조사에서는 20~40% 수준에 달한다고 보고된다. 이러한 현상은 스테이블코인이 단순한 투자 수단을 넘어 신흥국에서 실질적인 결제·저축·송금 수단으로 자리 잡아가고 있음을 보여준다.

인도의 경우, 유니스왑Uniswap 같은 주요 디파이 플랫폼에서 USDC 거래량이 2025년 1분기 기준 전년 대비 40% 이상 늘었다. 2026년에는 인도네시아와 필리핀을 포함한 동남아, 나아가 아프리카 전역에서 달러 스테이블코인 기반 대출과 송금, 결제가 본격적으로 확산될 가능성이 높다. 이는 은행 계좌가 없는 인구에 금융 접근성을 열어주고, 신흥국 경제의 디지털화를 앞당기며 금융 인프라 혁신을 촉진할 수 있다. 하지만 동시에 각국 정부 입장에서는 "자국 통화 주권 잠식"과 "금융정책 자율성 약화"라는 우려를 키우는 이중적 양상으로 나타난다.

스테이블코인은 상대적으로 높은 프라이버시 보호 특성으로 사용자 선호를 얻고 있다. USDT는 트론 블록체인에서 지갑 주소로만 기록되어 높은 익명성을 제공한다. USDC는 미국 규제기관의 고객확인KYC 요구로 일부 신원 확인이 필요하지만, 은행의 추적보다는 훨씬 덜 침투적이다. 반면, 중앙은행이 발행하는 디지털 법정 통화인 CBDC는 거래가 실시간으로 추적·감시될 수 있어 프라이버시 우려가 크다. 한국의 원화 CBDC 파일럿 테스트에서도 응답자 32%가 프라이버시 문제를 지적하며 스테이블코인을 선호했다.

이러한 경향은 2026년에도 스테이블코인의 채택률이 CBDC를 크게 앞지를 가능성을 보여준다. 한국, 일본, EU에서 실험 중인 자국 통화 스테이블코인은 환율 변동성과 낮은 글로벌 수용도로 인해 국내 결제에 국한될 가능성이 크다. 따라서 2026년에도 세 지역 모두에서 달러 스테이블코인이 시장의 약 90%를 차지하는 반면, 자국 통화 스테이블코인은 5% 미만에 머무를 것으로 전망된다.

USDT는 2014년 테더가 발행한 세계 최초의 달러 스테이블코인으로, 2025년 현재 시가총액 약 1,668억 달러, 전체 시장의 60%를 점유하며 사실상 업계 표준이 되었다. 트론 블록체인에서는 낮은 수수료와 빠른 속도를, 이더리움에서는 스마트 컨트랙트의 안정성을 각각 무기로 하며 송금과 결제에서 큰 점유율을 유지하고 있다. 테더는 준비금의 83%를 미국 국채에 투자해 연간 4~5% 수익을 올리지만, 이 수익은 사용자에게 분배되지 않고 발행사 수익으로만 귀속된다. 높은 수익성에도 불구하고 준비금 투명성 문제는 늘 약점으로 지적된다. 과거 현금 보유율이 10%에 불과했던 전례가 있었고, 2024년 EU의 MiCA 규제로 유럽 거래소에서 퇴출당하며 점유율이 하락했다. 앞으로 미국과 유럽에서 스테이블코인 규제가 본격화되면, 2026년에는 USDT 점유율이 50% 아래로 떨어질 가능성이 있다. 이는 유럽 MiCA 규제로 인한 상장폐지, 미국 내 규제 강화 움직임, 그리고 서클의 USDC과 페이팔의 PYUSD 등 규제 친화적 경쟁자의 부상 때문이라는 일부 분석이 제기된다.

USDC는 2018년 서클과 코인베이스가 발행한 스테이블코인으로, 현재 시가총액은 약 681억 달러, 시장점유율은 25% 수준이다. 2025년 6월 5일, 서클은 뉴욕증권거래소에 상장해 11억 달러를 조달했으며, 상장 첫날 주가가 공모가 대비 168% 급등하는 성과를 거두었다. 현재 서클의 시가총액은 300~400억 달러 수준에서 안정세를 보이고 있다. 이는 코인베이스 이후 최대 규모의 암호화폐 기업 IPO 성공 사례로 기록되며, USDC의 신뢰도를 크게 끌어올렸다.

이후 비자, 페이팔, 중국의 앤트그룹 등 글로벌 결제 네트워크가 USDC 도입을 가속화했다. USDC는 솔라나와 이더리움에서 주로 운영되며, 솔라나에서는 낮은 수수료와 빠른 처리 속도, 이더리움에서는 폭넓은 디파이 생태계를 기반으로 강세를 보인다. 또한 미국 NYDFS와 FinCen의 감독을 받으며 매달 회계 감사를 통해 100% 준비금을 증명하고 있어 신뢰도가 높다. 2026년에는 규제 준수와 결제 통합을 무기로 점유율을 35%까지 끌어올릴 것으로 예상된다.

현재 전체 달러 스테이블코인 시장 규모는 약 2,770억 달러로, 이 중 USDT와 USDC가 약 85%를 차지한다. 나머지 15%의 대부분은 스마트 컨트랙트 기반 탈중앙화 스테이블코인인 DAI와 기타 소규모 프로젝트들이 나누어 갖고 있으며, 한때 비중이 컸던 바이낸스의 BUSD는 규제 압박과 신규 발행 중단으로 사실상 시장에서 퇴장 단계에 들어섰다.

미국의 정책 변화와 경제 효과

미국은 스테이블코인을 초기에는 규제 대상으로만 보았으나, 이제는 달러 패권을 디지털 금융 영역으로 확장하는 전략적 자산으로 여기고 있다. 그 배경에는 몇 가지 요인이 작용한다.

첫째, 스테이블코인은 미국 국채 수요를 확대해 달러의 글로벌 지위를 강화한다. 테더와 서클이 보유한 미국 국채는 최근 기준으로 합산 약 1,700억 달러 수준으로 추정되며, 이는 미국 재정 조달에도 의미 있는 기여를 하는 규모이다.

둘째, 중국의 디지털 위안e-CNY은 2025년 기준 약 1,200억 위안이 유통되며 동남아와 아프리카 일부에서 영향력을 확대하고 있다. 이에 맞서 미국은 CBDC 도입에는 선을 긋고, 민간이 발행하는 USDC와 USDT를 지지하며 e-CNY 확장을 견제하고 있다.

셋째, 낮은 수수료와 빠른 처리 속도는 소비자 수요를 충족시키며, 서클의 IPO 성공은 스테이블코인이 제도권 금융에 안착할 수 있음을 보여주었다.

넷째, 기존의 규제 접근은 오히려 혁신을 억제했다. AML·KYC 규제는 필수적이지만 과도한 규제는 시장 위축으로 이어졌고, 2023년 실리콘밸리은행 사태와 테더의 불투명한 준비금 논란은 새로운 규제 정비의 필요성을 드러냈다.

마지막으로, 유럽의 MiCA 규제, 홍콩과 싱가포르의 규제 샌드박스는 글로벌 경쟁을 촉진하며 미국의 선제적 대응을 요구하고 있다.

이러한 배경에서 나온 2025년 GENIUS 법안은 스테이블코인 발행을 은행, 비은행, 신협으로 확대하고, 100% 준비금 유지와 월별 감사를 요구해 소비자 보호와 혁신을 균형 있게 지원한다. 이는 달러 중심의 디지털 금융 네트워크를 구축하며, 글로벌 금융의 흐름을 재편하고 있다.

스테이블코인의 성장은 미국경제에도 긍정적 효과를 미친다. 발행사가 대규모 국채를 보유함으로써 미국의 재정 안정에 기여하고, 이는 곧 달러의 글로벌 지위 강화로 이어진다. 동시에 스테이블코인은 미국 연방준비제도의 통화정책에 종속되어 움직이므로, 금리 인상기에는 대출과 송금 수요가 감소해 인플레이션 압력이 일부 완화되는 효과도 나타난다. 반면 CBDC는 중앙은행이 직접 발행하는 구조이므로 재정적 기여가 거의 없으며, 국제적 영향력도 제한적이다. 이런 차별성 때문에 스테이블코인은 디지털 경제에서 미국 금융 시스템의 기반을 강화하는 역할을 하고 있다.

송금 및 결제 시장의 재편과 한국의 전망

스테이블코인은 글로벌 송금과 결제 시장의 질서를 바꾸고 있다. 2024년에는 일부 월간 기준으로 스테이블코인 결제액이 비자·마스터카드의 거래 규모를 넘어서는 수준을 기록했다. 은행 송금 대비 극히 낮은 수수료(0.2달러 미만)와 빠른 처리 속도는 평균 6~10달러에 달하는 기존 은행 송금 대비 소비자에게 실질적 비용 절감 효과를 제공하며, 일부 아프리카 국가에서는 이미 송금 시장의 30%를 차지하고 있다. 인도를 비롯한 아시아에서도 소액 해외 송금과 B2B 결제에서 스테이블코인의 활용이 빠르게 확산하고 있다. 이러한 추세는 SWIFT 등 전통적 국제 송금 인프라의 입지를 점차 위협하고 있다.

현재 전체 결제 시장에서 스테이블코인이 차지하는 비중은 1~2%에 불과하다. 그러나 성장세는 매우 빠르다. 이에 대응해 비자와 마스터카드도 디지털화폐와 블록체인 기술을 적극 도입하고 있다. 비자는 USDC를 활용한 결제 파일럿을 진행하며 솔라나 등 퍼블릭 블록체인과의 연계를 확대하고, 마스터카드는 멀티토큰 결제 인프라와 CBDC 연동 실험을 병행하며 시장에 적극 참여하고 있다.

2026년에는 스테이블코인이 국제 송금 시장의 5~7%를 점유할 것으로 예상된다. 특히 신흥국에서는 디지털 지갑의 확산과 함께 송금과 소액 결제가 스테이블코인을 중심으로 전환될 가능성이 크다. 또한 글로벌 결제 네트워크와 스테이블코인 발행사 간 파트너십이 본격화되면서 전통 금융망과 블록체인 기반 인프라가 공존하는 하이브리드 구조가 자리 잡을 것이다. 이는 스테이블코인이 단순한 대체제가 아니라 주요 결제 인프라의 하나로 제도권에 편입되는 전환점이 될 것으로 전망된다.

2025년 현재, 스테이블코인은 디지털 금융의 핵심 축으로 자리 잡고 있다. 그러나 시장에는 여전히 여러 불안 요인이 상존한다. 2023년 실리콘밸리은행SVB 파산 당시 USDC 가격이 일시적으로 0.88달러까지 하락했던 사례, 2022년 테라-루나 붕괴와 같은 디페깅 사건은 스테이블코인이 '유사 은행'으로서 갖는 구조적 취약성을 보여주었다. 또한 G20·FATF의 블록체인 자금 추적 강화, 준비금 투명성에 대한 불신, 대규모 환매 요구로 촉발될 수 있는 뱅크런 가능성 역시 잠재적 리스크로 남아 있다.

한국의 경우, 원화 기반 스테이블코인과 CBDC는 앞서 지적한 프라이버시 우려를 해소할 수 있다면 국내 결제 시장에서 일정한 역할을 확보할 가능성이 있다. 특히 제로지식증명ZKP과 같은 차세대 프라이버시 보호 기술이 도입될 경우, 사용자 신뢰가 제고되고 젊은 세대를 중심으로 디지털 금융 수용성이 크게 확대될 것이다.

나아가 글로벌 스테이블코인과의 상호운용성 확보는 한국 디지털 금융을 세계와 연결하는 핵심 가교가 될 수 있다. USDT와 USDC가 지배하는 디파이 플랫폼과의 기술적 호환성(브리지, 인터체인 프로토콜)을 강화하고, 국제 규제 표준과의 정합성을 확보한다면 한국 프로젝트 역시 글로벌 시장에서 경쟁력을 높일 수 있다. 이는 한국 블록체인 스타트업의 해외 진출과 성장을 촉진할 수 있는 중요한 기반이 된다. 다만 상호운용 과정에서 발생할 수 있는 보안 리스크, 글로벌 규제 차이에 따른 법적 불확실성은 병행 관리가 필요하다.

한국은 원화 스테이블코인의 글로벌 호환성 확보를 위해 G20 등 국제 논의에 적극 참여하고, 금융위원회, 한국은행, 국세청 등 관계기관 간 협력을 통해 회계·세무 처리 기준을 마련해야 한다. 동시에 프라이버시 보호와 규제 준수의 균형을 설계함으로써 디지털 경제 전반에 대한 사회적 신뢰를 구축할 필요가 있다.

결국 2026년의 스테이블코인은 금융 접근성과 효율성을 혁신하면서도, 달러 패권의 디지털 확장 과정 속에서 각국의 통화 주권과 금융정책 자율성을 동시에 위협하는 이중적 도전을 제기한다. 한국은 글로벌 스테이블코인 질서에 능동적으로 대응하면서, 자국 통화의 디지털화와 블록체인 금융 혁신을 병행해야 한다. 스테이블코인은 단순한 금융상품을 넘어, 글로벌 통화 질서 재편의 핵심 전장으로 부상하고 있다.

데이터로 본
한중 관광산업과
인적 교류 전망

전상덕 ∗ 문화체육관광부 과장, 예술학 박사

03

이 글에서는 세계 관광산업을 고사 직전까지 내몰았던 코로나 팬데믹 이후의 관광산업 회복세와 한국과 미국의 리더십 교체로 새로운 국면을 맞게 된 한중 관광산업을 방문자 수를 중심으로 살피겠다. 과거의 의미 있는 데이터를 선별적으로 사용하여 추세를 파악하고, 이를 바탕으로 2026년 이후 전망을 시도한다.

한중 관광교류의 추세부터 살펴보겠다. 한국에서 중국으로 가는 방문객 수는 파악하기 쉽지 않다. 한국 법무부는 한국인의 입국신고서를 2005년부터 폐지했고 출국신고서는 2006년 폐지하였다. 외국인은 입국할 때만 입국신고서를 제출하면 된다. 중국에서는 중국 국가통계국이 2020년부터 국적별 입국자 수를 분류하여

표7 | 2024년 한국인의 해외 출국 상위 국가

순위	국가	명
1	일본	860만
2	베트남	450만
3	중국	230만
4	태국	170만
5	필리핀	157만

발표하지 않는다. 비행 목적지 등을 고려하여 집계한 법무부 또는 관광공사 발표 자료를 볼 수밖에 없다. 법무부가 발표한 자료에 의하면, 2024년 내국인 출국자 수는 2,872만 명이었다. 입국자 수는 1,696만 명이었다.

2020년 이전 자료를 보면 방중 한국인 수는 2016년 519만 명으로 최고를 기록했다. 방한 중국인 수도 2016년 807만 명으로 정점을 찍었다. 이 해에 한국을 방문한 1,724만 명의 외국인 중 47%가 중국인이었다. 중국인이 우리나라 관광업을 먹여 살렸다. 2016년에 양국 간에 1,326만 명이 오고 간 셈이다. 사드도 잠잠해지고 코로나도 물러간 지금, 2016년에 기록한 최고 수치를 회복할 수 있을지는 미지수다. 다만, 2024년 11월, 중국 정부의 전격적인 한국인 무비자 입국 조치로 방중 한국인 수가 늘어날 것은 확실하다. 하지만 방한 중국인 수가 늘어날지는 불확실하다. 왜냐하면 이미 한두 번 한국을 방문한 중국인이 많아졌고, 중산층의 소득 증대와 해외 경험 확대로 동남아, 동북아를 넘어선 유럽, 미주 여행이 늘고 있기 때문이다.

우리나라는 반도이지만 북한 때문에 중국과 접경한 북쪽 육로가 막혀 있다. 사실상 일본과 같은 섬나라다. 따라서 전체 출입국이 대부분 항공편을 통해 이루어진다. 출입국 관광객 수를 좌우하는 결정적인 요인이 항공 좌석 공급이다. 물론 중장기적으로, 특정국으로 가고 싶은 수요가 항공사의 공급을 창출하겠지만, 대체로 항공 편수가 늘어나면 방문객 수도 비례해서 증가한다.

최근 보도를 보면, 2025년 상반기에 전년 대비 국제선 항공 편수와 승객은 지속적인 증가 추세다. 오히려 국내선이 줄었다. 우리나라 국내선의 90% 이상이 제주와 육지 공항을 연결하는 것이다. 제주도 방문 추세가 꺾였다. 제주도의 고물가와 MZ세대의 가성비 추구는 이들의 발길을 일본과 동남아로 이끌었다.

한국에서 중국을 방문하는 수를 구체적으로 살펴보자. 앞서 지적했듯이 우리나라 사람이 출국할 때 출입국 카드를 기재하지 않기 때문에 최종 목적지가 어디인지를 파악하는 것으로 불가능하다. 환승 문제도 있다. 예를 들어, 상하이에서 환승 후 홍콩에 간다면 홍콩 방문 관광객이 되는 것이다. 다만 주요 국가에서는 자국을 방문한 관광객의 국적별 데이터를 공개한다. 한국관광공사가 이를 파악해 매년 한국인의 해외 방문국을 자료로 낸다.

먼저 중요한 것은, 중국행 방문객이 코로나 이전으로 회복 중이라는 사실이다. 2025년 상반기 방중 한국인 수는 147만 명을 기록하였다. 전년 대비 47% 증가했다. 급증한 이유는 항공 노선 회복과 무비자 정책, 단체관광 재개, 기업 출장 수요 회복 등을 꼽을 수 있겠다. 하반기에도 추세를 이어간다면 올해 전체로는 300만 명이 무난하고, 내년에는 400~500만 명을 바라볼 수 있다. 역대 최고치인 2016년 519만 명을 돌파할 가능성도 있다.

이재명 정부의 출범으로 그동안 경색되었던 한중 관계가 풀리고 있는 분위기다. 미중 대립 구도 속에서 중국은 동북아의 중견국인 한국을 자기 쪽으로 끌어들이고 싶어 한다. 최근 주한중국대사관, 동방항공, 남방항공 등이 한중 청년 교류 숏폼 경연대회나 중국 여행 후기 응모 이벤트 등을 적극적으로 실시하고 있다. 알다시피 중국의 4대 항공사는 모두 국영이다. 공산당 중앙에서 한국에 우호적인 신호를 보내는 것이다. 물론 그 저변에는 해외 관광객 유치를 통해 중국의 내수 침체에 활기를 불어넣으려는 경제적 목적도 있다. 어쨌든 분위기가 일변했다.

2026년에는 지금보다 훨씬 많은 한국인이 방중할 것으로 보인다. 중국도 문화여유부를 중심으로 각 지방정부에서 관광 인프라 확충과 업그레이드에 예산을 쏟아붓고 있다. 위챗페이와 알리페이에 비자와 마스터카드 연결 결제가 가능해졌다. 핸드폰 로밍을 해가면 구글, 유튜브 접속이 가능하다. 여행 목적지도 과거 베이징, 상하이, 광저우, 선전 등 1선 도시 위주에서 칭다오, 항저우, 쑤저우, 시안, 우한 등으로 다변화되고 있다.

반대로 중국에서 한국을 방문하는 수를 구체적으로 살펴보자.

표8 | 2024년 전체 입국자 중 국가별 순위

순위	국가	명
1	중국	490만
2	일본	341만
3	대만	165만
4	미국	140만
5	홍콩	60만

다음의 수치는 한국관광공사가 운영하는 〈한국관광 데이터랩〉을 참조하였다. 관광공사는 법무부의 출입국자료를 바탕으로 외교관, 승무원, 영주권자 방문 등을 제외한 순수한 관광객 수를 재가공하여 정리한다. 그래서 법무부 자료보다는 숫자가 조금 적다. 방한 중국인 수는 사드 사태의 여파로 2016년 807만 명에서 2017년 471만 명으로 거의 반토막이 났지만, 2019년 602만 명으로 회복하였다. 코로나 시기는 통계적으로 별 의미가 없으므로 건너뛰고, 2024년에 490만 명을 기록하였다.

대륙과 대만, 홍콩을 합친 중화권의 수는 715만으로, 전체 방한 관광객 수 1,637만 명의 44%다. 재미있는 것은 우리나라를 방문하는 외국인의 연령 분포다.

20대가 제일 많이 오고 나이를 먹을수록 점점 적어진다. 10대는 미성년자가 많으므로 부모 동반 없이는 오기 어려운 경우다. 20대와 30대를 합치면 741만 명으로 전체의 45%다. 위에서 말한

표9 | 2024년 전체 입국자 중 연령별 순위

순위	연령	명
1	21~30	411만
2	31~40	330만
3	41~50	230만
4	51~60	192만
5	61~70	132만
6	11~20	121만
7	승무원	114만

두 가지 사실을 종합하면, 관광 유치 전략을 수립할 때 결국 가장 메인이라 할 수 있는 중화권, 그리고 20~30대를 공략해야 단기적으로 큰 폭의 증가세를 볼 수 있을 것이다. 물론 장기적으로는 유럽, 중남미, 아프리카 등에도 홍보 강화를 통해 유치국을 다변화하고, 국내 정책적으로는 노인, 어린이, 반려동물 맞춤 관광 인프라 확충에도 노력을 쏟아야 한다.

2025년 상반기 중국인 방한자 수는 252만 명을 기록하였다. 이미 견조한 증가 추세인데 여기에 불을 지핀 것이 최근 발표한 한국 정부의 중국 단체관광 무비자 조치다. 9월 29일부터 실시한 타이밍도 10월 초 중국의 국경절 장기 연휴를 겨냥한 것이다. 앞서 데이터를 보면 40~50대 관광객이 줄어드는 추세에서 이들이 대체로 선호하는 단체관광에 대한 무비자 조치가 어느 정도 효과를 거둘 것으로 보인다. 젊은이들은 비자를 내고 개별여행 계획을 짜서 1~2명씩 한국에 오고 중장년층은 여행사 패키지로 온다면, 2025년 전체로 600만 명 이상, 2026년 이후는 700만 명 이상을 예측해 본다. 다소 낙관적인 전망이나 한중 관계 우호 모드가 지속된다면 이 수치를 넘을 수도 있다.

한중 간 인적 교류는 과거에도 양국 간 정치·외교적인 요인에 많이 영향받았다. 또한 코로나 이후 고전을 면치 못하던 한국의 면세점, 카지노 업체들도 적극적인 중국 마케팅에 나서고 있다. 중국은 대형 보험사, 서비스 기업 등의 포상휴가 혹은 단합대회를 한국에서 하는 경우가 많다. 수백 명에서 수천 명까지 입국하는 MICE 산업, 특히 인센티브 및 컨벤션 관광 유치에 힘을 기울여야 한다.

중국의 빠른 경제성장과 대내외 개방정책으로 중국인 출경자 수도 급격히 늘어났다. 출국이 아닌 '출경'으로 표기한 이유는 중국은 홍콩, 마카오, 대만을 국내로 간주하기 때문이다. 출국이라고 해버리면 세 지역이 외국이 된다. 하지만 대륙인의 감각으로는 세 지역 방문이 사실상 해외여행이기 때문에 '출경'이라고 쓸 수밖에 없다.

중국은 1983년부터 해외여행을 허가하였다. 이전까지 해외로 나갈 수 있는 사람은 외교관이나 무역 종사자, 국가의 승인을 얻은 유학생 등뿐이었다. 출경자 수는 2000년에 최초로 1,000만 명을 돌파했고 2010년 5,740만, 2014년 최초로 1억 명 돌파한 후

2019년 1억 5,460만으로 급격히 증가했다. 2019년 방한자 수가 602만 명이니 대략 해외로 나간 중국인의 4%가 한국을 찾았다는 말이다. 중국의 경제발전에 따라 중국인의 해외여행자 수가 향후 10~20년간은 우상향할 것이다. 한국 방문 비율 4%가 유지된다고 가정할 때, 중국인의 출경자 수가 2억 명이면 8백만, 3억 명이면 1,200만 명이 한국에 오게 된다. 매년 중국인 1,000만 명 이상이 한국을 찾으면 항공사, 여행사, 호텔, 리조트, 면세점, 카지노, 테마파크, 식당, 관광지 등 관련 종사자들의 취업과 생계는 많이 해결될 것으로 보인다.

우리나라 관광 유치 전략에 꼭 참고해야 하는 것이 이웃 나라 일본이다. 2019년 일본에 방문한 외국인 전체 숫자는 960만 명 수준이었다. 엔화 가치 하락과 일본 정부의 적극적인 외국인 관광객 유치 정책으로, 2024년 일본을 방문한 외국인 수는 3,680만 명으로 전년 대비 1,095만 명이 늘어난 역대 최고치를 기록하였다. 이 중 한국인이 860만 명으로 1위. 폭증한 외국인 관광객으로 적지 않은 일본인이 혼잡, 소음, 위생 문제를 제기하고 있다.

일본 철도 JR은 오랫동안 저가 할인으로 외국인 여행객에게 사랑받던 JR 패스 가격을 60~70% 대폭 인상하였다. 그동안 고가의 기차 요금에 불만이 많았던 내국인들이 '왜 외국인에게만 반값 이하로 기차표를 파느냐'고 항의한 데 고개를 숙인 것이다. 더불어 외국인이 밀물처럼 들어오니 패스 가격을 대폭 올려 수익도 추구하고 기차 혼잡도를 줄이려는 목적도 있을 것이다.

'관광 공해' 비슷한 수준까지 이른 일본에 비하면 우리나라는 아직 갈 길이 멀다. 세계인을 한국에 모시기 위해 아직 해야 할 것이 많다. 2024년 방한 중국인의 64%는 여성이다. 2011년의 51%에서 대폭 늘어났다. 2023년 통계에 의하면 개별여행이 95%, 단체여행이 5%를 차지했다. 20~30대 여성을 더욱 많이 유치하면서 동시에 갈수록 줄어드는 단체관광 활성화를 위한 전략이 필요하다. 관광산업을 국가의 중점산업으로 인식하고 서울, 제주도, 부산 일변도에서 지방 소도시의 관광 매력을 늘리고 그에 걸맞은 인프라도 확충해야 한다.

결론적으로 우리나라 사람들은 일본을 제일 많이 간다. 다음은 베트남이고, 3위가 중국이다. 일본, 베트남은 이미 무비자였고, 중국도 작년 11월부터 무비자가 되었으니 중국행 방문자가 확실히 더 늘어날 것이다. 반대로 우리나라에 제일 많이 오는 나라 사람들은 중국인이다. 역대 최고였던 2016년 양국 간 1,326만 명의 상호방문이 언제 깨질지는 미지수다. 2024년에 한일 간 상호방문자 수가 1,200만 명을 넘었다. 중국의 인구 규모를 고려하면 2016년 기록은 곧 넘어설 것이다. 중국의 무비자 조치로 한국 젊은이들의 중국 개별여행은 이미 늘어나고 있다. 한국 정부의 단체관광 무비자 조치로 중국 기업들의 인센티브 관광도 늘어날 것이다.

중국 체제의 특성상, 시진핑 주석의 APEC 참석과 이재명 대통령의 방중 등 정상 간의 빈번한 교류로 대한국 우호도가 높아지면 공무, 비즈니스, 친지 방문, 학술 교류도 더 늘어날 것이다. 8월 13일 발표한 이재명 정부의 123개 국정과제에 '외국 관광객 3,000만 명 유치'가 포함되어 있다. 5년 안에 달성하기 쉽지 않은 목표치다. 우리 국민과 중앙정부, 지방정부, 공기업이 합심하여 대한민국이 동북아의 고품격 관광대국이 되기를 바란다.

지역경제 대전망: 제2의 국가균형발전 정책이 필요하다

04

이두희 * 산업연구원 지역경제연구단장

지역 산업 소멸 위기? 지역 소멸 위기? 기울어진 운동장

노무현 정부 당시 크게 이슈가 되었던 '국가균형발전 정책'은, 수도권에 비해 비수도권의 총생산액이 상대적으로 떨어지는 '위협' 속에 시작되었다. 하지만 최근에는 지역산업 소멸, 더 나아가 지역 소멸이라는 '충격'으로 다가오고 있다. '과연 산업이 소멸하는가?'라는 질문에는 부정적이다. 산업이 소멸하는 경우는 거의 찾아보기 어렵다. '섬유산업이 소멸했는가?', '신발산업이 소멸했는가?'라는 질문을 던져보면 이해할 수 있을 것이다. 프랑스와 이탈리아를 비롯한 선진국의 고급 브랜드, 미국의 나이키 등을 생각해 보라. 산업이 소멸하는 것이 아니라 '기업'이 사라지는 것이다. 지역 소멸도 땅이 소멸하는 것이 아니라, 지역에 '사람'이 사라지는 것이다.

실제 통계를 보면, 2000년에 지역내총생산액 GRDP 을 기준으로 수도권이 49%이고 비수도권이 51%를 차지했다(49:51).(〈그림8〉참고)

그림8 | 수도권과 비수도권 간 전국 대비 비중 추이

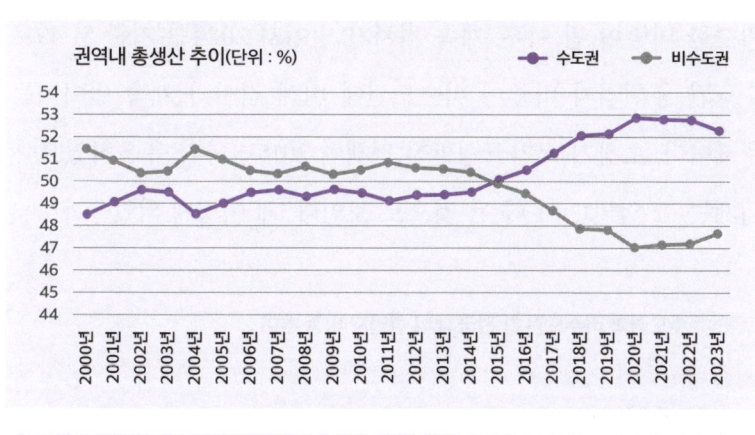

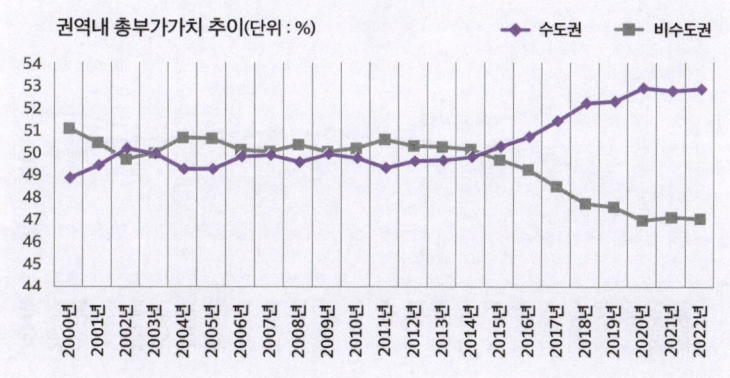

출처: 통계청, 경제활동인구조사 & 지역소득 각 년도

제3장 2026년 경제의 핵심 변수들 —— 177

이후 그 격차가 좁혀지다가 2004년에 다시 49:51로 유지되었고, 2015년에는 50:50로 비슷한 비중이었으며, 이후로는 격차가 계속 벌어져 2023년에는 52:48이 되었다. 권역 내 총부가가치 비중도 유사한 추이를 따르고 있다. 가장 최근 통계청 통계인 2022년 자료를 보면, 53:47로 GRDP보다 더 벌어진 것을 확인할 수 있다. 그 결과로 〈그림9〉에서 확인할 수 있는 바와 같이, 권역 내 총취업자 비중도, 비수도권 비중이 점점 줄어들다가 2017년에는 수도권과 비슷한 비중이 된 이후, 계속 격차가 벌어져 2024년 기준 51:49로 수도권 총취업자 비중이 비수도권에 비해 격차가 계속 벌어지는 추세이다. 초창기 국가균형발전 정책이 2015년까지 유용하였으나, 이제는 그 약발(?)이 다 된 것으로 보인다. 왜 이렇게 되었을까?

그림9 | 수도권과 비수도권 간 전국 대비 취업자 비중 추이

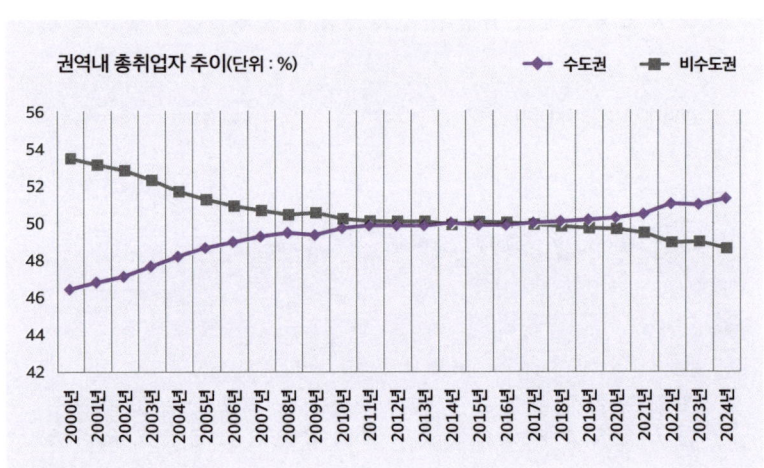

출처: 통계청, 지역소득 각 년도

이러한 추이는 '지역산업 소멸'의 기업이 줄어드는 문제와 연동되어 있고, '지역 소멸'의 사람이 줄어드는 문제와 직결되어 있다. 급기야 수도권과 비수도권이 '기울어진 운동장'으로 된 형국이다. 비수도권의 기업이 사라지는 것에는, 팁포인트인 2015년을 전후로 한 산업구조 또는 산업전환과 밀접한 관련이 있다. 우리나라 산업화 초기 산업입지 정책으로 공장부지 가격이 저렴하고 인건비가 낮은 비수도권, 특히 남동임해南東臨海 지역에 생산 공장이 설립되고, 본사와 연구개발R&D 기능은 주로 수도권에 입지하게 되었다. 즉 팔다리에 해당하는 생산 기능은 비수도권에, 머리에 해당하는 지식(본사) 기능은 수도권에 입지하는 구조가 고착되었다.*
2015년 이후 ICT 산업 즉 지식산업의 부가가치와 수요가 커지고 이후 AI 디지털산업이 강조되면서 고용성장은 수도권 중심으로 몰리고, 비수도권 특히 남동임해 지역은 고용이 역성장하는 형태를 나타내고 있다.

문제는 이러한 기울어진 운동장이 가속화되고 있다는 점이다. 디지털산업 전환이 가속화되고 제조업의 서비스업화 또는 서비스업의 상품화라는 '서비타이제이션servitization'이 가속화되면서, 서비스업이 부족한 제조업과 생산 기능 위주의 비수도권은 더욱 '기울어진 운동장'에 놓이게 된 것이다.**

---

* 우리나라의 이분법적 산업입지 구조를 나타낸 '지역고용성장률 공간 군집도 분석 결과' 지도 참고: 이두희 외(2019), 〈지역산업위기 유형분석과 위기대응방안 및 산업전환전략〉, p.170.
** 이두희 외(2019), 〈지역산업위기 유형분석과 위기대응방안 및 산업전환전략〉, 산업연구원.

이러한 문제는 미국을 비롯한 세계 곳곳에서도 확인되는데, 대표적인 사례가 미국의 러스트 벨트이다. 5대호 인근에 자동차 및 조선과 철강산업의 생산 기능 중심 지역에서 관련 공장이 해외나 다른 지역으로 이전하면서 기업이 사라지는, 그래서 산업이 소멸한 지역이다. 해결책으로 오바마 정부가 추진했던 팔다리와 머리를 한 곳에 붙이는 '온전한 몸'의 정책인 제조혁신부흥 전략을 생각해 볼 수 있다. 성공적으로 평가되는 이 전략은 캐나다에서는 '슈퍼클러스터' 전략으로 대두되었다. 이러한 온전한 몸 전략과 기울어진 운동장을 바로 잡아 누구나 마음껏 역량을 발휘할 '추격 운동장'을 이어서 살펴보고자 한다.

제2 국가균형발전?
온전한 몸으로 마음껏 추격하는 공평하고 효율적인 운동장

한계에 이른 국가균형발전에 대안이 될 제2 국가균형발전 정책이 필요하다. 그것은 바로 온전한 몸의 선수players와 효율적인 운동장 건설이 되어야 할 것이다. 먼저, 팔다리와 머리가 분리된 문제를 해결하기 위해서는 오바마 정부의 '제조혁신 르네상스'와 같은 전략을 고려해 볼 수 있을 것이다. 혁신을 할 수 있도록 본사 또는 연구개발 기능과 생산 기능을 공간적, 기능적으로 연결하는 전략이다. 혁신시스템 이론에서 말하는 4대 혁신 주체(대기업, 중소기업, 대학교, 정부 공공연구소) 중 기업, 특히 대표적인 대기업 본사와 R&D 기능을 유치하여 비수도권에 '온전한 몸'의 혁신 선수가 뛰게 하는 것이다. 최근 AI 디지털 전환과 스마트 물류 기능 강화나 서비타이제이션 전환에도 효과적으로 대응할 수 있다.

하버드대학교 글레이저 교수가 주장한 바와 같이, 서비스업을 비롯한 다양성을 가지고 있는 메가시티에 지역대표 산업의 혁신망과 공급망의 대표기업(앵커기업) 본사 또는 소프트웨어 기능의 투자 유치를 통해 기존의 팔다리와 함께 머리도 같이 하는 '온전한 몸'이 되도록 하는 전략이다. 온전한 몸의 혁신 선수가 되기 위해서는 항공모함의 형태로 대표 대기업과 함께 중소기업 및 공공연구기관과 대학교가 함께 편대를 이루는 것도 중요하다. 가능하다면 메가시티 대학교 부지를 이용해 구글캠퍼스와 같은 '대기업 캠퍼스'를 구축해 보는 것도 고려해 볼 수 있을 것이다.

이어서, 기울어진 운동장의 문제 해결을 위해서는 디지털전환 및 서비타이제이션 등 산업 재편에 따른 지역산업 및 지역 소멸 위기 극복을 위해 신정부의 국가선도 전략산업을 중심으로 초광역 슈퍼클러스터 조성 방안을 모색할 필요가 있다. 〈그림10〉에서 보는 바와 같이, 최근 디지털화에 따른 산업 재편은 가치사슬과 부가가치의 관계를 스마일커브에서 하트커브 형태로 빠르게 변화시키고 있다. 하트커브는 서비타이제이션이라는 '혁신망+공급망+물류망'의 융합 및 네트워크 경제의 강력한 통합의 힘, 즉 네트워크의 힘이 필요하다.

그림10 | 가치사슬과 부가가치의 스마일커브와 하트커브 비교

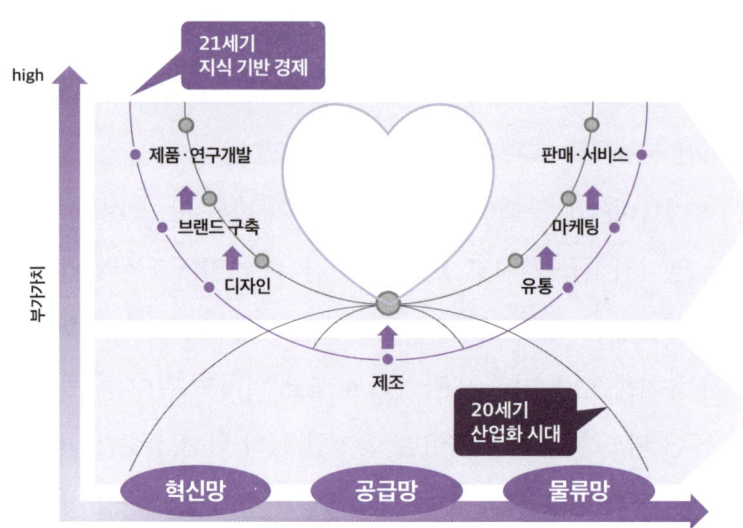

출처: 〈중소기업 정책이슈 발굴 결과보고서〉, 이두희 외(2023), p.492 재편집

기울어진 운동장의 가장 큰 문제는 바로 수도권이라는 엄청난 일극—極의 구심력(중력)이다. 이를 극복하기 위해서는 적어도 대칭될 수 있는 구심력 또는 중력을 가진 극성極性이 필요하다. 바로 '슈퍼클러스터'이다. 이때 '슈퍼'는 ① 공간 초월(outward, 원심력)과 ② 더 강력한 중심성 에너지(inward, 중력)를 가진다는 의미로 바로 '극'의 개념이다.

슈퍼클러스터는 기존 혁신클러스터의 공간적 연계뿐만 아니라 기능적 연계를 통한 네트워크 경제를 고려하며, 공간적 유연성과 이를 통한 외부와의 연결성 강화, 산업 발전 적정 범위로 클러스터

의 규모를 국가 또는 글로벌 차원으로 확대(정부의 첨단산업 육성 전략과 일치), 지역 간 연계, 특히 수도권-비수도권 간 협력 틀로 국가균형발전 정책 유용, 기능적 연계를 강조하면서 기업 특히 대기업과의 연계 강조(본사 및 R&D 산업 수도 이전 유용), 앵커기업(대기업)과 기능적 연계를 강조하면서 민간(기업) 주도 토털솔루션 본부의 기업가적 발견 프로세스EDP 시스템을 강조하는 개념이다.*

지역발전 정책의 개념으로 보면, 지역혁신시스템Regional Innovation Systems의 산업클러스터 정책과 비교되는 글로벌혁신시스템Global Innovation Systems의 슈퍼클러스터 정책이다. 지역혁신시스템이 지역의 경쟁력을 강조한다면 엄청난 구심력(중력)을 가진 슈퍼클러스터는 국내 지역을 넘어 글로벌 경쟁력을 강조하는 개념이다. 이러한 슈퍼클러스터 정책을 위해서는 기존의 시도 광역지역을 뛰어넘는 초광역권의 '미래선도 전략산업'을 중심으로 전략을 수립해야 할 것이다. 바로 슈퍼클러스터의 핵심이 될 미래선도 전략산업의 공급망, 혁신망, 물류망의 네트워크 분석과 수도권을 비롯한 초광역 간 연계협력이 필요하다. 또한 슈퍼클러스터 조성을 위해서는 해당 미래선도 전략산업을 위한 앵커기업(대기업) 유치와 관련 기업과 R&D 기능과 물류기능의 연계협력을 위한 전략이 필요하다.**

---

* 이두희 외(2023), '글로벌 공급망 재편과 물류난에 대응한 서비타이제이션 전략', 〈중소기업 정책 이슈 발굴 결과보고서〉, p.492 재편집.
** 인공지능 슈퍼클러스터의 주요 거점과 기능을 표기한 지도 참고: 김지수 외(2023), 〈지역 주도의 슈퍼클러스터 구축 전략과 과제〉, p.159.

문제는 '제2의 국가균형발전 정책을 어떻게 할 것인가?'이다.

어떻게? 5극3특, 미래선도 전략산업 슈퍼클러스터로

노무현 정부 이후 추진된 '제1 국가균형발전'과 비교될 '제2 국가균형발전' 전략을 고려해 보고자 한다. 〈표10〉에서 요약한 바와 같이 먼저, 정책 공간 단위가 수도권도 연계한 초광역이다. 현재 수도권 1극에서 동남권 '(가칭) 해양모빌리티 슈퍼클러스터'와 같은 구심력(중력)과 원심력을 가진 다극 시스템을 구축하는 것이다. 바로 평평하고 공평한 운동장 조성이다. 현 정부가 추진하고 있는 5극에서 극성(중력)을 확보하는 것이다. 규모의 경제와 범위의 경제에 이어 스피드 및 시스템 경제를 강화한 초광역 기능적 연계를 통해 중력 또는 극성을 확보한 슈퍼클러스터 정책이다.

이러한 중력을 가진 슈퍼클러스터는 글로벌 혁신시스템에서 서비타이제이션 지원 프로그램과 거버넌스 구축도 고려해야 할 것이다. 미래선도 전략산업 슈퍼클러스터에 해당하는 앵커기업(대기업) 유치와 산·학·연·관 파트너십 및 서비타이제이션에 대응할 가칭 '토털솔루션 본부'를 각 5극 슈퍼클러스터에 설립하는 방안도 고려해볼 수 있다.

특히 공간적으로 기존의 국가균형발전 정책과는 달리 수도권과 기능적 연계를 통해 다른 4극이 추격할 혁신역량을 강화하는 전략이 되어야 한다. 공간과 기능의 연계를 통해 미래선도 전략산업 슈퍼클러스터의 '혁신망+공급망+물류망'의 연계협력을 강화하는 것이다. 기존 지역 또는 권역 내부의 연계도 중요하지만, 수도권 슈퍼클러스터를 포함한 초광역의 '혁신망+공급망+물류망' 연계를 통해 글로벌 경쟁력 확보 및 극성(중력)을 강화하는 것이다. 부산과 같이 슈퍼클러스터 내에 메가시티 또는 중추도시를 중심으로 서비타이제이션을 고려한 공급망 기능 중심의 '토털솔루션 전략'으로 본사 또는 소프트웨어 기능의 투자 유치로 기존의 팔다리와 함께 머리도 같이 하는 '온전한 몸'의 혁신 선수가 글로벌 경쟁력을 발휘하도록 하는 정책이다.

두 번째, 슈퍼클러스터의 목표는 중장기 국가성장과 국가경쟁력 강화가 되어야 한다. 5극의 슈퍼클러스터를 통해 단기적인 지역산업 발전에 그치는 것이 아니라, 5~10년 후에는 글로벌 산업을 이끌고 선도할 국가경쟁력을 갖춘 슈퍼클러스터가 되어야 할 것이다. 따라서 비전도 지역성장을 뛰어넘는 글로벌 경쟁력 강화가 되어야 한다.

해외 대표 사례인 캐나다의 경우, 어떻게 10년 만에 세계 최고의 AI 국가가 되었는지를 잘 보여준다. 캐나다의 5개 슈퍼클러스터 중 퀘벡주를 중심으로 한 '인공지능 기반 공급망' 슈퍼클러스터를 통해 죽음의 계곡을 극복하고 글로벌 AI 산업을 이끌면서 캐나다가 세계 AI 시장을 주도하게 되었다. 우리도 미래선도 전략산

표10 | 5극3특의 슈퍼클러스터의 새로운 방식 전략과 기존 전략 비교

주요 요인	기존 전략	새로운 전략(5극3특, 수퍼클러스터)
권역 범위	광역 시도/ 초광역	초광역, 5극3특
목표	지역발전/단기국가균형발전	장기국가균형발전/국가경쟁력강화
비전	지역성장	글로벌 경쟁력
선정 절차와 기준	탑다운(top-down)/바텀업(bottom-up)	미들업다운(middle up-down)
대표산업의 범위	지역 전략산업	지역 미래선도유망 산업
기능연계	지역 또는 권역내 연계	초광역 혁신망+공급망+물류망 토털연계
주체	정부, 지방정부	기업
거버넌스	광역협의회	토털솔루션본부(산업수도), 기업가적 발견프로세스(EDP) 협의체
수도권 연계	제외	기능적 연계
운영원리	정책중심	시장중심
산업선정원리	단기유망성장 산업 선정	미래유망선도산업(10년 중장기)+프로젝트

업 슈퍼클러스터를 통해 장기적으로 해당 산업이 세계시장을 주도하도록 해야 한다.

이를 위해서는 각 4극의 슈퍼클러스터에 해당 미래선도 전략산업의 대기업 니즈에 맞춘 대기업 캠퍼스 조성(예컨대, 부산의 경우 HMM 캠퍼스)을 통해 대기업과 관련 공급망 중소기업, 혁신망 정부 공공연구소 및 대학교와 함께 연계협력 하여 항공모함 편대를 구축하여 지역성장과 국가균형 성장을 견인하는 정책이 되어야 할 것이다.

세 번째, 전략 구상에서 기존의 방식과 차별화된 중장기 계획의 미들업엔드다운middle up&down 방식의 중앙정부와 지방정부가 미래 먹거리가 될 해당 슈퍼클러스터의 미래선도 전략산업 선정과 전략이 중요하다. 5극 슈퍼클러스터의 미래선도 전략산업 선정 및 관련 프로젝트 선정 절차와 기준 관련해서는 중앙정부나 지방정부는 상향식 또는 하향식보다 중간에서 조절할 미들업다운middle up-down의 중재 기능과 심판 역할을 하고, 슈퍼클러스터의 주체players는 기업이 되어야 한다.

따라서 5극의 슈퍼클러스터 거버넌스도 기업 주도의 토털솔루션 본부를 둘 필요가 있다. 이 본부에는 미래선도 전략산업인 'K-산업'의 핵심이 될 초광역 협력 지역 설정과 혁신 주체(대기업, 중소기업, 대학 및 공공연구소, 정부 및 지방정부)가 파트너십을 위한 '기업가적 발견EDP 협의체'를 구성할 필요가 있다. EU의 스마트 특성화 전략에서 EDPEntreprenuer Discovery Proces 협의체는 기업가와 산업 관련자가 40명, 정부 및 교수를 비롯한 전문가가 30명으로 총 70명 정도 구성되어 있다.* 슈퍼클러스터 내에 대기업 캠퍼스를 조성하여 산학연 협력을 통해 지식·인재의 연결과 거래기업 및 혁신기관 유치할 수 있을 것이다.

비수도권 4극 슈퍼클러스터의 메가시티에 대기업 본사 및

---

* 이두희 외(2019), 〈지역산업위기 유형분석과 위기대응방안 및 산업전환전략〉, 산업연구원.

R&D 기관 이전을 위해 중앙-지방정부 협의를 통해 해당 산업의 대표 앵커기업과 핵심기능 이전·투자를 위해 기존의 대학교 캠퍼스를 활용해 앵커기업(대기업) 캠퍼스를 조성하는 방안이다. 지방 이전·투자 기업 대상 파격적 인센티브 설계와 기업 핵심기능 이전을 위한 부지 제공 및 맞춤형 규제 완화 등 입지제도도 마련해야 한다.

슈퍼클러스터 내 혁신망의 경우, 선정된 미래선도 전략산업 중심 지역산업 제조혁신 지원체계를 마련하여 중앙정부는 미들업다운(지역 ↔ 산업부) 방식으로 세부 프로젝트를 마련하고 첨단산업의 혁신망 구축을 위해 대규모·집중화된 장기 공공 연구개발 프로젝트를 추진(산업 육성 성과가 나타나도록 10년간의 장기 지원 프로그램 기획)해야 할 것이다. 미국의 주립대 공과대처럼 과감한 연구개발 지원과 혁신의 엔진 역할이나, 독일의 공공연구기관인 프라운호퍼가 지방정부 중심으로 지역기업의 수요에 적극 역할(7:3 예산구조)한 사례를 벤치마킹할 필요가 있다.

마지막으로, 5극의 슈퍼클러스터 운영 원리는 '정책 중심'보다는 '시장 중심'으로 효율성을 강조해야 한다. 이를 위해서는 슈퍼클러스터의 혈관과 같은 지역금융의 활성화가 중요하다. 지역경제 시장 메커니즘과 연계·작동할 수 있도록 '(가칭) 지역산업 활성화 촉진기금' 신설과 지역산업투자공사(충청권산업투자공사, 동남권산업투자공사 등 지역별 산업투자공사 등) 설립도 고려해 볼 수 있을 것이다.

최근 정부(산업부와 중기부)의 대표 선도 전략산업을 중심으로 글로벌 혁신시스템과 연계한 5극의 슈퍼클러스터 대표 산업은 초광역 내 특화도와 미래 성장성 및 선도유망 산업의 기준을 통해 시장원리에 따라 각 5극 EDP에서 선정할 수 있다. 우리나라 대표 산업이라 할 수 있는 'K-산업'을 중심으로 미래선도 전략산업을 고려해보면, 예컨대, 부울경의 '해양모빌리티 슈퍼클러스터', 대경권의 'AI디지털첨단소재 슈퍼클러스터', 충청권의 '디지털반도체 슈퍼클러스터', 호남권의 '그린에너지 슈퍼클러스터', 전북·강원·제주권의 '첨단바이오테크 슈퍼클러스터' 등과 같은 5극 슈퍼클러스터를 조성해 볼 수 있을 것이다.

지금까지의 전략(안)을 정리하면, 글로벌 혁신시스템의 비수도권 4극 미래선도 전략 슈퍼클러스터를 통해 관련 기업(대기업 본사) 수요를 반영한 본사 유치로 앵커기업 캠퍼스를 구축하여 팔다리와 머리가 온전한 혁신 플레이어가 공평하고 효율적인 운동장에서 마음껏 경쟁하여 지역이 대한민국 성장을 이끄는 것이 바로 '제2 국가균형발전 정책'이다. 대기업 본사의 지방 이전 대표 사례인 하림의 익산시 이전과 삼성전자의 서울 강남구에서 수원시 이전 사례나, 미국 GE가 본사를 코네티컷주 페어필드에서 매사추세츠주 보스턴으로 이전한 사례(기업 요청에 따라 GE 캠퍼스에 보스턴시가 주차시설 지원)에서 좋은 시사점을 도출할 수 있을 것이다.

이를 위해 다가올 2026년에는 비수도권 4극 미래선도 전략산업 슈퍼클러스터와 앵커기업(대기업) 캠퍼스화를 통해 팔다리와 머리가 온진한 혁신 플레이어가 글로벌 시장을 이끌고 대한민국 성장을 이끌 시범 사업들이 펼쳐지기를 기대한다. 성공적인 시범 사업은 국가균형 성장을 이끌 초석이 될 것이다.

끝으로, 미국 야구의 전설적인 선수였던 요기 베라의 "아니요, 끝날 때까지 끝난 것이 아닙니다"라는 말을 떠올리며, 계속될 우리나라 지방경제의 '추격경제'를 바라본다. 바로 제2 국가균형발전 정책인 5극3특의 '미래선도 전략산업 슈퍼클러스터'를 통해 대한민국이 효율적이고 공평한 운동장에서 마음껏 추격하는 기업 혁신선수와 함께 선도 질주가 계속되기를 기대해 본다.

국개발연구원KDI은 2025년 성장률 전망을 0.8%까지 낮추며 '0% 대 성장률 시대'를 처음으로 언급했다. 세계 경제 역시 미중 간의 기술 패권 경쟁과 글로벌 공급망 재편으로 여전히 긴장의 끈을 놓을 수 없는 상황이다.

한편, 2026년은 다소 다른 풍경을 보여줄 가능성이 있다. 기준금리는 2025년 말 3.0%에서 점차 낮아져 2026년에는 2%대 후반까지 떨어질 것으로 예상된다. 소비자물가상승률은 2%대 중반에서 안정될 전망이다. 내수 회복은 더딜지라도 반도체, 배터리, 바이오와 같은 전략산업이 이끄는 수출 성장세는 여전히 견고하다. 한국은행은 2026년 수출 증가율을 5% 안팎으로 내다보고 있다. 거시경제적 부담이 서서히 완화되는 것이다.

그런데도 2025년 중소기업 경기심리지수BSI, Business Survey Index는 대기업 대비 전반적으로 10p 이상 낮고 회복탄력성도 중소기업이 대기업 대비 낮다. 구조적 문제로 인해 거시경제의 긍정적 효과도 중소기업에는 지체되어 도달하거나 대기업과 상반되는 비대칭적 결과로 귀결되기도 하기에 중소기업에 대한 전망과 예측은 항상 신중할 필요가 있다. BSI는 실제 현업에 있는 기업인들을 대상으로 하는 표본조사로 실제 경제지표보다 빠르게 기업들의 경기체감을 반영하는 특징이 있어, 정부와 한국은행의 정책 판단의 자료로 활용된다. 특히 중소기업 BSI는 경기 변동에 더 민감하게 반응하기 때문에, 경기 회복이나 악화 신호를 조기에 포착하는 지표 중 하나로 의미가 있다.

표11 | 기업경기실사지수 제조업 업황 BSI 추이(25년 기준, 괄호 안은 전망치)

구분		3월	4월	5월	6월	7월	8월
전산업		65 (66)	65 (65)	69 (65)	68 (69)	68 (68)	- (67)
제조업		68 (69)	68 (67)	73 (66)	70 (71)	68 (70)	- (66)
	중소기업	59 (60)	59 (59)	67 (59)	65 (67)	60 (65)	- (59)
	대기업	77 (77)	76 (74)	78 (73)	75 (76)	75 (74)	- (74)

출처: 한국은행 기업경기실사지수(2025.7)

중소기업이 직면한 세 가지 현실

그렇다면 2026년의 한국 중소기업들은 어떤 현실 위에 서 있을까?

첫째, 인구와 인력의 벽이다. 2026년 한국의 고령인구 비중은 22%를 넘어설 것으로 예상된다. 숙련 기술자를 구하기는 점점 더 어려워지고, 청년층은 제조업 현장을 기피한다. 중소기업 취업자 수는 2024년 말 급감 이후 2025년 중반에 회복하며 실업률 변동과 밀접히 연동되는 모습을 보였다. 단기적으로는 2,570만 명 내외에서 안정세를 유지할 가능성이 크고 물가와 수출입 지수의 개선이 긍정적으로 작용할 전망이다. 다만, 중기적으로는 경기 회복세에도 불구하고 인구 감소와 인력 미스매치 등 구조적 제약으로 인해 급격한 고용 증가는 어려울 것으로 예상된다.

그러나 동시에 원격근무와 유연근무 확산, 디지털 관리 시스템의 도입은 생산성 향상의 새로운 기회를 제공할 것이다. 노동력 부족은 위기이지만, 자동화와 디지털 전환을 통해 돌파구를 찾아야 할 것으로 보인다.

둘째, 기술과 디지털 전환의 요구다. AI, 자동화, 친환경 전환은 더 이상 선택의 문제가 아니다. 이미 일부 중소 제조업체는 AI 기반 예측 정비를 도입해 불량률을 줄이고, 연간 수억 원을 절감하고 있다. 이러한 변화는 단순한 비용 절감을 넘어, 기업의 경쟁력을 새롭게 정의하는 기준이 되고 있다.

셋째, 금융 환경의 변화다. 중소기업 정책금융은 오랫동안 보증과 융자 중심으로 운영하였다. 그러나 정부는 이제 이를 모험자본, 즉 투자와 성장 자본 중심으로 전환하려 하고 있다. 2025년 국정기획위원회 국민보고대회 발표문은 "관행적 지출을 절감하고, 강도 높은 지출 효율화를 달성하겠다"라고 분명히 밝히고 있다. 실제로 중소벤처기업부는 2025년 예산에서 이자 보전 융자 규모를 줄이는 대신, AI·딥테크 분야 투자펀드를 역대 최대 규모로 확대했다.

성장으로 가는 세 가지 전략

그렇다면 생존을 넘어 성장을 꿈꾸는 중소기업은 어떤 전략을 세워야 할까?

첫째는, 디지털 기반의 생산성 혁신이다. 정부는 2026년까지

표12 | 주요 거시경제 지표(경기지수, 실업률, 물가지수 등)

지표	24년 8월	9월	10월	11월	12월	25년 1월	2월	3월	4월	5월	6월	7월
동행종합지수 (2020=100)	111.9	112.1	112.6	112.3	112.4	112.2	112.5	113.0	113.4	113.1	113.3	113.3
중소기업 취업자수 (천명)	25,654	25,662	25,649	25,622	24,880	24,692	24,949	25,305	25,567	25,834	25,738	25,649
실업률(%)	1.9	2.1	2.3	2.2	3.8	3.7	3.2	3.1	2.9	2.8	2.8	2.4
소비자물가지수 (2020=100)	114.54	114.65	114.69	114.40	114.91	115.71	116.10	116.30	116.40	116.27	116.31	116.52
생산자물가지수 (2020=100)	119.38	119.16	119.01	119.10	119.52	120.27	120.30	120.40	120.10	119.64	119.77	120.19

출처: 통계청(2025)

스마트팩토리 보급률을 25%로 끌어올리겠다고 공언했다. 단기적으로는 비용이 부담되지만, 장기적으로는 생존을 위한 최소한의 투자이자 성장의 디딤돌이다. 스마트팩토리를 통해 생산성을 높이고, AI를 활용한 수요예측과 품질 관리로 시장 변동성에 빠르게 대응하는 기업만이 성장 궤도에 올라설 수 있다.

둘째는, 내수 기업의 수출 전환이다. 그동안 내수에 의존하던 기업들도 신흥시장을 중심으로 교역 다변화를 모색해야 한다. 실제 사례는 이를 증명한다. 최근 3년간 내수기업에서 수출기업으로 전환한 기업들의 평균 매출은 40% 증가했고, 고용은 20% 늘었다. 물론 모든 기업이 해외시장에서 성공할 수는 없지만, 작은 규모라도 수출 경험을 쌓는 것이 기업의 체질을 변화시키는 첫걸음이 된다.

셋째는, 산업별 맞춤형 전략이다. 반도체 장비와 소재 산업은 글로벌 공급망 재편이라는 불확실성 속에서도 틈새시장을 공략할 기회를 얻고 있다. 바이오와 헬스 산업은 규제 완화와 해외 진출 지원으로 도약을 준비하고 있으며, K-컬처와 결합한 서비스·콘텐츠 산업은 글로벌 OTT와의 협력으로 새로운 시장을 열어가고 있다.

2026년은 한국 중소기업이 생존 공식에서 성장 전략으로 이동하는 원년이 될 수 있다. 정책은 재정 제약 속에서 선택과 집중을 요구하고, 시장은 불확실성 속에서도 새로운 기회를 제공한다. 기업들은 디지털화, 친환경화, 글로벌화를 축으로 스스로 전략을 재편해야 한다.

위기 속에서 회복탄력성을 키운 경험은 이미 충분하다. 이제는 변화에 얼마나 빠르게 적응하고, 그 변화를 전략으로 전환할 수 있느냐가 성패를 가를 것이다.

중소기업의 미래는 단순히 버티는 것이 아니라, '기회를 잡아 성장으로 연결하는 것'에 있다. 2026년이 한국경제사에 '중소기업 재도약의 원년'으로 기록될 수 있을지, 그 열쇠는 바로 지금 이 순간 전략을 바꾸려는 수많은 중소기업의 선택에 달려 있다.

제4장

K-산업의 전망과 전략

INTRO	K-산업, 약세를 기회로 바꾸고 강세를 지켜낼 전략의 시간
01	영화산업, 가치 재정의와 구조 전환이 필요한 때
02	인공지능으로 한 차례 더 도약하는 2026년 K-반도체
03	격변의 시기에 돌파구를 찾는 2026년 K-전기차·배터리
04	한미 조선 협력 본격화로 마련되는 K-조선의 새로운 계기
05	수출로 도약하는 K-원자력, 대형 원전 시장의 부활과 SMR 기회의 해
06	현지화의 고비와 무인·대공 전환의 시험대에 선 K-방산

K-산업,
약세를 기회로 바꾸고
강세를 지켜낼 전략의 시간

INTRO

박태영 * 한양대학교 경영대학 교수

2026년 K-산업은 시장 약세와 강세의 혼재 속에서, 기회를 포착하고 과제를 돌파하며 경쟁력을 유지하기 위한 전략적 지혜가 요구되는 시기로 요약된다. 트럼프 2기 행정부의 관세 정책은 협상의 불투명성과 재조정 가능성으로 인해 K-산업 전반에 비용 상승과 불확실성 확대라는 어려움을 안기고 있다. 특히 2026년 영화산업은 수요, 수익, 투자 등 모든 면에서 코로나19 이전의 절반 이하로 감소되었을 뿐 아니라 영화산업의 정체성과 존재 이유를 찾아야 할 질적으로 다른 위기에 직면해 있다.

이 와중, 유일하게 뚜렷한 강세가 기대되는 분야는 반도체다. 메모리 반도체 시장의 회복, AI 수요 기반의 설비투자 확대, 이에 따른 GDP 성장·세수 증진·고용 창출 효과는 2026년을 반도체 산업의 대전환기로 만들 것이다. 원자력산업도 대형 원전의 재도약과 SMR 시장 진입이라는 두 축에서 기회가 부상하며 주목받고 있다. 방산 산업은 수요와 수익성이 모두 안정적으로 유지될 것으로 보이며, 2026년은 얼마나 많은 계약을 따내느냐보다 기존 수주의 성공적 이행이 관건이 될 것이다. 전기차·배터리 산업은 수요 둔화와 지경학적 변수라는 이중 과제를 안고 있으나, 에너지저장시스템ESS, Energy Storage System이라는 새로운 성장 기회를 활용해 볼 수 있을 것이다. 조선 역시 수요는 약세를 보이겠지만, 풍부한 수주잔량, 한미 조선 협력 방안인 MASGAMake America Shipbuilding Great Again의 본격화로 수익성과 새로운 기회를 기대할 수 있는 해가 될 것이다.

이에 제4장은 K-영화, 반도체, 전기차·배터리, 조선, 원자력, 방위산업 등 한국을 대표하는 6개 산업의 2026년 시장 전망을 다룬다. 특히, 2025년 코스피 상승을 이끈 '조방원(조선, 방산, 원자력)'에 대한 관심이 높아져, 작년에는 빠졌던 조선과 원자력산업을 이번 전망에 포함했다. 집필진은 각 산업을 오랜 기간 연구해 온 전문가들로 구성되었다. 영화산업은 한국수출입은행 김윤지 수석연구원이, 반도체는 메리츠증권 김선우 연구위원이 집필하였으며, 전기차·배터리는 대외경제정책연구원 이보람 전문연구원, 조선은 산업연구원 이은창 연구위원, 원자력은 한국원자력연구원 임채영 본부장, 방산은 LIG넥스원 정승준 전문위원이 참여하였다. 각 산업의 전망, 핵심 이슈, 전략을 정리한 글들을 통해, 2026년 K-산업의 향방을 가늠해보는 기회가 되기를 바란다.

    2026년 한국 영화산업은 근본적인 질문 앞에 서 있다. 영화는 여전히 영화관에서 볼 가치가 있는 콘텐츠인가? 팬데믹은 관객의 소비 습관을 바꿔놓았고, OTT는 영화 콘텐츠 소비의 일상적인 경로로 자리 잡았다. 그 결과, 한국 영화산업은 수익률, 관객 수, 제작 규모 등 모든 면에서 코로나19 이전 대비 절반 이하 수준으로 축소되었다.

    2000년대 한국 영화산업 성장은 대기업 계열 배급사가 메인 투자를 담당하고, 벤처 투자자가 부분 투자를 통해 제작에 참여하는 '메인 투자 시스템' 덕분에 가능했다. 그러나 최근 수익률과 관객 수의 급감으로 이 시스템의 핵심인 메인 투자 배급사가 투자를 줄이기 시작했고, 이에 따라 벤처 투자자도 연쇄적으로 이탈하고 있다. 결국 2025년 촬영에 들어간 한국영화는 10편도 채 되지 않는다. 이는 2023~2024년 연간 35~37편이 개봉된 것과 비교할 때 약 3분의 1 수준으로 줄어든 셈이다. 과거에도 영화산업은 위기를 겪은 적이 있었지만, 지금의 위기는 질적으로 다르다. 산업의 정체성과 존재 이유 자체가 흔들리고 있기 때문이다.

    2026년 한국영화가 도약하려면 '영화관용 영화'의 정체성을 다시 찾는 데서 출발해야 한다. 더 큰 화면, 더 선명한 음향, 더 좋은 좌석 등 영화를 보는 환경의 기술적 우위만을 강조하던 영화관 시대는 끝났다. 관람 그 자체가 '의미 있는 경험'이 되지 않으면, 관객은 더 이상 영화관을 찾지 않는다. 2026년은 영화관이 '맥락과 의미'를 제공하는 공간으로 진화할 수 있는지를 실험하는 해가 될 것이다. OTT가 제공하지 못하는 집단적 감정 몰입의 공간으로서 영화관의 가치를 되살리는 것이 매우 중요하다. 동시에, 이렇게 재정의된 영화들을 해외에 판매할 수 있는 판로를 구축하는 작업도 더욱 확대될 전망이다. 특히 아시아 시장을 중심으로 한국영화 상영을 확대함으로써 국내 시장의 위축을 보완해 나가는 전략이 본격화될 것으로 보인다.

2026년 글로벌 반도체 산업은 AI라는 새로운 동력을 바탕으로 거대한 재도약의 한 해를 맞이할 전망이다. 세계반도체무역통계기구WSTS에 따르면 2026년 전체 반도체 시장은 8.5% 성장하고, 메모리 반도체는 16.2% 성장할 것으로 예상된다. 특히 AI 반도체 시장은 연평균 25~36%라는 폭발적인 성장세를 기록하며, 2030년까지 약 400억 달러 규모로 확대될 것으로 전망된다. '정보 기술'이 '지능 기술'로 진화하면서, 반도체는 단순히 데이터를 저장하고 전송하는 역할을 넘어 지식을 생성·학습하고 인간과 유사한 판단을 내리는 시스템의 핵심 자원으로 부상하고 있다. 특히 AI 데이터센터의 급속한 확산은 GPU 가속기와 ASIC 반도체 등 고성능 반도체 수요를 크게 끌어 올리고 있으며, AI 연산에 직접적 영향을 미치는 HBM 수요 역시 가파른 성장세를 이어갈 것으로 예상된다.

2026년 HBM 시장은 SK하이닉스의 경쟁 우위가 지속되는 가운데, 삼성전자의 신기술 도입과 미국 마이크론의 적극적인 공세가 더해져 차세대 HBM4 시장을 선점하기 위한 경쟁이 그 어느 때보다 치열해질 것으로 보인다. 이러한 산업 지형 변화는 국내 반도체 생태계에도 큰 반향을 일으키고 있다. 정부는 2047년까지 총 622조 원을 투입해 경기 남부에 세계 최대 규모의 반도체 메가 클러스터를 구축할 계획이다. 또한 SK하이닉스는 총 155조 원을 투자해 이천, 청주, 용인에, 삼성전자는 총 420조 원을 투입해 평택과 용인에 대규모 설비투자를 진행 중이다. 2026년은 메모리 반도체 시장의 재도약, AI 수요 기반의 설비투자 확대, 그로 인한 GDP 성장·세수 증진·고용 창출이라는 3대 경제 효과가 동시에 나타나는 대전환의 해가 될 것이다.

2026년 K-전기차·배터리 산업은 전반적 수요 둔화와 지경학적 불확실성이라는 복잡한 과제 속에서 돌파구가 되어줄 기회가 공존하는 변곡점에 서 있다. 2025년 글로벌 전기차 판매는 유럽과 중국이 견인했지만, 북미는 고관세 정책과 전기차 보조금 조기 종료로 2026년 전기차 수요 둔화가 예고된다. 영국 시장조사 업체인 Rho Motion은 2030년 미국 EV 판매량이 기존 전망보다 40% 이상 감소할 것이라 내다봤다.

2025년 배터리 산업 역시 부진했다. LG에너지솔루션의 2025년 2분기 매출은 전년 동기 대비 약 10% 감소했고, 영업이익의 대부분은 미국의 생산 세액공제에AMPC 의존했다. 그러나 ESS가 새로운 성장 기회로 부상했다. ESS는 AI 데이터센터와 신재생에너지 확대에 따른 전력망 안정화 수요와 맞물리며 새로운 기회로 떠오르고 있다. 이에 한국 기업들은 LFP 배터리 중심으로 사업 포트폴리오를 확장 중이다. 반면 중국은 원재료부터 완제품까지 공급망을 장악하며 가격 경쟁력을 강화하고 있다. 세계 1위 CATL은 헝가리, 스페인, 독일에 대규모 생산 거점을 확대하며 유럽 시장점유율을 높이고 있다. 중국 정부의 전폭적인 지원과 거대한 내수시장, 출혈 경쟁을 감수하는 중국 기업의 해외 공략은 한국 기업에 큰 압박이 된다. 미국은 중국의 독주를 견제하기 위해 고관세와 금지외국단체PFE 규정을 도입했다. 2025년 7월, OBBBAOne Big Beautiful Bill Act 제정으로 생산 세액공제와 투자 세액공제ITC가 유지된 것은 한국 기업에 호재였지만, 동시에 중국 의존 소재 비중을 낮춰야 하는 과제가 남아 있다.

    2026년의 핵심 변수는 ESS 수요다. ESS는 EV 대비 최대 두 배 높은 셀 판가와 안정적 수요로 매출 확보에 유리하지만, 트럼프 행정부의 반反환경 정책 기조와 재생에너지 투자 축소 가능성이 제약 요인이다. 결국 2026년 K-전기차·배터리 산업은 전기차 수요 둔화를 ESS 성장으로 얼마나 상쇄할 수 있는지, 또 생산 단가 절감과 기술개발을 통해 중국과의 격차를 줄이고 공급망 재편에 성공할 수 있는지가 관건이다.

2026년 K-조선은 한미 조선 협력 방안인 MASGA가 본격화되는 해로, 새로운 기회를 맞이할 것으로 기대된다. 세계 조선 시장은 2025년에 이어 약세가 예상되지만, 한국 조선사들은 충분한 수주잔량을 보유하고 있어 저가 수주 없이도 수익성 유지를 기대할 수 있다. 또한 미국의 중국 조선업 제재로 K-조선에 반사이익을 제공하여 시장 기회가 확대될 전망이다. 조선 산업은 숙련 인력과 기자재 생태계가 뒷받침되어야만 경쟁력이 유지된다. 따라서 MASGA의 성공을 위해서는 최소 10년 이상의 장기 계획이 요구된다. 2026년에는 미국 내 현황 파악과 투자처 탐색, 협력 아이템 발굴, 군함·지원선·기자재 분야에서의 협력이 본격화될 것으로 보인다. 그러나 MASGA가 추진된다고 해서 글로벌 경쟁 환경이 달라지는 것은 아니다. 한국은 여전히 중국·일본과 경쟁하면서 동시에 MASGA를 수행해야 하는 복합적 도전에 직면해 있다. 오랜 구조조정으로 감소한 숙련 인력과 고령화 문제도 여전히 부담으로 작용한다.

한국 조선사들은 MASGA 외에도 글로벌 진출을 적극 확대하고 있다. HD현대, 한화오션, 삼성중공업 등은 미국, 사우디아라비아, 인도, 필리핀, 베트남 등 다양한 시장에서 협력과 합작을 추진하며 글로벌 포트폴리오를 강화 중이다. 사업 확장도 진행 중이다. 미 해군 MRO Maintenance(유지), Repair(보수), Overhaul(정비) 사업이 재개되고, 군함·잠수함 같은 특수선 수출 시장도 확대될 가능성이 크다. 이는 전통적으로 상선, 해양플랜트 중심이던 구조에서 벗어나 사업 다각화를 이끌 전망이다.

또한 글로벌 조선 산업은 친환경·디지털 전환 속에서 경쟁 중이다. 국제해사기구IMO의 2050년 탄소중립 목표 달성을 위한 중기 조치가 2026년 승인되면 2027년부터 실행될 예정이다. 이에 따라 저탄소 연료(메탄올)와 차세대 연료(암모니아) 기술개발, 디지털 선박 시스템 확대가 필수적 과제로 떠오른다. 장기적으로는 노후 선박 퇴출과 친환경 선박 대체 발주가 늘어나면서, 2028년 이후 새로운 슈퍼사이클의 기반이 마련될 것으로 보인다. 따라서 2026년은 단순한 시황 약세의 해가 아니라, K-조선이 미래 성장을 준비하는 전환점이 될 것으로 평가된다.

2026년 K-원자력은 수출 산업으로 도약할 중요한 전환점이 될 전망이다. AI 확산, 데이터센터 건설, 전기차 보급, 기후변화 대응 등으로 전력 수요가 급증하면서 안정적이고 탄소 배출이 적은 원자력에 관한 관심이 다시 높아졌기 때문이다. 세계적으로 대형 원전 수요도 부활 중이며, 유럽 주요국은 신규 건설과 수명 연장을 추진하고, 미국은 2030년까지 대형 원전 10기 착공을 목표로 하고 있다. 이는 아랍에미리트 바라카 원전과 체코 수주로 경쟁력을 입증한 한국 기업들에 큰 기회다. 동시에 SMR 시장도 본격화되며, 캐나다 달링턴 프로젝트, 미국 다우케미컬 사업 등 FOAKFirst-of-a-Kind 프로젝트 가시화로 2026년 상업화의 물꼬를 틀 것으로 보인다. 한국도 SMART, i-SMR 등 독자 모델 개발과 해외 실증 사업에 참여하고 있지만, 국내 건설 실적 부재와 인허가 제도 한계로 사업화 속도는 경쟁국보다 뒤처져 있다. 이에 따라 부품·설계·시공 기술 공급을 통한 글로벌 SMR 공급망 조기 진입이 현실적 대안으로 떠오르고 있다.

한편, 러시아와 중국의 제재로 국제 경쟁에서 한국의 입지는 강화됐지만, 미국·프랑스 등 서방 기업은 자국 정부의 지원을 바탕으로 금융, 연료, 운영을 포괄한 '올인원 패키지'로 시장을 공략 중이다. 특히 고순도 저농축 우라늄HALEU 확보는 2026년에도 핵심 과제가 될 것이다. 국내 원전 정책은 급격한 변화보다 안정적 연착륙에 방점을 두고 있으며, SMR 실증 기반 구축, '원자력 PPAPower Purchase Agreement, 전력구매계약'와 '부하추종 운전' 등 제도 개선도 논의되고 있다. 다만 정부의 재생에너지 공급 확대와 에너지 고속도로 건설로 전기요금 상승 압박이 커, 단기간 내 제도 실현은 어려울 수 있다.

결국 2026년은 대형 원전 재도약과 SMR 시장 진입이라는 두 기회를 동시에 맞는 해다. 해외 금융·연료·운영 패키지 역량 강화, 글로벌 공급망 진입, 차세대 연료 선점, 인력·공급망 안정화가 뒷받침된다면, K-원자력은 세계시장에서 영향력을 확대하고 국내 에너지 안보와 경제성장에 기여할 수 있을 것이다.

2026년 K-방산을 규정하는 축은 세 가지다. 첫째, 유럽과 미국의 규제와 산업 정책에 따른 현지 생산과 공동개발 요구의 본격화다. 둘째, 전장의 중심이 무인체계와 대공으로 이동하는 변화다. 셋째, 단순한 수주가 아니라 제때 납품과 장기 유지 능력이 경쟁력을 결정한다는 점이다.

최근 분쟁은 전장의 문법을 바꾸었다. 대형 무기보다 소형 무인기, 전자전·통신 교란이 전세를 바꿨고 방공망, 신속 보급, 데이터 연계가 억제력의 핵심으로 자리 잡았다. 이에 따라 소프트웨어 업데이트 속도, 사이버 방호, 전술 데이터 보안이 무기 성능의 일부로 평가된다. 생산능력과 재고 운용 역시 중요한 경쟁 요소가 되었다. 지역별 수요도 뚜렷하다. 유럽은 공동 조달과 표준 인증 확대 속에 신뢰할 수 있는 파트너를 찾고 있다. 미국은 무기 수출 통제 규정ITAR, 바이아메리칸BAA, 미 국방부 조달 보충 규정DFARS 등 규정 준수가 필수이며, 사이버 보안 역량이 계약의 전제 조건이 된다. 중동은 방공과 대對드론 수요가 폭발적으로 늘어나며, 장기 지원과 정비 능력이 경쟁력을 좌우한다. 중남미는 모듈형 장비를 선호하며, 최종 사용자 관리EUM와 인권 기준의 투명성을 요구한다.

부문별 전망을 살펴보면, 육상에서는 K9 자주포가 유럽과 호주 등에서 성과를 내고 있다. 항공 부문에서는 FA-50이 폴란드와 말레이시아 수출을 통해 장기 지원 패키지 매출로 이어질 전망이다. 방공·유도 무기와 탄약 분야에서는 표준화된 품질, 내성 시험 데이터가 신뢰를 결정한다. 해양 부문은 단품보다 체계 통합 패키지 수요가 확대되며, MRO와 성능 개량 실적이 중요해지고 있다.

결국 2026년 방위산업의 성패는 '계약'이 아니라 '이행'에 달려 있다. 제때 납품, 지속적 정비, 표준화된 운영 데이터가 다음 수주로 이어지는 가장 강력한 신호다. "빨리 만들고 오래 유지하는 힘" 이야말로 내년 K-방산을 설명하는 가장 간결한 문장일 것이다.

영화산업,
가치 재정의와
구조 전환이 필요한 때

01

김윤지 * 한국수출입은행 해외경제연구소 수석연구원

한국 영화산업이 위기를 맞고 있다. 팬데믹 이후 회복될 것으로 보였던 영화관 관객 수가 좀처럼 늘지 않고 있기 때문이다. 팬데믹 기간 넷플릭스, 티빙, 웨이브 등 다양한 OTT 플랫폼이 확산하면서 "영화는 영화관에서 본다"는 명제가 흔들리게 된 탓이 크다. 예전에는 좋은 배우, 좋은 감독이 만드는 양질의 콘텐츠를 보기 위해선 영화관에 가야만 했다. 이제는 매달 구독료를 내는 OTT를 통해 이런 콘텐츠들을 충분히 소비할 수 있게 되었다. 볼 수 있는 콘텐츠가 늘어나면서 따로 티켓을 구매할 정도로 가치 있는 영화인가에 대한 소비자들의 평가는 더 깐깐해졌다. 영화관 흥행은 점점 더 어려워졌고, 영화산업 전반의 침체도 더 강해지고 있다.

위기는 숫자로 확인된다. 2024년 한국영화관 총 관객 수는 1억 2,313만 명으로, 코로나19 이전인 2019년 2억 2,668만 명의 약 54% 수준이다. 그나마 2024년에는 〈파묘〉와 〈범죄도시4〉라는 천만 관객 영화가 2편이나 있어 이 정도 수준을 유지했다. 2025년 상반기 관객 수는 2024년 같은 기간보다 30%나 더 줄었다. 2025년 상반기 가장 흥행한 영화 〈야당〉의 관객 수도 340만 명에 불과하고, 관객 200만 명을 넘은 영화도 4편밖에 되지 않는다. 1년에 4편이 넘던 1인당 영화 관람 횟수도 평균 2회 수준으로, 2000년대 초반 한국영화 성장기 수준으로 줄었다.

시장 규모 및 제작·투자 수준, 코로나19 이전 대비 절반 이하

흥행이 위축되면 영화 투자 수익률도 낮아진다. 우리나라에서 수익률을 집계하는 상업영화는 순제작비(총제작비에서 마케팅비 등을 제외한 제작비) 30억 원 이상의 영화다. 영화진흥위원회 통계에 의하면, 코로나19로 극장이 문을 닫았던 2020년 한국 상업영화 평균 수익률은 -30.3%까지 떨어졌다. 이후 2021년 -22.9%, 2022년 -12.6%로 코로나19의 영향이 지속됐고, 2023년에는 다시 -31%까지 떨어졌다. 2024년에는 2편의 천만 관객 영화 덕분에 조금 회복되었지만, 그래도 평균 수익률은 -16.4%에 불과했다. 코로나19 이전인 2019년 한국 상업영화 평균 수익률이 10.9%였던 것과 비교할 때, 수익률 하락 폭은 매우 큰 상태다.

문제는 영화 수익률이 저조해지면 투자사, 배급사들이 투자 규모를 줄여 영화 시장 자체가 축소된다는 점이다. 한국 영화산업은 2000년대 이후 '메인 투자 시스템'이 자리 잡으면서 성장해 왔다. 이 시스템은 대기업 계열의 배급사들이 영화의 주요 투자, 즉 메인 투자를 하고, 벤처 투자자들이 부분 투자를 해 제작하는 형태다. 투자 시스템 도입 초반에는 메인 투자자들의 투자 비율이 50% 정도였으나, 영화 시장이 성장하면서 최근에는 메인 투자자들이 영화 제작비의 20~30% 정도를 투자한다. 나머지 70~80%는 정부가 출자한 모태펀드 자조합을 포함한 다양한 벤처 투자자의 투자로 충당된다.

우리나라 상업영화 투자 규모는 코로나19 이전 시기를 기준으로 연간 4,000~4,500억 원 규모다. 개봉 편수는 연간 35~40편, 평균 총제작비는 편당 115억 원 정도다. 투자 배급사가 연간 1,000~1,200억 원 정도, 벤처 투자 자본이 대략 3,000억 원 이상 투자를 해야 전년 수준으로 가동되는 시장이라는 의미다.

그런데 코로나19 이후 영화 수익률이 하락하면서 CJ ENM, 롯데엔터테인먼트, NEW, 쇼박스, 플러스엠엔터테인먼트 등 주요 투자 배급사의 투자 규모가 크게 줄어들었다. 2019년 약 7,858억 원에 육박했던 5대 투자배급사의 한국영화 배급 매출액이 코로나19 이후 2022년 4,797억 원, 2023년 4,366억 원, 2024년 4,751억 원

등 절반 수준으로 감소했다. 투자 배급사들은 영화에 20~30%를 투자하지만, 투자금 관리·감독, 투자 조달 및 유치, 배급 및 부가 판권 관리 등 영화 제작 전반을 총괄 지휘한다. 이들의 선도 투자가 중요한 이유다. 벤처 투자자들은 투자 배급사의 투자, 배급, 관리 능력을 믿고 투자하는 경향이 크다.

투자 배급사가 투자를 줄이면 벤처 투자자도 연쇄적으로 투자를 줄인다. 과거에는 영화 투자가 타 분야 벤처 투자보다 투자금 회수 기간도 짧고 수익률도 나쁘지 않아 벤처 투자자들의 관심이 많았다. 그러나 최근 영화 투자 수익률이 하락하면서 영화 투자가 벤처캐피털 회사의 내부수익률IRR에 악영향을 끼치는 경우가 많아져, 점점 영화 투자를 꺼리는 추세다. 신규 벤처 투자자의 진입은 줄어들고 기존 영화 투자자만 투자를 지속함에 따라, 영화 전문 벤처 투자자들의 수도 과거에 비해 크게 줄어들었다.

투자 위축의 결과는 2025년 신규 영화 개봉 편수 감소로 확인할 수 있다. 5대 주요 투자 배급사가 2025년 개봉을 계획하고 있는 한국 상업영화 수는 10~14편에 불과한 것으로 알려져 있다. 투자가 확정돼 2025년 촬영에 들어가는 영화도 10편이 채 되지 않는다. 2023~2024년 연간 35~37편의 영화가 개봉된 것과 비교할 때, 신규 개봉 영화가 약 3분의 1 수준으로 줄어든 셈이다. 2024년까지는 코로나19 이전 제작되었다가 개봉이 늦춰진 '창고 영화'들로 개봉 영화 수는 유지됐다. 2025년부터는 창고 영화들도 모두 소진됨에 따라 시장 축소가 전면적으로 드러나게 된 것이다. 2026년 역시 이런 영향으로 신규 개봉 영화는 더 줄어들 가능성이 높다.

모태펀드 중심 정책에서 벗어나 다양한 지원 확대 필요

영화산업의 위기는 이번이 처음은 아니다. 영화산업이 급성장하던 2000년대 중반에도 영화 수익률이 크게 하락했던 적이 있었다. 당시에는 외부 자본이 영화산업에 과잉 공급되면서 수준에 미치지 못하는 영화들이 양산되며 위기가 발생했다. "지금 입봉 못하는 감독은 바보"라는 말이 나올 정도로 산업 외부 자금이 무분별하게 투자되던 시기였다. 이때에는 투자 배급사들이 중심에 서서 제작비를 더욱 효율적으로 관리할 수 있도록 영화 제작 비용 구조를 개편하면서 영화산업 수익률을 플러스로 전환할 수 있었다. 이와 함께 정부가 모태펀드 출자를 꾸준히 유지하면서 벤처 투자자가 시장을 떠나지 않고 투자할 수 있도록 지원한 점도 큰 역할을 했다.

하지만 이번 위기는 과거보다 해결이 더 어려울 수 있다. 투자 배급사들의 영화산업 개선 의지가 높았던 과거와는 달리, 이번에는 투자 배급사도 투자를 줄여야 할 만큼 급박한 상황이기 때문이다. 무엇보다 OTT의 출현으로 '영화관 영화'란 어떤 것이어야 하는가에 대한 산업 재정의가 필요한 시점이어서, 위기 극복에 더 오랜 시간과 더 많은 자본이 필요하다. 이 과정에서 제작 자본이 부족해질 경우 산업의 위축은 더 가속화되고 신규 영화 개발 전환도 어려워질 수 있다.

다행스러운 것은 정부가 영화계 위기가 심화된 2020년부터 모태펀드 영화 계정 출자액을 꾸준히 늘리며 영화 제작 자본 공급을 확대하고 있다는 점이다. 2024년 개봉 영화 기준으로 보면, 전체 상업영화 총제작비의 20.5%를 모태펀드 자조합에서 투자했다. 2011~2020년 전체 상업영화 총제작비 가운데 3~8% 수준을 모태펀드 자조합에서 투자했던 것과 비교하면 비중이 많이 늘어난 셈이다.

정부의 모태펀드 출자액 증대는 긍정적이지만 그것만으로는 부족하다는 지적도 있다. 모든 것을 펀드 투자로 해결할 수는 없기 때문이다. 정부가 모태펀드에 출자할 때는 투자 조건이 상세하게 따라붙곤 한다. 일정 비중은 독립 영화에 투자해야 한다거나, 연차별로 일정 금액은 꼭 투자를 집행해야 하는 등의 의무를 넣어 정책적 성격을 강화한다. 하지만 그렇게 하더라도 펀드는 '투자'이기 때문에 한계를 가질 수밖에 없다. 수익도 고려하면서 정책적 성격까지 모두 만족시키는 것은 어렵기 때문이다.

예컨대 최근 영화산업이 크게 위축되면서, 수익과 상관없이 풀뿌리 영화에 뿌려지던 다양한 지원금과 제작비가 많이 사라졌다. 예전이라면 투자 배급사 등에서 영화계 새싹을 발굴한다는 취지로 공모전이나 기타 여러 이름으로 공급되던 자금이 있었다. 투자 수익률이 좋았던 시절에는 이런 형태로 돈이 돌면서 신인 감독이나 작가들을 지원했다. 하지만 영화 수익률이 떨어지면서 투자 배급사들의 사정이 어려워짐에 따라 이런 관행들도 사라졌다. 영화산업이 지속적으로 성장하기 위해서는 신인 감독과 작가가 꾸준히 발굴되어야 하는데, 그런 토대가 모두 사라져 버린 것이다.

이런 역할을 누군가는 담당해야 하고, 많은 이들이 정부를 바라본다. 그런데 정부는 모태펀드 투자금 확대로 해결하고자 하는 경향이 강해 산업계의 요구와 어긋나고 있다. 펀드는 펀드대로, 지원 사업은 지원 사업대로 각자 필요한 영역이 있다. 시장에서 상품 수요가 사라지고 있는 상황에서는 투자금만 늘린다고 문제가 해결되지 않는다. 영화관 수요를 되살릴 다양한 실험과 도전이 필요한데, 이는 보다 자유로운 지원 자금 속에서 꽃필 수 있다는 게 영화계의 주장이다.

2026년 한국영화, '영화관용 영화' 가치 찾아 해외시장 확대로 나아가야

제작사, 극장, 투자 배급사 등 영화산업 내 기업들의 치열한 문제해결 과정도 필요하다. 지난 30년간 한국 영화산업은 극장과 배급, 투자가 하나의 그룹 내에서 통합 운영되는 수직 계열화 구조를 정착시키면서 성장해 온 측면이 강하다. 특히 30년 전 등장한 멀티플렉스는 영화관 혁신을 이끌며 산업을 재구조화한 일등 공신이었다. 여러 개의 스크린으로 다양한 영화를 제공하면서 쇼핑몰, 식음료 공간과 결합된 멀티플렉스 영화관은 관람 환경의 질을 높이고 시장 규모를 키웠다. 당시의 멀티플렉스는 산업의 새로운 흐름이었고, 소비자에게는 설레는 경험으로 자리 잡을 수 있었다.

그러나 OTT 부상으로 콘텐츠 소비 경로가 다양화되면서 이 모델의 유효성은 약화되고 있다. '슬세권' 안에서 마트에 들르듯 영화관을 찾을 수 있게 되면서 영화관 방문은 더 이상 '가슴 설레는 경험'이나 문화적 행위가 아닌 게 되었기 때문이다. 이런 상황에서 극장을 보유한 배급사의 스크린 점유율은 더 이상 흥행을 보장하지 않는다.

따라서 2026년 한국영화가 도약하려면 '영화관용 영화'의 정체성을 다시 찾는 것에서 시작해야 할 것으로 보인다. 지금까지 영화관은 더 큰 화면, 더 선명한 음향, 더 좋은 좌석 등 영화 보는 환경의 기술적 우위를 강조해 왔다. 그러나 그 모든 장점은 대형 고사양 TV, 개인용 홈시어터 등으로 충분히 대체할 수 있다. 기술의 평준화는 영화관의 기존 경쟁력이 흔들리고 있음을 의미한다. 그런 상황에서 영화관의 기술적 우위를 강조하는 것만으로는 부족하다.

즉, 2026년은 영화관이 '맥락과 의미'를 주는 공간으로의 진화가 얼마나 이뤄지는가를 끊임없이 실험하는 해가 될 전망이다. 과거의 영화관은 낯선 이들과 감정을 공유하는 장이었다. 누군가와 함께 울고 웃는 집단 감정의 교류, 어두운 공간 속에서만 가능한 몰입감 등은 OTT가 줄 수 없는 비일상의 감각이다.

OTT와 스마트폰 관람이 일상화된 지금, 집단적 감정 몰입의 장소로서 영화관의 가치를 되살리는 것은 매우 중요하다. 영화 제작자들 역시 이런 점을 적극적으로 소구할 수 있는 내용의 영화를 제작하는 것이 생존의 열쇠가 될 것으로 보인다. OTT에서도 볼 수 있는 평범한 영화로는 앞으로의 시장에서 살아남기 어렵다.

한편으로는 이렇게 재정의된 영화들을 해외에 판매할 수 있는 판로를 구축하는 것도 2026년 더 확대될 전망이다. 아직도 한국 영화산업은 매출의 80% 이상을 국내 영화관에서 거둔다. 인구 5,500만 명의 나라에서 기대할 수 있는 매출은 한계가 있다. 국내 영화산업은 수직 계열화를 갖추며 빠르게 성장해 온 탓에 해외 사업에 게을렀던 것도 사실이다. 이제 영화산업은 잘 만드는 것에서 벗어나 더 많이 판매하는 구조로 전환해야 한다. 사업자들 역시 이런 상황을 직시하고 있다.

사실 아시아 시장에서 K-콘텐츠의 위상은 높지만, 영화관에서 한국영화가 상영되는 예는 드물었다. 자국 배급망에 해외 영화가 들어오는 것에 대한 경계심이 높아 각 국가 사업자가 한국영화의 진입을 제한해 온 측면이 있기 때문이다. 베트남, 태국 등 동남아 지역의 경우 한국 극장 체인은 오래전부터 구축되었지만, 한국영화 상영은 최근에야 조금씩 늘고 있다.

2026년에는 적어도 아시아 시장을 중심으로 한국영화 상영을 확대함으로써 국내 시장의 위축을 보완해 나갈 것으로 보인다. 우리 영화를 그대로 상영하는 것도 있겠지만, 각국 배급 확대를 위해 공동 투자 제작을 하는 형태도 더 늘어날 전망이다. 중국 시장의 경우 한한령이 해제되면 OTT 등을 통한 영화 판매는 늘어날 것으로 보인다. 다만, 중국은 한한령을 해제하더라도 '문화 안보'라는 정부의 문화산업 기본 원칙을 완전히 폐기하는 게 아니어서, 중국 정부의 눈높이에 맞는 콘텐츠 중심으로 시장이 펼쳐질 수 있다는 한계가 있다.

영화는 한류산업의 기초 역할을 해왔기에 위기감을 조금 더 강하게 느껴야 할 필요가 있다. 〈오징어게임〉, 〈킹덤〉 등 세계적으로 성공한 드라마 시리즈의 감독들은 모두 영화감독 출신이었고, 영화 제작을 통해 한국 영상산업의 수준은 늘 한 단계 위로 올라갈 수 있었다. 언제나 위기가 닥쳤을 때 변화가 탄생한다. 영화산업의 새 활로를 위해 지금은 모두 머리를 맞대고 변화를 만들어야 할 때다.

인공지능으로
한 차례 더 도약하는
2026년 K-반도체

김선우 * 메리츠증권 연구위원

02

2026년은 글로벌 반도체 산업에서 재도약의 한 해가 될 전망이다. 최근 수년간 AI 기술이 급속히 발전하면서 전통적인 반도체 시장의 판도를 근본적으로 바꾸고 있기 때문이다. 스마트폰, PC 등 기존 소비자향B2C 제품의 성장세가 둔화되는 가운데, AI 학습·훈련·추론을 위한 응용처는 빠르게 성장하고 있다. 세계반도체무역통계기구는 2026년 전체 반도체 시장이 8.5% 성장할 것으로 예측하는 가운데, 메모리 반도체는 16.2%라는 두 배에 가까운 성장률을 기록할 것으로 전망했다. 특히 AI 반도체 시장은 연평균 25~36%라는 폭발적인 성장세를 보이며, 2030년까지 400억 달러 규모로 확대될 것으로 예상한다.

이러한 반도체 산업의 성장은 단순히 산업 차원을 넘어, 국가 경제 전반에도 매우 긍정적인 영향을 미칠 것으로 보인다. 삼성전자와 SK하이닉스 등 우리나라 주요 반도체 기업은 메모리 반도체(DRAM, NAND 등)를 기반으로 대한민국 전체 수출의 약 20%를 차지하고 있다. AI 기술의 고도화와 함께 메모리 반도체의 부가가치 또한 상승하고 있는 만큼, 2026년 반도체 기업들의 실적 개선은 국내 투자·고용·세수의 '삼박자 확대'를 이끌 것으로 기대된다.

IT의 재정의:
정보 기술에서 지능 기술로의 진화

인류의 발전사를 돌아보면, 각 산업혁명 단계마다 생산성을 획기적으로 향상시킨 핵심 기술이 있었다. 1차 산업혁명에서는 증기기관을 통한 열효율 개선이었고, 2차 산업혁명에서는 공장으로 대변되는 거대 산업단지의 생산성 향상과 함께 전력의 생산·전송·활용 기술이 핵심이었다. 3차 산업혁명에서는 반도체와 인터넷 기술이 정보화 사회를 이끌었다.

이제 우리는 4차 산업혁명이라 불리는 '지능화 사회'로의 전환점에 서 있다. 기존의 IT_{Information Technology}가 데이터의 저장과 전송에 집중했다면, 새로운 시대의 IT는 'Intelligence Technology', 즉 '지능 기술'로 의미가 확장되고 있다. 단순히 정보를 처리하는 것을 넘어 지식을 생성하고 학습하며 인간처럼 판단하는 시스템으로 진화하고 있는 것이다.

AI를 이해하는 방식은 다양하지만, 필자는 이 변화의 핵심에 '토큰 발전기'라는 개념이 있다고 본다. 엔비디아의 GPU 가속기로 대변되는 AI 반도체는, 마치 발전기가 전력을 생산하듯 토큰(언어 모델의 기본 단위)을 생성하고 처리한다. 과거 니콜라 테슬라의 교류 발전 시스템이 현대 전력 사회의 기반이 되었듯, AI 반도체가 생산하는 '지능'이 새로운 사회의 토대가 되고 있다.

지능 기술의 핵심 응용처는 AI 팩토리, 즉 AI 데이터센터다. 이미 전 세계 다양한 기업은 합종연횡을 통해 AI 데이터센터 투자를 가속화하고 있으며, 최근에는 국가가 직접 참여하는 소버린 투자도 시작되고 있다. 이러한 AI 데이터센터는 과거 일반 데이터센터와 같이 정보 저장(클라우드)을 주된 목적으로 삼지 않는다. 그보다는 연산을 통한 지능 구현을 추구하며, 총 투자 규모도 과거 대비 수십 배 이상 증가하고 있다. 이는 단순히 연산 능력의 확장을 의미하는 것이 아니라, 인류가 축적한 지식을 기반으로 새로운 가치를 창조하는 '지식 생산 공장'으로서의 역할을 의미한다.

AI 데이터센터가 이끄는 수요 폭발 속 후발자 반격

AI 데이터센터의 급속한 확산은 반도체 수요를 폭발적으로 증가시키고 있다. 시장조사기관인 451Research에 따르면, 전력 소모량 기준으로 측정되는 글로벌 데이터센터 수요는 2024년 52GW에서 2026년 75GW로 44% 증가할 것으로 전망되며, 이 중 AI 데이터센터의 성장률은 무려 233%에 달할 것으로 예상된다. 이는 AI의 훈련과 학습을 위한 GPU 가속기 및 ASIC 반도체 수요 증가를 의미하며, 해당 반도체들은 고성능 구현을 위해 집적도 향상과 후공정 패키징 기술의 고도화를 동반한다.

결국, 글로벌 반도체 생산시설 내 '선단 공정(미세회로 공정)' 비중은 나날이 커지리라 예상된다. 국제반도체장비재료협회 SEMI에 따르면, 7나노미터nm 이하 초미세 반도체 생산능력 역시 급속히 확대되고 있다. 해당 기술의 글로벌 월간 생산능력은 2024년 85만 장에서 2028년 140만 장으로 65% 증가할 전망이다. 이는 전체 반도체 공장 평균 성장률(연평균 7%)의 두 배인 14% 수준에 해당한다.

AI 반도체 연산 성능에 직접적으로 영향을 미치는 HBM 수요도 가파르게 성장할 전망이다. 과거 PC와 스마트폰에 DRAM으로 채용되던 메모리는, 이제 다중 적층을 통해 AI 연산을 보조하기 위한 고대역폭을 지원하는 방향으로 발전하고 있다. 특히 SK하이닉스는 이미 2023~2024년 엔비디아 공급 시장에서 독점적 과점을 형성한 데 이어, 2026년에도 과점 지위를 이어갈 것으로 추정된다. 이는 엔비디아뿐 아니라 대만 TSMC와도 제조 파트너십을 형성해 AI 반도체 생산에 긴밀한 협력관계를 구축한 덕분이다.

이젠 단순히 제품을 공급하는 관계를 넘어서, 2026년 물량 확보뿐만 아니라 엔비디아의 신형 칩 루빈(Rubin)에 사용될 HBM4의 초기 사양까지 협의 중이다. 이는 기술개발 단계부터 고객의 요구사항을 반영할 수 있다는 의미로, 경쟁사들이 따라잡기 어려운 구조적 우위를 제공한다.

반면 삼성전자는 지난 2년간 어려운 시기를 보냈다. HBM 공급 과정에서 품질인증 탈락이 반복되며, 경쟁사 대비 실적 둔화라는 뼈아픈 결과를 맞이했다. 하지만 삼성전자의 반격 시나리오도 만만치 않다. 비록 2025년까지는 10나노급 4세대 기술인 1a 나노미터를 사용하여 경쟁사에 한 박자 뒤처졌지만, 2026년부터는 10나노급 6세대 기술인 1c 나노미터를 도입할 예정이다. 특히 엔비디아가 이익률 개선을 위해 부품 원가 합리화를 추진할 가능성도 있는 만큼, 삼성전자는 그 틈을 파고들어 2026년 하반기부터는 유의미한 HBM 물량을 공급할 가능성이 크다. 삼성전자는 시장 침투를 위해 가격을 일부 양보할 수 있고, 엔비디아 측은 이러한 역학 구도를 유리하게 활용할 수 있기 때문이다.

미국 마이크론의 적극적 공세도 변수다. 마이크론은 최근 "2026년 HBM 공급량을 전량 판매할 수 있다고 확신한다"며 자신감을 드러냈다. 마이크론은 HBM4 시장에서 20%의 점유율을 목표로 하고 있어, 내년 2위 자리를 놓고 삼성전자와 경쟁이 치열해질 전망이다.

결국 2026년 HBM 시장의 재편은 불가피해 보이지만, 전반적으로 시장 이익이 확대되는 긍정적인 한 해가 될 것으로 예상된다. 엔비디아뿐만 아니라 빅테크 기업 전반이 AI 반도체 개발 노력을 가속화하기 때문이다. 이들은 주문형 반도체ASIC 등 고성능 반도체 개발을 통해 AI 연산을 수행하고자 하며, 이 과정에서 고부가가치 HBM 사용은 사실상 필수적이다. 모든 DRAM 업체가 엔비디아 외의 고객사 수요까지 소화할 여력이 부족한 상황이기 때문에, 공급 부족에 따른 판매가격 인상과 수익성 개선이 동반될 것으로 전망된다.

2026년은 국내 설비투자 재개에 따른 GDP 증가, 세수 증진, 고용 창출이 기대되는 해

AI가 이끄는 장기 수요 성장 그림 속에 반도체 메가클러스터 조성을 위한 대규모 설비투자가 본격화되고 있다. 이는 국가 경제 및 고용 창출에 매우 긍정적인 영향을 미칠 것으로 기대된다. 정부는 2047년까지 622조 원을 투입해 경기 남부 일대에 세계 최대 규모의 반도체 클러스터를 구축한다는 계획을 발표했다. 이 과정에서 직접 일자리 193만 개, 간접 일자리 142만 개, 총 346만 개의 일자리가 창출될 것으로 전망된다.

SK하이닉스의 투자 규모는 총 155조 원에 달한다. 이천·청주 캠퍼스에 각각 20조 원, 15조 원을 투자하고, 용인에는 120조 원이라는 천문학적 규모의 투자를 진행하고 있다. 특히 용인 반도체 클러스터는 이미 생산시설 착공에 돌입했으며, 2026년 이후 HBM 수요 급증에 대비한 선제적 투자로 평가된다.

삼성전자도 평택과 용인에 총 420조 원을 투입한다. 평택 캠퍼스에는 2030년까지 약 100조 원, 용인 첨단시스템반도체 클러스터에는 장기적으로 320조 원을 투자할 계획이다. 다만, 삼성전자의 투자 속도는 SK하이닉스에 비해 다소 느리게 진행되고 있어, 시장에서는 후발주자로 인식되고 있다.

이러한 대규모 반도체 투자는 국가 경제에 매우 큰 파급효과를 가져올 것이다. 반도체 공장 1동을 신설하는 데만 무려 10~20조 원이 투입되며, 건설 및 운영을 위한 대규모 고용이 동반되기 때문이다. 세수 증진 효과도 상당할 것으로 예상된다. 고려대학교 경제연구소의 분석에 따르면, 반도체에 대한 정부 지원과 투자로 인한 경제성장이 매년 4~6조 원의 추가 세수를 가져올 것으로 본다. 특히 고부가가치 제품인 HBM에 대한 투자는 수익성이 높아, 2~3년 만에 투자금에 해당하는 세수를 회수할 수 있는 구조로 분석됐다.

이러한 설비투자 재개의 배경에는 AI 반도체 수요의 급증이 자리하고 있다. 과거에는 메모리 반도체의 주기적 특성으로 인해 투자 시점 예측이 어려웠으나, AI 시대에는 수요 가시성이 크게 향상되었다. 특히 HBM과 같은 스페셜티 메모리는 2~3년 앞 물량까지 미리 확보되는 상황이어서, 기업들이 안정적으로 투자를 진행할 수 있게 변모하고 있다.

결론적으로, 2026년은 인공지능이 반도체 산업의 모든 영역을 재편하는 원년이 될 것으로 보인다. IT의 개념이 정보 기술에서 지능 기술로 확장되고, AI 데이터센터가 새로운 성장 엔진이 되며, 메모리 업체 간 경쟁 구도가 재편되고, 국내 반도체 벨트 조성을 위한 대규모 투자가 가시화되고 있다.

더욱 중요한 점은 이러한 변화가 산업계를 넘어 국가 경제 전반에 미치는 긍정적 효과다. 반도체 산업의 성장은 GDP 증가, 세수 증진, 고용 창출이라는 '3대 경제 효과'를 동시에 가져올 것으로 예상된다. 이는 단순한 기술 진보를 넘어서, 산업생태계 전체의 패러다임 전환을 의미한다. 앞으로 10년 이상 지속될 AI 시대를 앞두고, 2026년은 대한민국 반도체 업체에 실적 개선과 재투자 여력 확보를 통해 글로벌 주도권을 강화하는 결정적 해가 될 것이다.

격변의 시기에 돌파구를 찾는 2026년 K-전기차·배터리

03

이보람 * 대외경제정책연구원 전문연구원

2025년은 글로벌 지경학적 불확실성이 크게 높아진 해였다. 전기차·배터리 산업에 영향을 미치는 정책 변화가 잇따랐고, 한국 기업들은 급변하는 환경 속에서 최적의 경영전략을 모색하고 있다. 글로벌 전기차 판매는 중국과 유럽이 견인했다. 유럽은 2025년부터 완성차 탄소 배출 기준이 강화되면서, 전기차 지원책을 추진한 국가들을 중심으로 판매가 반등했다. 반면, 북미는 고관세 정책과 전기차 보조금 조기 종료가 확정되며 2026년 전기차 수요 둔화가 예고됐다. 영국 시장조사 업체인 Rho Motion은 2030년 미국 EV 판매량이 기존 예상 대비 40% 이상 감소할 것으로 전망했다.

업계 전문가들은 중장기적으로 전동화 흐름이 필연적이라고 본다. 하지만 소비자들은 충전 인프라 부족과 지속적인 EV 지원책의 불확실성으로 인해, 내연기관차보다 비싼 전기차 구매를 주저하고 있다. 전기차 시장은 성장을 이어가고 있지만 그 속도는 업계의 기대보다 더디다.

배터리 산업도 작년에 이어 부진을 겪었다. 국내 업계 1위인 LG에너지솔루션의 2025년 2분기 매출은 전년 동기 대비 약 10% 감소했고, 영업이익의 대부분은 미국의 생산 세액공제에 의존하고 있다. 그러나 전기차 중심이던 한국 배터리 업계에 ESS 시장이 새로운 기회로 부상했다. ESS는 전기를 저장해 필요할 때 공급하는 시스템으로, AI 데이터센터와 신재생에너지 확대에 따른 전력망 안정화 수요와 맞물려 성장이 전망된다.

과거 ESS 시장은 한국 기업의 주요 관심 분야가 아니었다. EV 대비 시장 규모가 작고, 안전성·수명·가격 경쟁력이 중요한 ESS 배터리 특성상 한국 기업의 주력 제품인 NCM보다 LFP 배터리가 적합해 한국 기업의 점유율은 6% 수준에 불과했다. 하지만 AI 데이터센터 확산, 전력망 현대화 투자, 재생에너지 확대와 미국의 대중국 견제 정책이 맞물리면서 ESS는 우리나라 배터리 기업의 새로운 성장 모멘텀이 되고 있다.

중국 기업의 약진:
규모의 경제와 공급망 장악으로 높아진 가격 경쟁력

업황이 부진하다는 평가에도 불구하고, 글로벌 배터리 시장의 성장은 계속되고 있다. SNE 리서치에 따르면 2025년 상반기 글로벌(중국 시장 제외) EV용 배터리 사용량은 전년 동기 대비 24% 증가했지만, 한국 기업은 2% 증가에 그쳤다. 점유율은 45.7%에서 37.2%로 하락했고, 중국 기업은 34.8%에서 43.2%로 상승하면서 양국의 점유율이 역전되는 크로스오버가 발생했다.

일반적으로 보조금 없이 전기차와 내연기관차의 가격이 같아지는 '프라이스 패리티Price Parity'에 도달하면 전기차 대중화 시대가 열린다고 본다.* 즉, 전기차 대중화의 관건은 단가 경쟁력이며, 이 분야에서 중국 기업은 뚜렷한 우위를 보인다.

중국 기업의 주력 제품인 LFP 배터리는 NCM보다 생산 비용이 저렴해 저가 보급형 EV에 적합하다. 과거에는 에너지 밀도가 낮아 주행거리가 짧았으나, 최근 기술혁신으로 배터리 팩 기준 주행거리가 소비자 기대에 부합하는 수준까지 도달했다는 평가다.** 다만 동일 조건에서 NCM 셀 생산비용은 LFP 셀 대비 kWh당 20% 높은 것으로 추정된다.

---

* 아시아경제 2025.01.
** IEA, Global EV Outlook 2025; McKinsey & Company(2024.12.). NCM 셀과 LFP 셀 간 에너지 밀도 차이는 30%, 완성차 배터리 팩 기준으로는 5~20%에 불과하다.

미국 경영컨설팅 회사인 매켄지는 2024년에 고가 차종에는 주로 NCM이 탑재되겠지만, 저가 모델 수요 증가에 힘입어 LFP의 글로벌 배터리 점유율은 2030년 이전에 NCM의 우위를 위협할 것으로 전망했다.

이에 더해 중국은 전기차·배터리에서 원재료까지 공급망 전반에 걸쳐 장악력을 높이고 있다. 세계 1위 배터리 업체 CATL은 2025년 현재 헝가리(100GWh), 스페인(50GWh), 독일(100GWh)을 비롯해 유럽 내 생산 역량*을 확대하고 있다. 규모의 경제를 달성해 생산 단가를 낮추면서 품질은 높여 유럽 시장점유율을 확대하겠다는 전략이 엿보인다. 국제에너지기구는 2030년 이차전지의 핵심 광물로 손꼽히는 리튬과 흑연 제생산에서 중국의 비중이 각각 62%, 87%에 달할 것으로 전망했다. 이러한 규모의 경제와 공급망 내재화가 가격 경쟁력의 핵심이다.

중국 정부의 전폭적인 지원과 거대한 내수시장, 그리고 출혈 경쟁까지 감수하는 중국 기업의 해외 공략은 한국 기업에 큰 압박이 되고 있다. 가격과 물량에서 우위를 점하는 중국과 경쟁하는 것은 결코 쉽지 않은 과제다.

---

* 우리나라 배터리 3사의 유럽 생산 규모는 177GWh 수준이다.

미국 통상환경 변화:
위기와 기회

중국의 배터리 시장 독주에 미국은 '경제 안보'를 내세우며 제동을 걸었다. 이미 2024년부터 중국산 전기차에 100% 관세를 부과했고, 2025년 7월 기준 EV용 배터리에는 합산 약 73%* 관세를 적용했다. 중국산 대체품을 찾을 수 없는 ESS용 배터리에는 40.9%의 관세가 부과되고 있으며, 2026년부터는 58.4%로 인상될 예정이다. 또한 트럼프 2기 행정부는 한국을 포함한 전 세계 교역국을 대상으로 전기차와 배터리에 대해 15% 이상의 자동차·부품 관세 및 상호관세를 부과하기 시작했다.

2025년 7월 'One Big Beautiful Bill Act'가 제정되면서 배터리 업계의 최대 불확실성 요인이었던 인플레이션 감축법IRA, Inflation Reduction Act 개정이 확정되었다. 업계에서는 "최악은 면했다", "사업 변동성이 잦아들고 있다"는 평가가 나왔다. 예상대로 전기차 구매 보조금은 2025년 9월 말 종료되지만, 우리나라 배터리 기업의 영업이익을 담당하는 생산 세액공제AMPC와 ESS 투자 세액공제ITC가 유지된 것은 우리나라 배터리 업계에 희소식이었다. AMPC와 ITC에는 PFEProhibited Foreign Entity, 금지외국단체** 규정이 도입되면서, 배

---

* 　기본관세 3.4%, 무역법 301조 25%, IEEPA 20%, 자동차부품관세 25%로 합계 73%의 관세가 부과되고 있다.
** 　PFE는 중국 주요 배터리 기업(CATL, BYD, Envision Energy, EVE Energy, Gotion High Tech, Hithium

터리 기업은 AMPC 수혜를 받기 위해 중국 의존 소재 비중을 당장 내년부터 40% 이하로 줄여야 한다. ESS 사업도 ITC 수혜를 받으려면 2026년 착공 사업부터 중국 의존도를 45% 이하로 낮춰야 한다. 이러한 공급망 규정의 도입으로 우리나라 배터리사는 중국산 부품소재에 의존적인 공급망을 재편해야 하는 부담은 있지만, 중국산 제품의 미국 시장 내 사용이 배제되는 효과를 기대할 수 있게 된다.

한국 배터리 기업은 미국의 대중국 견제 정책을 계기로 중국의 미국 시장점유율(ESS 시장)을 가져올 수 있도록 빠르게 대응하고 있다. 2025년 8월, LG에너지솔루션은 한국 업계 최초로 LFP 배터리 양산(17GWh)을 시작했고, 2026년에는 LFP 생산능력을 30GWh로 확대할 계획이다. 이미 LG에너지솔루션은 2025년 8월 미국 테슬라와 6조 원 규모의 ESS용 LFP 셀 공급계약을 체결한 성과를 거두었다. 삼성SDI도 2025년 말 기존 EV 라인의 일부를 NCA 기반 ESS용으로 전환(7GWh)하고, 2027년 말에는 LFP 양산(16GWh)에 나선다.

미국의 PFE 규정 도입에 대응해 우리 기업들은 탈중국 공급망을 가속화하고 있다. 5년 전 배터리 영업비밀 유출 소송 이후 중단됐던 LG와 SK 간 거래도, LG에너지솔루션과 SK넥실리스 간 동

등)과 이들의 실질적 영향력 아래에 있는 업체를 포함한다.

박* 공급계약을 통해 재개됐다. 이 역시 탈중국 공급망 전략의 일환이다.

2026년 변수: ESS 수요

2026년 전기차와 배터리 산업은 EV 수요 둔화를 ESS 수요가 얼마나 상쇄하느냐에 달려 있다. ESS 셀 판가는 EV보다 최대 두 배 높고, 수요 변동성이 적어 안정적인 매출 확보에 유리하다. 그러나 관세 정책 변화와 재생에너지 투자 축소 가능성은 성장에 제약이 될 수 있다. 블룸버그 시장조사기관인 BNEF는 2026년이 트럼프 행정부의 반反친환경적 정책 기조로 인해 ESS 발주가 제한되고, 그 결과 전기차 수요 감소를 완전히 보완하지 못할 것으로 전망했다. 그럼에도 미국의 대중국 견제 정책은 한국 기업에 새로운 기회를 열어주고 있다. 저가 수요에 대응하기 위해 제품 포트폴리오를 확장하는 차원에서 미국 내 LFP 라인을 서둘러 구축했고, 그 결과 미국 시장에서 대규모 공급계약을 확보한 것은 긍정적인 신호이다.

다만 미국의 고관세만으로 중국산 배터리와 가격 격차를 해소

---

* 동박은 이차전지 음극 바닥에 깔리는 얇은 구리막으로 배터리 셀 가격의 10%를 차지한다.

하기는 어려울 수 있다는 사례도 있어 주목된다. 2025년 8월, 미국 GM이 LG에너지솔루션과의 합작공장(얼티엄셀즈)에서 LFP 배터리를 생산하기 전(2027년 말)까지 CATL 배터리를 수입하겠다고 밝힌 것은 중국의 높은 가격 경쟁력을 보여준다. 정책 환경은 언제든 바뀔 수 있는 만큼, 단순 의존보다는 배터리 단가 절감과 기술 개발을 병행하는 전략이 어느 때보다도 긴요한 시점이다.

한미 조선 협력 본격화로 마련되는
K-조선의 새로운 계기

이은창 * 산업연구원 연구위원, 산업전환전략연구단

04

MASGA는 새롭게 조선 산업을 육성하는 것만큼 어려운 일이 될 것이다. 우리나라는 한미동맹 강화와 중국과의 경쟁 차별화를 위한 새로운 시장 개척을 위해, 미국은 해양 패권 유지를 위한 조선 산업의 재건을 위해 2026년부터 본격적으로 이를 추진할 전망이다. 세계 조선 시장은 코로나19 이후 대량 발주된 선박의 공급 확대가 이어지면서 약세가 지속되겠지만, 미국의 중국 조선업 제재로 우리나라는 2025년과 마찬가지로 비교적 양호한 흐름을 이어갈 것이다. 2026년은 또한 해운 산업의 친환경 전환을 준비하는 시기가 될 것이다.

MASGA의 본격 실행은
2026년부터 시작

조선 산업은 숙련된 인력과 기술이 있어야만 경쟁력을 갖출 수 있다. 하지만 숙련 인력을 확보하기는 쉽지 않은데, 설계 인력의 숙련 형성에는 10년 이상이 필요하기 때문이다. 설계 부문만 해도 기본, 선체, 배관, 철의장, 기장, 전장, 선실 등으로 구분되며, 세부적으로 들어가면 더 전문적인 영역으로 확장되므로 다양한 분야의 숙련 인력을 확보해야 경쟁력을 유지할 수 있다. 우리나라 조선 산업이 고객 맞춤형 설계를 위해 수천 명의 설계 인력을 보유하는 이유도 여기에 있다. 인력뿐만 아니라 수십, 수백, 수천 개의 기자재가 모여야 비로소 선박이 완성된다. 즉, 다수의 전문 인력 확보 외에도 수천 개의 기자재 생태계를 갖추어야 조선 산업이 경쟁력을 확보할 수 있으니 조선 산업은 결코 쉬운 산업이 아니다.

반대로 산업이 경쟁력을 잃을 때는 일부 영역이나 일부 기자재를 다른 기업, 산업 또는 다른 나라와의 협력으로 보완할 수 있어 겉으로는 큰 변화가 드러나지 않는다. 그러나 한계점에 도달해 문제가 가시화될 때는 대부분 영역에서 경쟁력을 잃어버린 상태가 된다. 따라서 MASGA는 미국의 일부 문제를 해소하는 수준이 아니라, 미국 조선 산업의 시스템과 산업생태계 전반에 걸친 문제를 해결해야 한다. 이를 성공하기 위해서는 적어도 10년 계획을 수립해 지속적으로 추진해야 하는 매우 어려운 과제이다.

MASGA에 대한 논의가 2025년에 시작된 만큼, 현황 파악과 준비에도 상당한 시간이 소요될 것이다. 따라서 2026년부터 본격적인 한미 조선 협력이 전개될 것으로 예상된다. 단기적으로는 우리나라 조선사가 미국 조선 산업에 대한 본격적인 투자를 진행하고, 미국이 시급히 확보해야 하는 선박이나 기자재, 군에 필요한 지원선과 군함 부분품 분야에서 협력을 본격화할 것으로 보인다. 2026년에는 미국에 대한 현황 파악, 투자처 모색과 투자, 협력 아이템의 발굴과 실행 등 세부 활동이 다각도로 전개될 것이다. 이 과정에 주요 조선기자재 기업과 중소 조선소도 함께 참여할 것으로 예상된다.

MASGA가 진행된다고 해서 글로벌 조선 산업의 경쟁 환경이 바뀌는 것은 아니다. 우리나라는 중국·일본과의 조선 산업 경쟁에 더해 MASGA까지 성공적으로 추진해야 하므로, 사업 환경이 한층 더 어려워질 수 있다. 중소 조선사는 2009년부터, 대형조선사는 2016년부터 위기를 겪었으며, 주요 조선사가 의미 있는 수준의 영업흑자를 기록한 것은 2024년에 들어서였다. 오랜 기간 구조조정을 거치면서 새로운 인력 모집은 최근에서야 본격적으로 재개됐다. 장기 불황으로 줄어든 숙련 인력과 고령화된 기존 인력에 새로 모집한 인력을 더해, 글로벌 경쟁과 MASGA를 동시에 수행해야 하는 도전적인 시기가 될 것이다.

MASGA뿐만 아니라 우리나라 조선 산업은 세계시장 확보를 위해 글로벌 진출을 가속화하고 있다. HD현대그룹은 미국 헌팅

턴 잉걸스 및 ECO와의 사업 협력을 추진하고, 페루 군함 수출 프로젝트 확보, 사우디아라비아 국영회사와 IMI 조선소 합작, 필리핀 수빅조선소 임대 등 다양한 형태로 해외에 진출하고 있다. 또한 인도 최대 국영 조선소인 코친조선소와의 협력도 추진 중이다.

한화오션은 미국 필리조선소를 인수하고 해양플랜트 사업을 위해 싱가포르 DynaMac을 인수했으며, 삼성중공업은 중국이나 베트남 조선소와 생산 협력을 추진하고 있다. 2000년대 호황기에 진행된 STX조선(중국 대련 및 유럽), 한진중공업(필리핀 수빅), 삼진조선(중국 위해), 대우조선(루마니아 망갈리아) 등의 해외 진출이 실패했던 것처럼 해외에서 조선 사업을 영위하는 일은 결코 쉽지 않다. 그럼에도 우리나라 조선 산업은 2026년에 MASGA 진행, 중국과의 경쟁, 새로운 시장 확보를 위해 해외 진출을 더욱 적극적으로 추진해야 하는 상황에 놓일 것이다.

지역적 확장뿐만 아니라 사업적 확장도 필요하다. 미 해군 선박 MRO 사업은 HD현대미포가 과거 세계 최고의 수리 조선소였던 시절 수행했던 분야다. 이 사업을 한화오션과 HD현대중공업이 한미 조선 협력을 위해 다시 시작하고 있다. 또한 군함과 같은 특수선 분야는 내수 중심의 사업이었으나, 2026년부터는 미국 외에도 캐나다 잠수함과 같이 수출 시장이 확대될 가능성이 있다. 우리나라 조선 산업은 상선과 해양플랜트에 집중하던 구조에서 벗어나 기술협력과 특수선 사업을 확대함으로써 다양한 포트폴리오를 갖추게 될 것이다.

친환경·디지털 전환을 위한 기술개발도 지속해야

글로벌 조선 산업은 친환경·디지털 전환이라는 흐름 속에서 치열하게 경쟁하고 있다. 국제해사기구IMO, International Maritime Organization의 2050년 탄소중립 논의에서 미국 트럼프 행정부는 탈퇴했으나, 기후변화에 대한 우려는 커지고 있으며 EU의 해운 산업 규제는 지속되고 있다. 따라서 해운 산업의 탄소중립은 시기의 문제일 뿐이다. 탄소중립 목표를 달성하기 위한 IMO 중기 조치Mid-Term Measure의 세부 지침이 2026년에 승인된다면, 이 조치는 2027년에 실행되고 2028년부터 적용된다. 그렇다면 조선·해운 산업이 대응할 수 있는 시간은 2년도 남지 않게 된다.

탄소중립을 위해 다양한 기술이 개발되고 있으며, 그중에서도 선박의 연료전환이 가장 중요한 과제로 꼽힌다. 저탄소 연료로 LNG(액화천연가스)와 메탄올이 주요하게 채택되고 있는데, LNG의 경우 메탄 슬립 문제(LNG추진 선박에서 연료가 불완전연소되어 메탄이 배출되는 현상)로 인해 에버런스(구MAN-ES)는 저압방식의 LNG 이중연료 엔진인 ME-GA 판매를 중단했다. 또한 메탄올 연료를 주도하던 덴마크의 머스크는 메탄올 연료를 사용하는 선박의 엔진 문제와 그린 메탄올 공급 문제로 인해 어려움을 겪고 있다고 2025년 세미나에서 밝혔다.*

---

* Advanced Biofuels USA 2025.5.15., "Maersk Struggles with Methanol Ship Engine Problems,

이렇듯 새로운 연료를 사용하는 것은 기술적 불확실성을 동반하기 때문에 기술개발 자체도 중요하지만 신뢰성 확보가 무엇보다 중요하다. 미래 연료 중 경제성이 가장 높을 것으로 예상되는 암모니아 연료 엔진의 경우, 2026년에 상용화될 것으로 보이나 기술적 신뢰성 검증에는 시간이 걸릴 것으로 예상된다.

이 외에도 에너지 절감이나 탄소 배출 저감을 위한 다양한 기술의 적용이 더욱 활발해질 전망이다. 특히 디지털 기술은 에너지 절감뿐만 아니라 선박의 운영·관리·안전 향상을 위해 더욱 적극적으로 채택될 것으로 보인다. 우리나라 조선사들은 이미 디지털 선박 시스템을 탑재하여 선박의 생애주기 서비스를 제공하고 있으며, 탄소중립 목표와 연계되면서 이러한 사업을 한층 확대할 것으로 예상된다.

세계 조선 시장은 조정기, 슈퍼사이클을 준비하는 시기

코로나19 팬데믹 이후 해운 시황 회복과 전쟁 등 다양한 요인으로 글로벌 공급망 교란이 발생하면서 선박 수요가 증가했다. 또한

Bunkering Non-Standardization", https://advancedbiofuelsusa.info/maersk-struggles-with-methanol-ship-engine-problems-bunkering-non-standardization(접속일: 2025.8.6.).

LNG를 비롯한 에너지 개발 확대로 호황기와 같은 대규모 선박 주문이 이루어졌으나 주문에서 인도까지 긴 기간이 소요되므로, 선박 공급은 2025년부터 본격적으로 이뤄지고 있다.

반면, 미국의 관세 정책 변화와 공급망 교란 요인의 해소로 선박 수요는 감소세를 보이고 있어, 해운 시황은 약세로 전환될 가능성이 높다. 해운 산업의 수익성이 약화되거나 불확실성이 커지면 신규 선박 주문이 줄어들기 때문에, 2026년에도 2025년과 마찬가지로 조선 시황은 약세를 이어갈 전망이다. 물론 시황이 약세더라도 2016년이나 2020년처럼 조선사가 저가 수주를 해야 할 상황은 아니며, 우리나라 조선사들은 충분한 수주잔량을 바탕으로 수익성을 추구하며 수주를 이어갈 것으로 예상된다.

2026년에는 MASGA를 비롯해 미국의 중국 조선 산업 제재가 본격화될 전망이다. 미국 무역대표부USTR의 결정에 따라, 중국 해운사가 보유한 선박이나 중국에서 건조된 선박이 미국에 입항할 경우 항세를 지불해야 한다. 미국의 중국 조선 산업에 대한 견제가 더욱 효과를 발휘하려면, 중국에서 건조한 선박을 다수 운영하는 해운사까지 제재해야 한다. 2025년 USTR의 초기 계획에는 해당 내용이 포함됐으나, 최종 제재안에서는 제외됐다.

그러나 미국 선박법Ships for America Act이 의도하는 것처럼 미국의 궁극적 목표는 해운사가 선박 발주 시 중국 조선소를 선택하지 않도록 유도하는 것이기 때문에, 미국의 중국 조선 산업에 대한 견제는 점차 강화될 수밖에 없다. 이에 따라 세계 발주량이 감소 하더라도 우리나라 조선 산업은 미국의 중국 조선 산업 제재에 따른 반사이익을 계속 누릴 것으로 기대된다.

해운 산업의 친환경 전환을 위해서는 노후 선박의 퇴출과 대체 발주가 필수적이다. 하지만 2021년 이후 비교적 양호한 해운 시황이 이어지면서 노후 선박 퇴출이 크게 늘지 않았다. 또한 주도적이고 신뢰성 있는 친환경 기술의 부재로 대체 발주도 제한적으로 진행됐다. 그러나 2028년 이후 IMO 중기 조치 시행에 따른 부담금이나 탄소세가 본격화되면, 친환경 선박으로의 대체 발주는 확대될 수밖에 없다. 시황 조정기에 노후 선박의 퇴출이 선제적으로 진행돼야 해운 시황 회복이 빨라지고, 조선 산업의 수주도 본격적으로 회복될 수 있다. 따라서 2026년 세계 수주가 약세를 지속하더라도 우리나라 조선 산업에는 큰 위기가 되지 않을 것이며, 오히려 미래를 준비하는 시기가 될 것이다.

수출로 도약하는 K-원자력, 대형 원전 시장의 부활과 SMR 기회의 해

임채영 * 한국원자력연구원

05

AI 활용 확산, 기후변화 대응 속에서 다시 주목받는 원자력

세계 전력 시장은 대규모 전환기를 맞고 있다. AI 활용 확산, 데이터센터 건설 붐, 전기차 보급 확대, 기후변화 대응을 위한 에너지 전환으로 인해 전력 수요가 급증하고 있다. 국제에너지기구는 향후 2~3년간 전 세계 전력 수요가 매년 3% 이상 증가할 것으로 전망한다. 이는 지난 10년 사이 가장 빠른 성장세다. 이러한 전력 수요에 대응하기 위해 발전 및 송전 인프라에 대한 투자가 활발하게 이루어지고 있다.

태양광과 풍력 같은 재생에너지원이 빠르게 확대되며 주요 전원으로 자리 잡았지만, 기상 조건에 따라 변동성이 커 안정적인 전력 공급에는 한계가 있다. 이런 상황에서 탄소 배출이 적고 장시간 안정적인 운전이 가능한 '원자력'이 다시 주목받고 있다. 원자력은 단순한 전력원 이상의 의미를 지닌다. 탄소중립 달성, 에너지 안보 강화, 전력 계통 안정 등 국가 전략 차원에서 중요한 가치가 있다. 2026년은 이런 흐름 속에서 한국 원자력산업이 대형 원전과 SMR 모두에서 새로운 기회를 맞는 해가 될 것으로 보인다.

세계적으로 대형 원전 수요가 다시 늘고 있다. 유럽에서는 동유럽 국가들뿐만 아니라 핀란드, 스웨덴, 프랑스 등 독일을 제외한 주요 국가가 원전 건설 및 수명 연장을 추진 중이다. 영국은 사이즈웰 C(Sizewell C) 프로젝트에 대해 최종 투자 결정을 내리고 본격 건설 준비에 들어갔다. 미국은 2024년 제정된 원자력발전촉진법[*]에 이어 2025년 5월 23일 트럼프 대통령이 서명한 행정명령으로 2050년까지 원전 발전 용량을 4배 확대한다는 계획을 내놨다. 특히 행정명령에는 2030년까지 10기의 대형 원전을 착공하겠다는 목표가 포함돼 있다.

이러한 흐름은 국내 기업에 큰 기회가 될 것이다. 우리나라는

---

[*] ADVANCE Act. 미국에서 개발 중인 차세대 원자로 기술의 연구, 개발, 배치를 가속화하기 위한 법안이다. 이 법안은 원자력 규제 절차를 간소화하고, 미국 원자력발전소의 운영을 지원하며, 관련 공급망을 강화하는 내용을 담고 있다. 2024년 7월 9일, 바이든 대통령이 서명하여 법률로 제정되었다.

아랍에미리트 바라카 원전 건설을 통해 세계 원전 시장에서 기술력과 시공 능력을 입증했으며, 이를 기반으로 체코 원전 수주에도 성공하였다. 우리나라 대형 원전의 상업 경쟁력은 세계 최고 수준이다. 특히 국제 정치적인 환경 변화에 따라 강력한 경쟁국인 러시아와 중국이 유럽과 북미 원전 시장에 진입하기 어려운 상황을 감안하면, 선진국 시장에서 우리의 경쟁력은 독보적이라 할 수 있다.

SMR 시장은 북미를 중심으로 본격화되고 있으나 한국은 아직 준비 중

SMR 시장은 2026년부터 본격 사업화 단계에 들어설 가능성이 크다. 데이터센터와 대규모 산업단지 전력 수요가 급증하면서, 부지 활용이 효율적이고 출력 조절이 용이한 SMR이 주목받고 있다. SMR은 수십 MWe 부터 300MWe급까지 용량도 다양하고 물, 헬륨, 소듐, 납, 용융염 등의 냉각재를 적용하고 있어 다양한 기술 스펙트럼을 갖고 있다. 공장에서 표준 모듈을 제작해 현장 조립·건설 기간을 단축하고, 부지 제약이 작으며, 출력 조절이 유연하다는 점에서 재생에너지와의 하이브리드 구성에 적합하다. 2026년은 '사업화 전환'이 가시화되는 시점으로, 미국, 캐나다, 영국을 중심으로 최초 건설FOAK, First-of-a-Kind 프로젝트가 실제 공사 단계에 들어가거나 인허가가 급진전될 것이다. 데이터센터, 정유, 석유화학 등 산업 열 수요와 결합한 전력+열 패키지도 본격 부상하는 해가 될 전망이다.

캐나다 원자력안전위원회CNSC는 2025년 4월 4일 온타리오 전력의 달링턴 원전 부지에 GE-히타치가 개발한 BWRX-300 1기 건설을 승인했다. 이어 온타리오 주정부는 5월 8일, 총 4기 계획 중 1호기 착공을 공식화했다. 이 원자로는 서방권에서 사업 진도가 가장 앞선 SMR로, 2029년 상업 운전을 목표로 한다. 이 프로젝트는 '착공~운전 약 3.5년'이라는 짧은 기간 내 완공을 목표로 하고 있어 서방권의 첫 상업 SMR이 될 가능성이 높다. 이 사업의 일정 준수 여부는 서방권 SMR 상용화 속도를 결정짓는 척도가 될 것이다.

다우케미컬은 텍사스 시드리프트 화학단지에 엑스에너지가 개발한 고온가스로형 SMR(Xe-100)을 도입하는 사업을 추진 중이며, 이는 미국 최초로 산업단지에 설치되는 SMR로 상용 전력과 고온 공정열을 동시에 공급하는 모델이 된다.

우리나라도 SMR 개발에서 적극적인 행보를 보이고 있다. 2024년에 표준 설계 인가를 획득한 SMART 원자로의 수출을 추진하고 있으며, 2028년까지 표준 설계 인가 획득을 목표로 개발을 진행 중인 i-SMR의 실증도 추진 중이다. 또한 정부와 민간의 협력 사업 형태로 소듐냉각로, 고온가스로, 용융염로와 같은 비수냉각형 SMR의 초기 개발도 진행 중이다. 우리나라의 경수형 SMR 기술은 대형 원전과 마찬가지로 세계적 수준이라 할 수 있지만,

자국 내 건설을 통해 조기에 사업화하는 경쟁국들과 비교하면 사업화는 뒤떨어져 있다고 할 수 있다. 이는 주민 수용성 및 부지 확보의 어려움, 대형 원전 중심의 인허가 제도, 사업화 및 수익 모델의 부족 등으로 첫 번째 원자로FOAK를 조기에 국내에 건설하여 실증하는 것이 어려운 상황에서 비롯된다.

따라서 원자력 공급망에 속해 있는 국내 기업들은 해외 SMR 사업에 참여하는 방식으로 시장에 진입할 것으로 예상된다. 예를 들어, 미국 뉴스케일, 홀텍, 엑스에너지와 같이 국내 기업이 투자하고 있는 SMR 개발사의 해외 실증 사업에 참여하여 부품 및 설계, 시공 기술을 공급하는 방식으로 글로벌 SMR 공급망에 조기 진입하고 해외시장 진출 기반을 마련할 수 있다.

우호적이지만은 않은 국제 경쟁 환경

국제 정치 환경의 변화는 한국 원자력산업의 경쟁 지형을 크게 바꿔놓고 있다. 주요 원전 시장에서 가장 강력한 경쟁자였던 러시아와 중국이 제재·안보 우려 등으로 사실상 배제되면서, 한국의 입지가 상대적으로 강화되고 있다. 그러나 동시에 자국 정부의 강력한 재정·외교 지원을 등에 업은 미국, 프랑스 등 서방의 원전 기업들과의 경쟁은 한층 치열해지고 있다. 이들은 금융 지원, 연료 패키지, 운영 경험을 결합한 '올인원All-in-One 제안으로 시장을 선점하려 한다.

특히 트럼프 대통령의 자국 우선주의 정책에 따라 세계에서 가장 큰 원전 시장인 미국 시장의 진출 가능성이 불확실하다. 구체적인 합의 내용이 공개되어 있지 않지만, 한수원과 웨스팅하우스사의 지적재산권 합의에 따라 유럽 시장 진출에도 일정 부분 제약이 있을 것으로 예상된다. 결국 대형 원전의 경우 우수한 상업적 경쟁력에도 불구하고, 우리 원전이 가장 큰 시장에 진출하는 것이 만만치 않은 상황이다. 이에 따라 이러한 상황을 개선하기 위한 노력도 이루어질 것으로 전망된다. 이러한 노력 가운데 주목할만 한 것은 미국기업과의 합작을 통해 미국 시장과 제3국 시장을 공동으로 진출하는 방안이다. 한수원, 한전은 미국 웨스팅하우스사와의 합작을 통해 미국 시장 진출을 추진할 것으로 전망된다. 또한 미국의 SMR 사업에 전략적 투자자로 참여하고 있는 국내 민간기업들을 중심으로 사업 참여의 움직임도 활발해 질 것이다.

글로벌 핵연료 시장은 공급이 타이트할 전망이다. 당분간 러시아와 중국의 공급 복귀 가능성이 작아, 미국과 유럽 등은 자급률 제고와 공급선 다변화에 나서고 있다. 특히 비수냉각형 SMR의 본격 개발과 맞물려 기존의 5% 미만 저농축 우라늄이 아닌 농축도 20% 미만의 고순도 저농축 우라늄의 안정적인 수급은 2026년도에도 화두가 될 것이다. 우리나라는 우라늄 자원이 없고 핵무장에 전용될 우려가 있는 민감 시설인 농축 및 재처리시설 확보도 여의찮은 상황이므로 경쟁국과 비교해서 핵연료 수급 측면에서 취약하다. 이러한 구조적인 취약성을 보완하기 위해서 미국과 협상을 통해 핵연료 안정 공급을 보장받고, 상업적으로는 해외의 우라늄 광산 및 농축회사의 지분 투자 등을 통해 공급 안정성을 확보하는 방안을 추진할 것으로 예상된다.

또한 과거 원전 산업이 각국이 자국 내에서 공급망을 유지하는 방식으로 발전해왔다면, 앞으로는 다른 산업처럼 글로벌 공급망을 바탕으로 한 협력·분업형 비즈니스로 발전할 가능성이 크다. 원자로 설계·주기기·연료·건설·운영 서비스가 국가 간 네트워크로 연결되면서, 기술력뿐 아니라 글로벌 네트워크와 파트너십 역량이 핵심 경쟁 요소로 부상하고 있다. 이러한 변화는 우리나라가 원자로 주기기, 제어 계통, 건설 관리 분야에서 수출을 확대할 기회가 될 것이다. 결국 예상되는 환경 변화에 정부와 산업계가 얼마나 현명하게 대응하느냐에 따라 한국이 현재의 경쟁 우위를 유지·강화하고, 나아가 원자력을 수출 산업으로 도약시킬 수 있을지가 결정될 것이다.

연착륙하는 국내 원전 정책과 공급망의 글로벌화에 대응 필요

정부의 에너지 고속도로 건설과 재생에너지 확대 정책은 발전 및 송전 원가를 상승시킨다. 이러한 상황에서 가장 경제적인 발전원인 원전을 유지하지 않는다면 전기요금 인상의 압박이 감당하지 못할 정도로 커질 수 있다. 따라서 국내 원자력 정책은 급격한 변화보다 일정 부분 기존 정책을 유지할 가능성이 높다. 11차 전력수급기본계획에서 결정한 대형 원전의 신규 건설과 수명 연장을 단계적으로 병행하고, SMR 실증 기반을 확립하는 방향이 유력하다.

다만, 해외에서 활발한 '원자력 PPA' 모델은 국내에서는 아직 허용되지 않아, 데이터센터나 대기업이 원전 전력을 직접 구매하는 구조는 단기적으로 어렵다. 정부가 제도 개선과 시범 사업을 추진한다면, 원전 민간투자와 수익 다각화에 도움이 될 수 있다. 또한 재생에너지 확대와 송전망 제약으로 인해 원전의 탄력 운전·부하 추종 운전(전력 수요에 맞춰 발전소 출력을 수시로 조절하는 방식) 비중이 늘어날 가능성이 있다. 이는 원전의 평균 이용률 하락으로 이어질 수 있으므로, 운영 효율성을 높이는 기술개발과 함께 이를 보상하는 제도 개선 요구가 강해질 것이다.

이러한 원자력 PPA나 부하추종으로 인한 발전량 감축의 보상은 원자력발전 사업자의 수익에는 도움이 되는 제도이지만 단기간에 실현되기는 어려울 것으로 보인다. 정부의 재생에너지 공급 확대와 에너지 고속도로 건설로 전기요금 상승 압박이 강한 상황에서 전기요금 인상을 억제하기 위해서는, 발전단가가 싼 원자력이 PPA를 통해 한전의 공급망을 이탈하는 것을 막고 원자력발전의 정산원가 인상을 최대한 억제해야 하기 때문이다.

2026년은 한국 원자력산업이 대형 원전의 재도약과 SMR 시장 진입이라는 두 개의 기회를 동시에 맞는 해가 될 것이다. 여기에 러시아와 중국의 시장 이탈로 인한 반사이익과, 서방 원전 강국과의 치열한 경쟁이 동시에 존재한다. 세계시장의 규칙이 '국내 중심'에서 '글로벌 공급망 중심'으로 바뀌는 흐름에 대응하지 못하면, 현재의 강점이 빠르게 약화할 수 있다.

따라서 해외 수주를 위한 금융·연료·운영 패키지 역량 강화, SMR 실증 및 해외시장 동시 진입, 차세대 연료 선점, 인력·공급망 안정화가 동시에 추진돼야 한다. 무엇보다 정부와 산업계가 한 팀으로 움직이며 변화에 대응하는 것이 관건이다. 이 조건이 충족된다면, 2026년은 한국 원자력산업이 세계시장에서 영향력을 확대하고 국내 에너지 안보와 경제성장에 기여하는 전환점이 될 것이다.

현지화의 고비와 무인·대공 전환의 시험대에 선 K-방산

정승준* * LIG넥스원 전문위원

06

2026년 한국 방위산업을 규정할 축은 세 가지다. 첫째, 유럽과 미국의 규제와 산업 정책이 맞물리면서 현지 생산과 공동개발 요구가 본격화된다. 둘째, 전장의 중심이 무인체계와 대공(대드론 포함)으로 이동할 것이다. 셋째, 평가는 수주가 아니라 제때 납품하고 오랫동안 유지하는 능력으로 이뤄진다. 세 가지는 서로 연결되어 있다. 현지화 설계를 빨리 잡을수록 납품 신뢰가 쌓이고, 무인과 대공 역량을 갖출수록 후속 군수와 재보급 속도가 높아진다. 2026년은 그래서 계약 규모보다는 인도와 유지의 성실성이 성패

---

* 이 글은 필자 개인 의견이며, 소속 기관의 공식 입장과 무관합니다.

를 가르는 해가 될 가능성이 크다.

| 전장의 변화와 무기 시장의 재편

최근 몇 년간의 분쟁은 전장의 문법을 바꾸었다. 러시아-우크라이나의 전쟁에서는 대형 장비보다 소형 무인기, 통신 교란, 위성항법 방해 같은 전자전이 전선을 흔들었다. 이스라엘은 고도별로 층을 나눈 방공망으로 다량의 로켓과 무인기 공격을 흡수했다. 인도와 파키스탄, 메콩 유역의 접경 충돌에서도 이동식 센서, 경량 지휘통제 체계, 신속한 보급 능력이 억제력의 핵심으로 작동했다. 전력의 차이는 장비의 크기보다 얼마나 빨리 만들고, 얼마나 오래 유지하며, 얼마나 빨리 다시 채우는가에 달려 있다는 사실이 확인된 셈이다.

이 변화는 곧바로 조달 방식으로 이어졌다. EU는 역내에서 더 빨리, 더 가깝게, 더 함께 만드는 방식을 앞세우며 현지 조달 비중 목표를 높이고 있다. 독일과 프랑스가 추진하는 차세대 지상 체계와 방공 협력이 속도를 내면 완제품 직수출의 문턱은 높아질 수밖에 없다. 반대로 부품과 소프트웨어, 체계 설계를 한국이 맡고 조립과 정비를 현지에서 수행하는 분업 모델은 기회가 커진다. 이는 유럽산 중심 기류 속에서도 공급망을 다변화하려는 유럽 각국의 현실적 수요와 맞닿아 있다.

미국은 수출 통제 규정과 미국산 우선 구매법을 엄격히 적용하지만, 동맹국의 부품과 정비 공급망 편입에는 여지를 두고 있다. 의미 있는 진입은 완제품 수출보다 부품, 탄약, 전자 장비 같은 하부 공급망 참여와 국내 정비 허브 구축에서 시작될 가능성이 크다. 중동은 빠른 납품과 운용 친화성을 최우선으로 보고, 다층 방공과 대드론, 정밀유도 체계에 반복 수요가 생기고 있다. 현장에서 바로 쓸 수 있는 교육, 부품, 정비를 묶은 장기 지원 패키지(수명주기비용 개념)가 성패를 좌우한다. 중남미는 대형 플랫폼의 일괄 도입보다 국경과 해안 감시에 곧바로 투입할 수 있는 무인기, 전자광학과 적외선 센서, 경량 지휘통제, 소형 대드론 장비 같은 모듈형 묶음을 선호한다. 여기에 정부 간 금융과 개발 협력 자금을 결합하면 예산 제약 속에서도 작게 시작해 반복 매출로 키우는 그림이 가능하다.

통신 인프라도 판을 바꾼다. 저궤도 위성 통신과 상업 위성 영상이 지휘통제와 표적 식별에 적극 쓰이면서, 전술 데이터 링크 보안과 사이버 방호가 무기 성능의 일부로 평가된다. 전파 교란에 강한 항법 보장, 주파수 다변화, 소프트웨어 업데이트 속도는 2026년 입찰의 기본 요구 조건으로 자리 잡을 전망이다.

생산능력과 재고 운용 역시 경쟁력의 일부다. 탄약과 유도 무기는 성수기와 비성수기의 구분이 희미해졌고, 발주국은 초도 납품까지 걸리는 시간과 피크 수요를 소화할 최대 산출량을 따로 묻는다. 표준화된 부품과 플랫폼 간 공용화는 이 질문에 대한 현실적인 답이다. 부품 수의 단순화, 공정의 모듈화, 다국적 인증의 선행 취득은 2026년 이후 한국 방산의 납품 신뢰를 뒷받침하는 보이지 않는 근육이 된다.

정책과 규제, 지역별 수요의 방향

유럽은 전쟁 이후 무기 조달의 방식을 바꾸는 중이다. 2024년 EU는 유럽 방위산업 전략EDIS에서 2030년까지 "공동 조달 40%"를 제시했고, 역내 방산 교역 비중도 "최소 35%" 수준을 정량 목표로 제시했다. 이는 단순히 '유럽 것만 사겠다'는 폐쇄가 아니라, 표준과 인증을 같게 맞추고 공동개발, 공동 생산을 늘려 조달 속도와 규모를 키우겠다는 방향이다. SIPRI 집계에 따르면 러시아-우크라이나 전쟁으로 유럽의 무기 수입은 2019~2023년 동안 이전 5년 대비 약 94% 늘어났다. 이러한 현실이 정책 전환의 배경이 됐다. 수요가 급증하자 '누가 얼마나 빨리 규정에 맞춰 대량으로 공급할 수 있는가'가 최우선 판단 기준이 된 것이다.

이 변화는 한국에 닫힌 문이 아니라 새로운 분업 체계로 다가온다. 유럽은 완제품 직수입만으로는 수요를 소화하기 어렵기 때문에 설계, 핵심 부품, 소프트웨어는 공급국이 맡고, 조립, 시험, 정비는 수입국에서 수행하는 모델을 넓히는 추세다. 이때 거래의 성패를 가르는 것은 표준과 데이터의 연결성이다. 예를 들어, 나토

공통규격(STANAG)과 장비 정비 및 기술문서 표준(S시리즈, 예를 들어 S1000D) 준수 여부, 시험·품질 데이터의 추적 가능성, 사이버 보안 관리체계가 계약의 전제 조건이 된다. 유럽이 공동 조달과 역내 공급 비중을 목표로 못 박은 이상, 한국은 역내 파트너와의 공동 생산과 표준 적합성 증명을 조합해 들어갈 때 현실적인 기회가 커진다는 점이 도출된다.

미국은 규정의 나라다. 방산 품목은 무기 수출 통제 규정의 대상이고, 연방 조달에서는 BAA 규정이 적용된다. 특히 국방부 조달에서는 해외산 제안가에 50%의 평가 가산(불리한 가격 가중치)을 붙이는 미 국방부DoD 조달 보충 규정을 운용한다. 즉, 동일 성능과 가격이라면 미국산이 절반가량 더 유리하게 평가되는 구조다. 동시에 미국은 사이버 보안 성숙도 인증MMC을 제도화해 국방 계약자에게 정보보호 기준 충족을 요구하는 체계도 마련했다. 결국 미국 시장에서의 경쟁력은 가격과 성능만이 아니라 규정 준수 역량으로 측정된다. 데이터 보관 위치, 소스코드 접근 범위, 시험·품질 데이터 제출 방식처럼 계약서에 사전 명시되는 조건을 체계적으로 충족할 수 있어야, 하부 공급망(부품, 전자 장비, 탄약, 시험 서비스 등)에 들어설 가능성이 열린다.

중동의 수요는 속도와 교전 비용(요격 한 발에 드는 비용)의 균형에 맞춰진다. 고온, 모래, 염분 환경에서 이미 검증된 장비가 선호되고, 다층 방공(레이더, 전자전, 요격 체계)과 대드론 체계는 반복 수요를 만든다. 이는 단기간에 위협이 변하는 환경에서 운용 준비태세가 억제력이라는 현실 때문이다. 2024년 이후 사우디아라비아를 포함한 중동권에서 방공과 대드론 수요가 강세를 보이며 대형 계약이 이어지는 흐름은 이를 뒷받침한다. 이런 시장에서는 '초기 납품'으로 신뢰가 생기지 않는다. 교육, 부품, 정비, 성능 개량으로 이어지는 장기 지원 일정을 계약 단계에서 투명하게 제시하는 공급자에게 다음 거래가 돌아간다.

중남미는 재정 제약과 치안형 과제가 수요를 규정한다. 대형 플랫폼 일괄 도입보다 무인기(감시), 경량 전자 광학EO/IR 센서, 소형 지휘통제, 대드론 장비 같은 모듈형 구성을 선호하고, 필요에 따라 정밀 유도탄, 통신 보강, 경비정 경량 무장을 단계적으로 추가하는 방식이 관찰된다. 공공 안전 목적 장비의 특성상 최종 사용자 관리EUM와 인권 기준의 투명성을 요구하는 경향도 강해졌다. 세계 군사비는 2023년에 2조 430억 달러로, 전년 대비 6.8% 늘어 사상 최고를 기록했다. 중남미는 증가율이 상대적으로 낮고 지출 우선순위가 치안·경계에 치우쳐 있어 '작게 시작해 성능을 확장'하는 접근이 합리적이라는 결론이 자연스럽다.

국내 여건은 이러한 세계 추세와 맞물려 수요의 성격을 바꾼다. 현역 병력은 최근 수년간 감소해 약 48~50만 명 수준으로 알려져 있다(2022년 말 약 48만 명). 이는 야전의 자동화와 원격화 수요를 구조적으로 늘리는 방향으로 작용한다. 국방비는 GDP 대비 약 2.3% 수준으로 안정적이며, 수출은 급격히 확대됐다. 2010년대 연평균 30억 달러 내외에 머물던 수출 실적은 2022년에 173억 달러로 사상 최대를 기록했고, 2023년에도 두 자릿수 규모를 유지했다. 이 수치가 뜻하는 바는 명확하다. 2026년의 평가는 '계약'이 아니라 '이행'에서 갈린다. 초도 물량을 제때 인도하고, 혹서나 혹한, 전파교란 등 현지 환경에서 안정적으로 작동하며, 부품과 정비가 끊김이 없이 공급되는지 여부가 다음 수주로 이어지는 가장 강한 신호가 된다. 산업 차원에서는 표준, 품질, 보안을 기술이 아니라 '신뢰를 증명하는 언어'로 받아들이는 순간, 시장은 닫히지 않고 연결된다.

2026년의 평가 잣대와 한국 산업의 위치

육상 체계는 이미 유럽, 호주, 북유럽에서 참조 사례를 확보했다. 특히 자주포 분야에서 한국산 K9 계열은 한국을 포함해 9개국에서 운영 또는 도입이 진행 중인 것으로 알려져, 동일 계열 장비의 운용 데이터가 유럽 각 기후·지형에서 빠르게 축적되고 있다. 2026년의 평가는 단순 양산 속도가 아니라 파워팩, 사격 통제, 능동 방호 같은 하위 체계의 현지 맞춤 개량을 얼마나 신속·안정적으로 적용했는지, 그리고 혹한·습윤·모래 환경에서의 실제 가동률을 어떻게 증명했는지로 옮겨간다. 유럽은 방위비 상향 기조 속에 역내 표준과 인증의 비중을 키우고 있어, 현지 시험 평가 자료의 공개성과 상호 인증이 신뢰의 핵심 언어가 될 가능성이 크다.

항공 부문에서는 경공격기 FA50이 폴란드 48대 계약(2022년)을 계기로 유럽 시장에 진입했고, 말레이시아 18대 계약(2023년) 등 동남아 수요도 누적되고 있다. 폴란드의 경우 2023년부터 초도 기체 인도가 시작되었고, 현지 지원 거점도 개설됐다. 이 흐름은 2026년에 교육, 부품, 정비 등 장기 지원 패키지의 매출 인식이 본격화될 수 있음을 시사한다. 이때의 평가는 계약 건수가 아니라 부품 조달 리드타임, 교육과 정비의 이행률, 예비율 같은 운영 지표로 가늠될 가능성이 높다. 반면 차세대 전투기 개발은 당장의 매출보다는 동맹 간 기술 신뢰와 상호 운용성이라는 중장기 자산으로 누적되는 국면에 있다.

방공 및 유도 무기는 한국의 상대적 강점이 뚜렷한 분야다. 유럽과 중동에서 다층 방공과 대드론 수요가 반복적으로 제기되는 가운데, 레이더와 전자광학 센서, 교전통제, 요격 수단을 단일 체계로 통합하는 능력이 신뢰를 좌우한다. 한편, 탄약 측면에선 러시아-우크라이나 전쟁 이후 EU가 155mm 포탄 연간 생산능력 달성 목표를 2024년 말 140만 발 수준으로 상향하는 등 공급능력 확대에 힘을 싣고 있다. 이 추세는 2026년에도 장기 공급계약과 증설 투자가 산업의 안정적 현금원을 형성함을 뜻한다. 방공과 탄약 모두에서 한국 업체가 경쟁력을 유지하려면 표준화된 품질 데이터(수명, 불발률), 사이버·전자전 내성 시험 결과를 공개 가능한 범위에서 제시해 '보이는 신뢰'를 만드는 것이 관건이다.

해양 분야는 플랫폼 단품보다 전투체계, 유도 무기, 방공을 결합한 패키지 제안의 비중이 커지는 쪽으로 이동하고 있다. 동남아와 중동에서 복합 임무 해역이 확대되면서, 함정·센서·무장·전술데이터링크의 체계 통합이 실전 가용성을 좌우한다. 2026년의 평가는 신규 수주 자체보다 개량 및 MRO 매출의 지속성과 성능 개량 후 실제 탐지·교전 성과 데이터를 어떻게 축적·공유하느냐가 될 가능성이 크다. 이는 유럽이 2030년까지 역내 조달 비중을 단계적으로 높이려는 전략을 펴는 것과도 맞물린다. 역내 조달 강화는 문을 닫는다는 뜻이 아니라, 설계·핵심부품·소프트웨어는 공급국이, 조립·시험·정비는 수입국이 맡는 형태의 분업 확대를 의미하며, 그만큼 데이터 연계와 표준 준수의 무게가 커진다.

산업 전반으로 시야를 넓히면, 2026년의 공통 평가 잣대는 운영 데이터와 이행 기록이다. 가령 가동률, 고장 간 평균 시간, 평균 정비 시간, 소프트웨어 업데이트 주기, 사이버 침해 시험 결과, 현지 환경 적응시험(혹한, 고온, 모래, 염분) 같은 지표가 표준화된 정의와 측정법으로 공표될수록 시장 신뢰는 높아진다. 나토 회원국 중 23개 동맹국이 2024년에 국방비 2% 기준을 충족한 것도 이런 흐름을 떠받친다. 예산의 바닥이 단단해야 인도, 정비, 개량 같은 '이행 국면'에 꾸준히 돈이 흘러가고, 그 축적된 이행 데이터가 다시 다음 사업의 실사 자료로 기능하기 때문이다.

이런 전제를 두고 2026년을 그려보면, 세 갈래의 시나리오로 수렴한다. 기준선은 유럽의 역내 조달 강화에도 불구하고 기존 수요가 유지되며, 완제품 신규 수주는 둔화하지만 인도와 정비 매출이 증가하는 그림이다. 상방은 루마니아·체코 등에서 패키지 계약의 가시화, 중동에서 방공·유도 분야 대형 계약이 더해지고, 무인 및 대공 분야에서 한두 곳의 참조국을 확보하는 경우다. 하방은 유럽의 국산화 가속, 미국의 규정 리스크(수출 통제, 보안 요건), 국내 인력·부품 병목이 겹쳐 인도가 지연되고 마진이 하락하는 경우다. 어느 경우든 공통의 평가 잣대는 신뢰다. 일정과 성능, 품질과 지원을 약속한 대로 지키는 능력이 다음 사이클의 가장 강력한 자산이 된다.

요약하면, 2026년의 한국 방산은 전장의 변화가 만들어낸 새로운 조달 환경 속에서, 지역별 수요의 방향을 읽고, 납품, 현지화, 장기 지원의 이행 기록으로 스스로를 증명해야 하는 해다. 신뢰는 계약서의 숫자가 아니라 데이터와 절차가 남긴 발자국에서 만들어진다. "빨리 만들고 오래 유지하는 힘"이 얼마나 체계화되어 있는가, 그것이 내년 한국 방산을 설명하는 가장 간결한 문장일 것이다.

제5장

금리 전망과 자산시장

INTRO	전 세계적인 자금 수요 과잉과 자산 가격 변동성 확대 간의 연결고리
01	통화정책, 기준금리 이외의 수단으로도 확대될까?
02	2026년 주식시장 전망: 지배구조 개선과 달러 약세가 이끄는 강세장
03	연준의 금리 인하에도 미국 장기금리의 추세적 상승 위험은 여전할 것
04	2026년, 무엇이 환율을 움직일까? 환율 변동의 Key Factor
05	경기는 나쁜데 집값이 오르는 이유

전 세계적인 자금 수요 과잉과 자산 가격 변동성 확대 간의 연결고리

INTRO

정문영 * 한국기업평가 금융부문 전문위원

경기침체 장기화에 트럼프 행정부의 압박이 가중되고 환율변동성이 확대되면서 실물경제의 어려움이 자산시장으로 전이되는 것이 아니냐는 불안이 제기되고 있다. 가능성을 배제할 수는 없으나 변동성 확대 및 기준금리의 영향력 약화는 전세계적인 현상이고, 다수의 선진국에서 경기침체가 나타나고 있으며, 원화는 비준비통화 중에서는 안정성이 높은 편이다. 2026년에도 한국의 주식과 서울 지역의 주택 가격은 상승세를 보일 가능성이 높다. 금리나 환율을 전망하기 위해서는 한국뿐 아니라 전세계적인 흐름에 대한 이해가 필요한 상황이다.

금융위기와 팬데믹을 거치면서 세계 주요국 정부의 부채 규모가 급증하였다. 이제 세계 자본시장은 정부 중심의 '자금 수요'가 저축에 의한 '자금 공급'을 압도하는 자금 수요 우위의 시장으로 전환되었다. 이제는 경기가 나빠 민간의 자금 수요가 줄어도 각국 정부의 자금 수요가 이를 압도한다.

미국 등 주요국 정부의 자금 수요 증가는 구조적인 요인에서 비롯된 것으로, 앞으로 상당한 기간에 걸쳐 지속될 전망이다. 이들은 해외 공급망 의존도를 낮추고 자국의 산업 경쟁력을 높이기 위한 재산업화reindustrialization, 기술혁신에 따른 데이터센터·공장 설비 건설 지원과 에너지 전환을 추진하고 있다. 팬데믹을 거치면서 강화된 복지, 고령화에 따른 저소득층 지원과 양극화 해소 비용도 늘어났다. 그리고 무엇보다 이자를 갚기 위한 지출이 기하급수적으로 증가하고 있다.

그런데 자금 공급이 이와 같은 자금 수요 증가를 따라가지 못하고 있다. 미국은 물가상승 위험 때문에 연방준비제도 이사회가 선뜻 채권의 보유량을 늘리는 양적완화QE로 전환하지 못하고 있으며, 주요국 전반에서 자국 국채 발행이 늘어나면서 외국인의 미국채 수요는 정체되고 있다. 노후를 위해 저축하던 사람들은 은퇴하면서 그동안 쌓아두었던 저축을 헐어 소비하기 시작했다.

장기금리, 특히 미국의 장기금리는 경기가 좋을 때 많이 상승하고, 경기가 나빠지면 조금 하락하면서 추세적으로 상승할 위험이 커지고 있다. 최악의 경우 경기가 나빠져도 금리가 상승할 수 있는데, 경제가 나빠지면 정부는 경기부양을 위해 오히려 국채를 더 발행해야 하기 때문이다.

정부부채 증가와 장기금리 상승 현상은 대규모 재정적자에도 불구하고 다시 한번 파격적인 감세 법안이 의회를 통과한 미국에서 가장 두드러지지만, 프랑스, 영국, 독일, 스페인 등 정부부채의 절대 규모가 큰 여러 나라에서 관찰된다. 중국에서는 금융시장의 특성상 장기금리 상승 현상을 관찰하기는 어렵지만, GDP 대비 정부부채의 상승 속도가 빠르다는 점(2019년 말 46.9% → 2025년 말 68.5% 추산)에서는 미국과 유사한 양상을 보인다. 향후 중국의 중앙·국유 상업은행은 미국 등 다른 나라 국채 보유는 줄이고, 자국 국채 보유를 늘릴 가능성이 높다.

중앙은행의 전통적인 통화정책은 기준금리라는 초단기 금리에 관한 결정을 통해 물가안정과 경제성장을 동시에 도모하고자 하는 것이었다. 그러나 전 세계적으로 만성적인 자금 수요 과잉이 존재하고 이에 따라 경기 침체 국면에서도 물가상승 가능성이 있다면, 기준금리 위주의 통화정책은 한계에 부딪히게 된다. 기축통화인 달러와 비준비통화인 원화의 사정이 같다고 할 수는 없으나, 장기금리가 전 세계적으로 구조적 상승세를 보인다면, 한국에서도 미국에서도 시간의 흐름에 따른 화폐 가치 하락 폭이 커질 것이고, 생필품을 포함한 물가 전반의 상승률이 높아질 수 있으며, 투자자들에게는 비화폐성 자산을 보유함으로써 인플레이션 위험을 낮추고자 하는 유인이 강해질 것이다.

한국은 여타 선진국에 비해 평균적인 소비자물가는 안정된 모습을 보이고 있으나(2025년 8월 전년 동월 대비 소비자물가상승률이 1.7%), 식료품의 경우에는 절대적인 가격 수준이 높은 가운데, 지구 온난화 등에 따라 빠른 속도로 가격이 상승하고 있다. 시장금리가 하락할 때마다 큰 폭으로 상승세를 보이는 서울 아파트 가격도 부담 요인이다.

이러한 상황을 고려하면, 한국에서도 기준금리 인하를 통한 경기부양은, 물가안정을 통해 원화의 구매력이 유지되고 한국은행이 충분한 안전자산을 보유한다는 전제하에서 비로소 의미가 있다. 앞으로 금융통화위원회는 기준금리나 GDP 성장률, 생필품 물가, 부동산 가격 추이, 환율 등 수치로 드러나는 거시경제 지표뿐 아니라, 그 이면에 있는 구조적인 요인에도 관심을 가지지 않을 수 없을 것이다.

미국은 기축통화 보유국이지만, '더 크고 아름다운 법안OBBA, One Big Beautiful Bill Act을 통과시키는 등 공격적인 감세와 재정 지출 확대를 지속하고 있다. 향후 10년간 재정적자가 3조 달러 증가할 것으로 예상되기에, 역시나 기준금리만으로 경기와 물가를 적정한 수준으로 관리할 수는 없을 것으로 전망된다.

연방준비제도가 트럼프 행정부의 요구를 더 적극적으로 수용하여 기준금리 인하 속도를 높인다고 하더라도, 기준금리 인하로 인한 이자 부담 경감만으로 국채 발행을 줄일 수 있는 단계는 넘어섰다. 미 의회예산국CBO에서는 관세 수입으로 인해 재정적자가 경감될 수 있으리라는 전망을 내놓고 있으나, 실제로 어느 정도 경감될지는 불확실하다. 기준금리 인하로 단기금리 하락은 유도할 수 있으나, 장기금리에 영향을 미치기는 어려우며, 기준금리가 시장금리에 미치는 영향이 제한적인 만큼 경기와 물가에 대한 영향력도 과거 대비 낮아진 상태이다.

국채 보유자의 구성이 바뀐 점도 통화정책의 영향력을 약화시키는 요인 중 하나다. 미국을 중심으로 살펴보면, 지난 10년간 외국 중앙은행이나 연방준비제도의 미 국채 보유 비중은 지속적으로 하락하였다. 전체 국채 발행 잔액 중 연기금과 보험사 보유 비중도 정체 상태이다. 늘어난 국채 발행 물량을 소화하고 있는 것은 미국인 개인과 일반 법인 및 뮤추얼 펀드다. 이들의 투자는 만기 보유를 목적으로 하기보다는 상대적으로 짧은 기간의 자본 차익을 목적으로 한다. 이들이 미국 국채 발행 잔액에서 차지하는 비중이 상승하면서 시장 상황에 따라 금리가 조금만 변동해도 국채 수요가 크게 변동하는 등 국채 수요의 민감도가 크게 확대되었다. 영국이나 일본, 한국에서도, 국채 보유자가 유사한 방향으로 변화하고 있다.

지난 7월 미 의회를 통과한 지니어스 법안은, 한편으로는 암호화폐 시장에서도 달러와 1:1로 교환이 되는 스테이블 코인이 거래의 매개가 되도록 유도해, 약화되고 있는 달러 패권을 다시 한번 강화할 수 있도록 하는 적극적인 조치다. 하지만 다른 한편으로는 단기 투자를 목적으로 하는 미국인 개인과 일반 법인 및 뮤추얼 펀드가 늘어나는 국채 발행을 모두 소화하리라 기대하기 어렵게 된 미국 정부가 늘어난 국채 발행을 소화하기 위해 내놓은 고육지책이라 볼 수도 있다. 즉, 미국 정부는 이 법으로 기존 SWIFT 은행망을 통해 합법적으로 거래하기 어려운 남미와 아프리카 일부 국가와 그 구성원에게도 달러 금융시장으로 통하는 문을 열어주어야 할 만큼 절박한 상황에 처해 있는 것이다. 기존에는 미국 내 개인·법인·기관이나 자금출처가 투명한 '정상국가'만이 금융기관을 통해 미국 국채에 투자할 수 있었는데, 이제는 신원정보가 파악되지 않는 외국인이 구입한 달러 스테이블 코인도, 미국 단기 국채의 중요한 수요 기반이 될 것이기 때문이다.

구조적으로 장기금리가 상승할 수밖에 없는 상황에서 세계 1위의 경제 대국인 미국이 기준금리 인하나 스테이블 코인 도입으로 단기금리의 인하를 유도하면, 금융시장의 민감도와 이자율 변동성은 상승할 가능성이 높다. 환율 및 달러의 가치도 높은 변동성을 보일 것으로 예상된다. 미국 정부가 관세 부과나 대규모 대미 투자 유치 등 달러 수요를 확대하는 정책만을 추진하는 것이 아니라 무역 상대국에 대해 통화 절상을 요구하는 등 달러 수요 감소로 이어질 수 있는 정책을 동시에 추진하고 있고, 고용 지표에서도 미국 경기 둔화 조짐 등 달러 약세 요인이 나타나고 있기 때문이다. 달러는 시기에 따라 강세와 약세를 반복하며, 세계 외환시장에서 변동성을 증폭시킬 것으로 예상된다.

미국 주가도 변동성을 보이면서 횡보하는 모습을 보일 가능성이 높다. 그동안 미국 주식 상승세의 원동력이 되었던 요인 중 달러 강세는 더 이상 기대하기 어려워졌고, 미국 기업의 과도한 주주환원도 지속이 어려운 상황에 부딪히고 있다. 혁신을 지속하는 일부 미국 기업에서는 주가 상승세가 이어질 수도 있지만, 주가지수 전반이 높은 상승세를 보일 것으로 기대하기는 어렵다.

그에 비하면 상법 개정으로 지배구조가 개선되어 (소액)주주에 대한 부의 배분이 활성화될 것으로 예상되는 한국 주식이 상승세를 유지할 가능성이 더 높다. 그동안 한국의 주식가격을 PBR 1 언저리에 묶어둔 것은 그 무엇보다 기업의 주요 의사결정이 지배주주 편향적으로 이루어지는 지배구조였는데, 상법 개정으로 시장의 공기가 바뀌고 있다. 2025년 7월 상법 개정이 이루어지고 오래지 않아 합병비율이 지배주주 편향적으로 결정된 한 대기업의 인수합병이 무산되었다. 1,423만명으로 늘어난 국내 주식투자자들의 목소리가 이제 시장에서 더 큰 영향력을 나타내게 된 것이다. 달러화 약세와 더불어 지배구조 개선은 일본에서 그랬듯 한국에서도 주가에 긍정적인 영향을 미칠 것이다.

상대적으로 국제 금융시장의 영향을 덜 받는 국내 부동산, 특히 서울 아파트 가격은 완만한 상승세를 이어갈 가능성이 높다. 한국에서는 인구의 절반이 수도권에 거주하고 있어, 시장금리가 조금만 하락해도 아파트, 특히 입지가 좋은 지역의 신축 아파트에 대한 수요는 많이 늘어나는 현상이 반복되고 있다. 그리고 이와 같은 현상의 반복은, 적어도 수도권에 거주하는 사람들 사이에서는 아파트를 소유해야 안정감을 느끼는, 심리적인 특성으로 나타난다. 2022년 이후 건설경기 침체가 본격화되면서 서울과 수도권에서도 주택 공급 물량이 많이 감소하였다.

정부의 6.27 대책 발표에 힘입어, 2025년 7월 이후 서울 아파트 가격이 안정화되는 모습을 보이고 있다. 하지만 서울 아파트에 대한 공급은 줄어들었는데 수요는 늘어난 상황이고, 전 세계적인 장기금리 상승에도 불구하고 2026년까지 한국의 3년 이하 만기 시장금리는 완만한 하락세를 보일 가능성이 높아서, 전국 차원의 건설경기 침체나 부동산 PF 부실화와는 별개로 서울 아파트의 가격 상승을 완전히 막을 수는 없을 것이다.

이 책의 제5장은 5개의 글로 구성되어 있다. 금융통화정책 부문의 권위자인 아주대학교 경제학과 김태봉 교수는 통화정책 수단으로서 기준금리가 갖는 영향력이 왜 약화되고 있는지를 설명하였고, 채권 시장 최고의 금리 전문가 중 하나인 신동준 박사는 전 세계적인 자금 수급 구조의 변화로 인해 장기금리 상승이 불가피하다는 점을 보였다. 주식시장에서 신뢰도 높은 전망을 꾸준히 내놓고 있는 신영증권의 김학균 리서치센터장은 달러 가치의 변동성이 높아진 상황에서는 이미 몇 년간 빠른 가격 상승을 보인 미국 주식보다는, 상법 개정을 통해 (소액)주주의 권리가 강화되고 있는 한국 주식이 상승할 가능성이 높다는 점을 지적하였다.

　신한은행의 오건영 프리미어 패스파인더 단장은 달러를 중심으로, 주요국 통화가 높은 변동성을 보일 수밖에 없는 구조적인 요인을 명쾌하게 제시하였다. 김덕례 주택산업연구원 연구실장은 심리적인 요인을 중심으로 2026년에 서울 요지의 주택 가격이 상승세를 보일 것으로 예상하는 이유를 제시하였는데, 대외 환경 요인의 변동성이 높은 상황에서 비화폐성 자산인 주택의 가치가 올라갈 수 있다는 점에서도 설득력 있는 주장으로 평가된다.

　독자들이 이 장에서, 지속되는 자산시장의 변동성을 헤쳐 나갈 지혜를 얻고 자산운용 전략에도 활용할 수 있기를 기대한다.

통화정책, 기준금리 이외의 수단으로도 확대될까?

김태봉 * 아주대학교 경제학과 교수, 전 KDI 연구위원

01

중앙은행의 전통적인 통화정책은 기준금리라는 초단기 금리에 대한 결정을 통해 물가안정과 경제성장을 동시에 도모하고자 한다. 다만, 통화정책은 물가 변동과 경기 변동에 대한 안정화 정책으로서, 물가상승이 경기 순응적일 때에만 효과적으로 작동한다. 경기침체와 물가상승이 동시에 나타나면, 통화정책으로 물가안정과 경기안정이라는 두 마리 토끼를 동시에 잡기 어렵다.

지금 한국경제는 물가안정과 경기안정의 상충 가능성이라는 문제 외에도 대내외 불확실성이 높은 상황에서 금융안정과 통화주권과 같은 다양한 도전에도 대응해야 하는 어려운 상황에 놓여 있다. 과연 기준금리 인하만이 현 경제 상황에 대한 효과적인 대

응일지 진지하게 고민할 시점이다.

2024년 4분기부터 시작된
기준금리 인하 배경

2020년 팬데믹 위기 이후 전 세계적으로 완화적인 통화정책에 따라 물가상승 압력은 2021년부터 가시화되었다. 우리나라의 경우, 통화정책은 2021년 8월 금리 인상을 통해 긴축 기조로 전환되었다. 기준금리는 2023년 1월에는 3.5%까지 인상되었는데, 이처럼 높은 수준의 기준금리가 2024년 9월까지 20개월 이상 유지되었다. 저금리 환경에 익숙하던 국내 금융시장에서 금리가 빠른 속도로 상승하자 레고랜드 사태와 같은 금융 스트레스 상황이 발생하기도 하였으나, 정부의 국고채 긴급 바이백과 한국은행의 공개시장매입 확대 등 다양한 유동성 조치로 인해 안정을 찾아갔다.

2024년 10월에는 한국은행이 기준금리를 3.25%로 25bp 인하를 단행하며 통화정책의 긴축 기조가 종료되었다. 이때 당시 금리 인하를 통해 통화정책의 방향이 완화적 기조로 전환할 수 있었던 배경에는 몇 가지 이유가 존재한다.

우선, 2022년 7월에 6% 이상 치솟았던 물가상승률이 그 이후 점차 하락하며 2024년 중반에는 비로소 목표물가상승률인 2%에 근접하기 시작하였다. 2024년 하반기 당시 물가상승률이 2% 내외를 기록하였을 뿐만 아니라, 2025년 물가상승률에 대한 전망도 1.9%*로, 한국은행은 수요측 물가상승 압력이 제한적인 가운데 유가도 낮아질 것으로 판단하여 향후 물가상승률이 목표 수준을 유지할 것으로 전망하였다. 또한 2020년부터 2022년 초까지 부동산을 중심으로 급격하게 확대된 가계부채도 2023년 이후에는 증가 속도가 GDP 성장률을 하회하는 등 부동산 시장이 안정화 추세를 보였다.

한편, 팬데믹 위기 이후 금리 인상기와 긴축 기조 당시 한국은행의 기준금리는 미국 연방준비제도의 기준금리에 비해 낮은 수준으로, 소위 한미 간 금리 역전 현상이 꽤 오랫동안 유지되었다. 이와 같은 역전 현상으로, 2021년 초만 해도 1,100원 내외였던 환율은 2024년에 1,300원 후반대까지 상승하였고, 2024년 말과 2025년 1분기에는 1,400원대 중반까지 상승하기도 하였다.

다행히 한미금리 기준금리 역전은 자본의 급격한 유출이 발생하거나 거시금융 안정성에 위협이 될 만한 요인으로 작용하지는 않았다. 미국 연방준비제도가 2024년 9월에 기준금리를 무려 50bp 인하하며 완화 기조로 전환하였다. 미국 연방준비제도의 향후 금리 인하에 대한 기대로 인해 환율 상승에 대한 압력은 해소되기 시작하였으며, 국내 통화정책의 금리 인하에도 정책적 여력이 어느 정도 마련되기 시작했던 것으로 볼 수 있다.

---

* 2024년 11월 한국은행 경제 전망.

또한 2024년 하반기는 지정학적 갈등이 지속되고 미국의 정권 교체기 등 대외적인 불확실성이 확대됨에 따라 주요 국가의 경기에 대한 전망이 다소 부정적으로 변해가던 시기이기도 하다. 이에 따라 한국은행은 내수 회복세가 미약한 가운데 수출 불확실성으로 인해 2025년에는 한국의 경제성장률도 다소 낮아질 것으로 전망하였다. 이러한 배경에서 한국은행은 기준금리를 3.5%에서 3.25%로 낮추며 금리 인하를 단행하게 되었다.

2024년 말에는 계엄선포 등 국내 정치 불안이 극도로 높아졌던 시기도 있었으나, 계엄 해제 결의와 대통령 탄핵 그리고 대통령 조기 선거 등을 통해 국내 정치는 비교적 빠르게 안정을 찾아갔다. 이와 같은 대내외 불확실성 하에서 한국은행의 금융통화위원회는 2025년 상반기까지 단계적 인하를 거듭하며 현재(2025년 9월 기준) 2.5%로 완화 기조를 유지해 오고 있다.

향후 금리 인하를 야기할 요인들

2025년 상반기에는 미국 트럼프 행정부가 본격적으로 관세 정책을 통한 무역분쟁을 확대하기 시작하였다. 2025년 초만 하더라도 국제기구와 한국은행 등 다양한 정책기관에서 관세율을 10% 정도로 예상하였다.* 하지만 트럼프 행정부의 출범과 더불어 무역분쟁이 본격화되던 3월 이후, 한국을 비롯한 세계 대부분의 국가에 대해 관세율은 10%를 상회하는 수준에서 결정되었다. 국제금융시장의 변동성이 확대되고 무역을 중심으로 경기 위축에 대한 우려가 더욱 깊어지게 되었다.

한국도 대미 수출의 불확실성으로 인한 경기 침체가 더욱 가속화될 것이라는 전망이 팽배하기 시작하며, KDI와 한국은행은 5월 중 경제 전망에서 모두 2025년 경제성장률을 1.0% 이하인 0.8%로 대폭 하향 조정했다.** 국내 경기는 건설투자를 중심으로 여전히 위축된 가운데 관세 정책의 영향으로 인한 대외 불확실성이 가중되며, 2025년 하반기 이후에도 기준금리를 인하할 필요성이 제기되고 있다.

미국 연방준비제도는 2024년 4분기의 인하 이후에 기준금리를 4.5%로 유지하고 있으나, 2025년 하반기에는 두 차례 정도 인하할 것으로 예상된다. 잭슨홀 심포지엄에서도 파월 의장은 최근 미국 노동시장의 고용 사정이 악화될 가능성에 대한 우려를 표명하며 금리를 인하할 것을 시사했다고 금융시장은 받아들이고 있다.

---

*   한국은행 경제 전망 핵심 이슈, 〈美 신정부의 관세 정책의 글로벌 및 우리 경제 영향〉, 2025. 2.
**   한국은행은 8월 중 수정 전망에서 2025년도 경제성장률을 0.9%로 소폭 상향 조정하였다.

향후 금리 인하를 제약할 요인들

금리 인하를 위해서는 물가안정이 필수적인 요소인데, 과연 물가 상승 불안 요인은 없다고 할 수 있을까. 우선, 1% 중후반대를 기록했던 2024년 하반기와 비교하면, 2025년 상반기의 물가상승률은 다시 상승하여 2% 초·중반대를 기록하고 있다.* 이재명 대통령도 취임 직후 비상경제점검 태스크포스 회의에서 먹거리 중심의 물가상승 확대가 우려된다고 표명한 바 있다. 소비자물가지수는 2020년 대비 5년간 16% 상승한 것에 비해, 식료품의 물가지수는 25% 상승하였다. 특히, 식료품 중에서도 5년간 높은 상승을 보인 품목들은 라면(25%), 빵(38%), 돼지고기(25%), 닭고기(35%), 고등어(28%), 오징어(32%), 사과(68%), 배(82%) 등이 있다.

    이와 같은 식료품의 전반적인 가격 상승은 공급측 요인으로 분류할 수 있기는 하나, 과거처럼 일시적인 변동이라고 치부하기 어렵다. 특히 농수산물은 지구 온난화에 따른 기후변화에 영향을 많이 받는다. 일례로, 오징어와 고등어와 같은 수산물은, 수온 상승으로 어획량이 심하게 감소했다. 축산물도 기후변화로 인한 질병 발생 빈도수가 올라가고 있어 물가상승 원인이 된다. 한편, 밀과 같은 식료품 원자재는 러시아-우크라이나 전쟁과 같은 지정학

---

* 7월 중 물가상승률은 소비자물가지수 기준 2.1%, 농산물및석유류제외(근원물가)지수 기준 2.3% 기록.

적 갈등으로 가격이 폭등하였는데, 라면이나 빵에도 사용되기 때문에 다양한 식료품 가격 상승의 원인으로 작용할 수 있다.

우리나라 식료품 물가는 OECD 37개국 중에서도 스위스에 이어 두 번째로, 최상위권 수준을 기록하고 있다. 높은 식료품 물가 수준의 원인으로는 영세한 농가의 비효율적 생산, 다단계 유통과정에 따른 산지가격과 소비가격의 괴리 심화, 소수의 도매시장법인 독점화에 따른 반시장적 가격 형성 등이 지목된다. 결국, 우리나라의 식료품 물가 부담은 단순히 일시적인 공급 요인의 해소를 기대할 수 없는 상황이며, 지정학적 갈등, 기후변화와 더불어 유통과정의 비효율성 등 구조적인 문제가 지속적으로 영향을 주는 것으로 보인다.

이처럼 식료품 가격의 상승이 아무리 공급측 요인이라고 하더라도, 지속적으로 상승한다면 결국 서비스 물가와 같이 수요측 요인에 따라 변동하는 것으로 알려진 가격에도 전가되어 전반적인 물가상승을 야기할 것이다. 이처럼 구조적 요인에 따른 물가상승 전이는 근원물가지수 기준 물가상승률이 좀처럼 하락하지 않는다는 사실로도 이미 나타나고 있다. 따라서 향후 한국경제가 경기 하강 국면에 진입하더라도 물가가 잡히지 않는 소위 스태그플레이션 위험에 빠질 우려가 지속적으로 제기되고 있다.

다음으로는 가계부채의 증가 가능성이 여전히 통화정책의 완화 기조, 즉 과감한 금리 인하를 제약하고 있다. 우리나라의 가계부채는 부동산담보대출 비중이 높아서, 부동산 가격 및 거래량에 따라 증감하는 특성이 있고, 통화당국도 부동산 시장의 추이와 그에 대응하는 정책들을 살펴볼 수밖에 없다.

2025년 상반기 중 서울 일부 지역을 중심으로 부동산 가격 상승이 확대되자, 정부는 담보대출 한도를 6억 원으로 제한하는 6.27 부동산대책을 발표하였다. 이와 같은 부동산 시장의 유동성 제한 조치는 어느 정도 효과를 발휘하여 일시적으로 가격 상승과 담보대출의 과도한 상승을 억제한 측면이 있다. 하지만 최근 서울 및 수도권 부동산 시장의 불안은, 향후 2~3년간 입주 물량의 급격한 감소로 인해 신규 공급 부족이 심화될 것이라는 전망에 기인하고 있다. 향후 정부의 적극적인 공급대책 발표 없이는, 2020~2021년과 같은 부동산 시장 과열이 언제든 재연될 가능성을 배제할 수 없다. 부동산 시장이 과열된다면 결국 가계 대출이 증가하여 금리 인하를 섣불리 단행하기 어려울 것이다.

마지막으로, 미국의 3대 가상자산 관련 법안*이 통과되며 국제금융 질서의 구조가 급속도로 변화하고 있다. 그중에서도 GENIUS 법안은 달러 스테이블코인에 대한 규제 법안으로서 스테이블코인의 사용성 확장을 통해 미국 국채에 대한 수요를 창출하고자 하는 미 정부의 의도를 담고 있다. 달러 스테이블코인은 기존 은행망과는 다른 결제 방식으로서, 자본 유출입에 대한 각국의 통제력을 약화시켜 통화 주권을 위협하는 중대한 변화로 인식

---

* GENIUS Act, Clarity Act, Anti-CBDC Surveillance State Act.

되고 있다. 거시금융 학계의 저명한 학자, 마르쿠스 브루너마이어도 2019년 논문에서 이미 '디지털 달러화digital dollarization'를 언급하며, 디지털 형태의 달러는 다른 국가들의 통화 주권을 심각하게 침해할 것을 경고하였다.

이러한 '디지털 달러화' 위협에 대응하려면 통화금융 정책의 구조적 변화가 필수적이다. 국내에서도 원화 스테이블코인 도입과 관련하여 활발하게 논의되는 등 나름의 대응 방안이 마련되고 있으나, 우리나라의 통화 주권 수호는 원화라는 화폐에 대한 대내외적인 수요를 얼마나 확보하느냐에 달려 있다. 원화 스테이블코인 도입은 새로운 결제 시스템으로서 부분적으로 사용성을 늘릴 수 있으나, 결국 자국인이든 외국인이든 원화를 사용할 동기는 원화라는 법정화폐의 상품 구매력과 가치 안전성에 기반할 것이다. 그리고 원화의 구매력은 통화정책이 물가를 얼마나 효과적으로 안정시키는지에 의해, 원화의 가치 안정성은 한국은행이 보유한 안전자산 규모에 의해 결정될 것이다. 물가안정과 충분한 준비자산에 대한 확신 없이 기준금리를 인하한다면, 국제금융시장에서 원화에 대한 수요가 감소하여 디지털 달러화를 더욱 가속할 수 있다.

2025~2026년 통화정책 방향

기준금리만으로 물가안정과 경기안정을 도모하는 전통적인 통화정책은 향후 다양한 구조 변화에 직면하게 될 것이다. 우선, 1970년대 이후 거의 경험하지 못했던 스태그플레이션 위험이 도사리고 있어, 통화정책의 딜레마가 심화될 것이다. 미국의 관세 정책으로 수출은 위축될 가능성이 있고, 건설투자를 중심으로 여전히 국내 경기는 회복세가 미약하여 2025년도 경제성장률은 1% 이내로 전망되는 등 한국경제는 경기 하강 국면에 진입했다고 볼 수 있다.

하지만 기후변화로 인한 공급축소 및 비용 상승, 유통시장의 비효율성, 수입 원자재 가격 상승과 같이 단기간에 해소되기 어려운 요인들로 인해 물가상승 압력은 지속될 것이다. 또한 서울 및 수도권을 중심으로 향후 아파트의 신규 공급이 부족하므로 부동산 시장의 과열과 더불어 가계부채 증가 가능성을 배제할 수 없다.

한편, 미국의 달러 스테이블코인이 법제화됨에 따라 국제금융시장 질서가 큰 변혁을 맞이하고 있으며, 우리나라를 포함한 세계 각국은 디지털 달러로 인해 세계 자금 수요가 달러와 미국 국채 위주로 집중되는 현상에 대응하고 통화 주권 수호를 위한 다양한 정책 방안들을 도입할 것으로 예상된다.

이처럼 구조 변화가 큰 시기에는 단순히 기준금리 조절이라는 수단뿐 아니라, 물가안정과 금융안정을 달성하기 위한 종합적인 통화금융 정책 및 다양한 제도적 방안에 대해 심도 있게 검토해야 할 것이다.

2026년 주식시장 전망: 지배구조 개선과 달러 약세가 이끄는 강세장

김학균 * 신영증권 리서치센터장

02

2026년에도 한국 증시는 상승세를 이어갈 것으로 전망된다. 한국 경제와 기업의 펀더멘털에 대한 우려에도 불구하고 주가가 오르는 모습이 나타날 것이다. 지배구조 개선에 대한 기대와 달러 약세에 따른 비달러 자산 선호 강화가 펀더멘털에 대한 우려를 상쇄할 것으로 보인다. 미국보다 한국 증시의 성과가 우위에 서는 흐름은 2026년에도 이어질 것으로 예상된다.

펀더멘털과 주가의 괴리

2026년 주식시장 전망을 위해서는 2025년 시장 흐름에 대한 복기가 필요하다. 2025년에 나타났던 주가 상승의 동력을 이해하지 못하면 2026년 장세에 대처하기가 쉽지 않을 것이다. 2025년에는 한국 증시의 절대·상대적 강세가 두드러졌다. 2025년 연초부터 8월 8일까지의 코스피 상승률은 33.7%로, 연간 상승률이 49.6%에 달했던 2009년 이후 가장 높은 상승률이었으며, 동시에 같은 기간 미국 S&P500지수 상승률 8.6%를 압도했다.

한국 증시가 나타낸 이런 상승세에 펀더멘털 개선에 대한 기대가 강하게 투영된 것 같지는 않다. 코스피는 2025년 4월에 연중 최저치를 기록한 이후 가파르게 반등했는데, 이 기간에 한국의 GDP 성장률 전망치나 상장사 이익 예상치는 거의 개선되지 않았다. 시장에서 형성된 2025년 GDP 성장률 컨센서스는 4월 초 0.8%(전년 동월 대비)에서 8월 초에는 1.0%로 소폭 개선되는 데 그쳤다. 신정부의 31조 원 추경 투입 효과로 성장률 전망치가 소폭 반등했으나 의미 있는 개선으로 보기는 어렵다. 2026년 GDP 성장률 컨센서스는 계속 1.8% 선에서 횡보했다. 2025년과 2026년 코스피 상장사 영업이익 전망치는 오히려 주가 반등이 나타나는 기간 내내 하향 조정돼 왔다.

주가는 펀더멘털(GDP, 기업 이익 등)과 밸류에이션(기업의 이익과 자산가치 등이 주가에 반영되는 정도), 유동성(주식을 매수할 수 있는 자금의 규모)의 함수이다. 2025년에 나타났던 상승세는 펀더멘털보다는 지배구조 개선 노력에 따른 한국 증시 재평가에 대한 기대(밸류에이션 상승)와 달러 약세에 따른 비달러Non-US자산에 대한 선호 개선(미국 이외 시장으로 유동성 유입)의 산물이었다.

지배구조 개선과 달러 약세에 따른 한국자산에 대한 선호 개선은 딱히 펀더멘털과 관련된 이슈가 아니다. 지배구조 개선은 기업이 벌어들인 부를 어떻게 나눌 것인가와 관련된 이슈다. 지배구조 개선과 기업 이익 증가의 인과성은 뚜렷하지 않다. 달러 약세에 따른 외국인 투자자금 유입도 환율 변동에 따른 국가별 선호의 기계적 변화를 반영하고 있다. 원/달러 환율이 하락하는 현상을 '원화 강세'로 부를 수도 있고 '달러 약세'로 부를 수도 있지만, 2025년의 흐름은 후자 쪽에 가까운 것 같다. 수출 호조와 기업 이익 개선 등 한국경제의 펀더멘털 호전이 동인이 되는 원/달러 환율 하락세는 '원화 강세'로 부를 수 있지만, 2025년은 이런 상황이 아니었다. 수출은 정체였고, 기업 이익에 대한 기대치는 줄곧 후퇴했다. 원/달러 환율 하락의 다이내믹스는 미국에서 나왔다.

최근의 달러 약세는 두 가지 이유에 기인하고 있다. 트럼프 행정부의 파격적인 감세에서 비롯된 재정적자 우려가 달러 약세를 불러온 한 축이다, 여기에 백악관 경제자문위원회 위원장인 스티브 미란이 쓴 글, 소위 '미란 보고서'로 불리는 '세계 무역체제 재구축을 위한 지침A User's Guide to Restructuring the Global Trading System'에 나와 있는 바처럼, 미국이 직면한 무역수지 적자 문제를 완화하기 위해서는 관세뿐만 아니라 약달러 환경을 만들어야 한다는 주장이 달러 약세를 이끄는 또 다른 축이다.

달러가 약해질 때는 미국 이외 지역 증시가 강세를 나타내곤 했다. 글로벌 유동성이 약해지는 달러로 표시된 자산을 피해 미국 밖으로 분산됐기 때문이다. 달러 약세는 미국 이외 국가의 금융 환경을 완화easing하는 효과를 만들어낸다.

2026년에도 지배구조 개선이라는 내부적 동인과 달러 약세라는 외부적 동인이 한국 주식시장에 긍정적인 영향을 줄 것이다.

지배구조 개선에 따른 코리아 디스카운트 완화 기대

2025년 7월, 상법 개정안이 국회를 통과했다 '이사의 충실의무를 주주로 확대', '전자주주총회 의무화', '사외이사 명칭을 독립이사로 변경', '감사위원 선출 시 3%룰 보완 적용' 등이 개정 상법의 주요 내용이다. 모두 지배구조 개선과 관련된 문제의식을 담고 있는 항목들로, 한국 주식시장에 획기적인 변화를 불러올 수 있는 변화라고 본다.

지배구조는 투자에 수반되는 '부수적인 조건'이 아니라 주식투자의 장기 성과를 결정짓는 '핵심적인 요인'이다. 지배구조는 기업에 이해관계가 있는 지배주주, 소액주주, 경영진, 채권자, 직원 등의 역학관계를 총칭하는 단어다. 기업이 사업에 자원배분을 하고, 영업활동을 하고, 벌어들인 이익을 어떻게 분배할 것인가를 결정하는 일련의 과정이 지배구조에 영향을 받는다.

기업이 돈을 잘 벌더라도 주주들에게 합당하게 분배되지 않으면 주가는 부진에서 벗어나지 못할 수 있다. (소액)주주 친화적이지 못한 지배구조는 한국 증시의 만성적 저평가를 의미하는 '코리아 디스카운트'를 불러온 가장 중요한 이유이다.

지배구조와 관련된 문제는 기업의 소유주가 실제 경영활동에는 참여하지 않는 경우에 대두된다. 증권거래소에 상장된 기업에 대해 누구든 주식을 매수함으로써 지분율에 해당하는 만큼의 소유권을 가지게 되지만, 대부분 기업의 경영활동에는 관여하지 않는다. 2024년 말 기준 삼성전자의 주주 수는 516만 명인데, 이들 중 절대다수는 주가 상승과 배당을 기대하면서 삼성전자 주식을 매수한 투자자일 따름으로 삼성전자의 일상적 활동에 참여하지 않는다.

기업의 활동은 회사에 고용된 임직원들이 수행한다. 기업에 고용된 임직원이 기업의 소유주인 주주들의 이해관계에 부합하는 활동을 하도록 독려하고 감시하는 역할을 맡은 이들이 '이사director'다. 그래서 이사는 주주총회에서 선출한다. 많은 나라에서 지배구조의 문제는, 회사의 소유주는 아니지만 실질적으로 운영을 담당하는 경영진(임직원)과 주주(이사회)의 역학관계를 지칭하는 경우가 많다.

한국의 지배구조는 독특하다. 기업의 주주들 중 극히 일부가 기업활동에 참여하는 경우도 있는데, 이들은 지배주주 또는 오너라고 불린다. 경영진도 사실상 지배주주가 임명하기 때문에, 한국의 지배구조 이슈는 실질적으로 회사를 지배하는 지배주주와 다수 소액주주의 이해 상충으로 나타나는 경우가 많았다.

오너 경영 그 자체는 장단점이 공존하는 경영방식이다. 신속한 의사결정, 장기적 관점에서의 기업 경영 등 오너 경영이 가진 미덕도 많다. 다만 기업의 주요 의사결정이 지배주주 편향적으로 이뤄졌다는 점도 부인하기 어렵다. M&A 과정에서 합병 비율이 특정 주주에게 우호적인 수준으로 결정되거나, 물적분할 후 두 회사가 동시에 상장되거나, 알짜기업의 헐값 공개매수와 상장폐지가 이루어지는 등 지배주주 입맛에 맞게 의사결정이 이뤄지면서 소액주주들이 피해를 본 사례가 너무도 많았다.

상법 개정만으로 모든 문제가 풀리지는 않겠지만, 이미 시장의 공기가 바뀌고 있다는 점이 중요하다. 합병 비율이 지배주주 편향적으로 결정된 한 대기업의 인수합병이 무산됐다. 상장 모회사의 자회사를 주식시장에 중복 상장하는 것도 이젠 쉽지 않은 일이 됐다. 자사주를 기초자산으로 한 교환사채를 발행해 지배주주의 영향력을 키우려는 움직임에 제동이 걸리고 있다. 상장사가 소액주주들의 이해관계에 배치되는 결정을 내리기 힘든 환경이 만들어지고 있는 것이다.

소액주주 친화적인 신정부의 정책 방향은 그대로 유지될 것이다. 주식투자 인구가 최근 수년 사이 비약적으로 늘어났기 때문이다. 2019년 말 618만 명이던 국내 주식투자 인구는 코로나 팬데믹 직후의 '동학개미 투자 붐'을 거치면서 2024년 말 1,423만 명까지 급증했다. 주식에 이해관계가 노출된 국민들이 많아졌기 때문에 정치의 영역에서도 이들의 목소리가 많이 반영되는 건 자연스러운 일이다.

한국의 지배구조 개선 움직임이 2013년 이후 일본에서 벌어지고 있는 '거버넌스 개혁'을 본떠 이뤄지고 있다는 점도 중요하다. 일본은 스튜어드십 코드와 거버넌스 코드 도입, 사외이사 제도 시행 등 나름의 지배구조 개선 작업을 이어가고 있다. 또한 도쿄 증권거래소는 '주가와 자본비용을 의식한 경영실천 방안 권고'라는 캠페인을 펼치고 있는데, 이는 2024년부터 한국에서 시행되고 있는 '밸류업 프로그램'의 원조 격인 정책이다. 이런 일련의 과정을 통해 주식시장이 장기 상승하면서, 일본인들은 지배구조 개선의 효능감을 만끽하고 있다. 한국의 지배구조 개선은 '누구도 안 가본 길을 걷는 일'이 아니다. 일본의 사례를 벤치마크하고 있기 때문에 한국의 지배구조 개선 노력이 실패할 가능성은 작다.

코스피가 많이 상승했지만 2025년 10월 1일 종가(3424포인트) 기준 12개월 예상 PER과 PBR은 각각 11.1배와 1.10배에 불과하다. 아직도 크게 디스카운트돼 있는 시장이다. 밸류에이션 배수multiple가 상승하면서 주가가 상승할 여력은 아직도 크다.

달러 약세가 만드는
미국 이외 지역 증시 강세

2026년에도 달러 약세가 지속될 것으로 전망한다. 2026년에도 한국 증시는 약달러의 수혜를 받을 것이다. 1970년대 이후 미국 달러화가 기조적으로 약세를 나타냈던 시기는 모두 세 차례 있었다. 세 국면 모두 미국 재정수지와 무역수지 적자, 즉 쌍둥이 적자에 대한 우려가 컸던 시기라는 공통점이 있다. 현재 상황과 매우 유사하다.

닉슨 대통령의 금 태환 중단 선언 이후 국제 화폐제도가 변동환율제로 이행하던 1971년 8월~1978년 8월에 나타났던 1차 달러 약세기에, 세계 주요 통화와의 비교를 통해 산정되는 달러 인덱스는 30.9% 하락했다. 이 시기 미국경제는 경기 침체와 인플레이션이 동시에 나타나는 스태그플레이션으로 고전했다. S&P500지수도 달러 약세가 나타났던 7년 동안 8.0% 오르는 데 그쳤다.

하지만 미국 이외 지역의 주식시장은 활황이었다. 대만 가권지수가 375.0%, 홍콩 항셍지수가 135.8%, 일본 니케이225지수가 109.8% 상승했다. 한국 코스피도 급등했다. 이 기간 중 코스피 데이터를 확보할 수 있는 1972년 2월~1978년에 코스피는 521%나 급등했다. 한국은 중동 건설 현상에서 벌어들인 오일머니가 유입되면서 경기도 나쁘지 않았다. 만성적인 경상수지 적자국이었던 한국이 중동 건설 붐에 힘입어 1977년 사상 최초로 경상수지 흑자를 기록했을 정도였다.

1980~90년대에 나타났던 2차 약세기(1985년 2월~1992년 9월)에 달러 가치는 52.4%나 하락했다. 2차 달러 약세 국면에서 미국경제나 주식시장도 비교적 좋은 흐름이었지만 미국 이외 국가의 상황이 더 좋았다. 이 기간에 S&P500지수가 97.2% 상승했지만, 대만 가권지수는 299.1%, 홍콩 항셍지수는 224.6%, 한국 코스피는 220.2%나 올랐다. 당시 한국경제는 3저 호황의 수혜를 누리면서 단군 이래 최고의 호황을 구가했다.

2000년대에 나타났던 3차 약세기(2001년 7월~2008년 4월)도 마찬가지였다. 달러 인덱스가 41.0% 하락하는 동안 S&P500지수는 13.1% 상승하는 데 그쳤다. 같은 기간 코스피는 206.7%, 홍콩 항셍지수는 97.4%, 대만 가권지수는 82.6%나 상승했다.

2026년에도 달러 약세 기조는 더 이어질 것이다. 쌍둥이 적자를 매개로 나타났던 과거 세 차례의 달러 약세 국면은 가장 짧았던 경우에도 6년 10개월 동안 지속됐고, 달러 인덱스 기준 최소 30.9%의 달러 가치 하락세가 나타났다. 미국의 재정적자, 무역수지 적자를 완화하기 위해 달러 약세를 유도하고자 하는 미국 정부의 적극적 의도 등을 고려하면, 2025년에 나타났던 하락 기간 8개월, 하락률 12.1% 정도로 약달러 시대가 끝났다고 보기는 어렵다. 3500억 달러에 달하는 대미 투자 부담 등으로 2025년 4분기에 원/달러 환율 상승세가 나타나고 있지만, 이런 흐름이 장기화되지는 않을 것이다. 미국은 달러 가치가 과도하게 고평가되어 있다는 점을 상기시키면서 한국 정부의 외환시장 개입 모니터링을 강화하고 있다.

달러 약세 국면에서는 미국보다 한국 증시에 투자하는 게 더 유리했다는 점을 다시 강조한다. 다만 최근 한국 증시의 상승세는 기업 이익의 증가 등 펀더멘털 개선에 대한 기대에 기반하고 있다기보다는 환율 변화에 따른 기계적 선호의 변화가 주된 이유라는 점도 잊지 않아야 한다. 펀더멘털에 대한 회의 속에 주가가 오르는 흐름이 이어질 것이다.

연준의 금리 인하에도 미국 장기금리의 추세적 상승 위험은 여전할 것

신동준 * 숭실대학교 금융경제학과 겸임교수, 경제학 박사

03

2025년 4월, 미국의 장기 국채금리 급등과 달러 가치 급락 등 국제금융시장의 탈달러화 흐름이 트럼프 미국 대통령의 폭주를 두 번이나 멈춰 세웠다. 4월 9일, 미국 장기국채 금리가 급등하자 트럼프 대통령은 상호관세를 발효 13시간 만에 90일 전격 유예했다. 22일에는 연방준비제도의 독립성 훼손 논란에도 불구하고 체계적으로 준비해 왔던 파월 연준 의장의 해고 계획에서도 한 발 물러섰다. 베센트 미국 재무장관은 지난 2월, "나는 연방준비제도에 금리를 내리라고 요구하지 않는다, 트럼프와 나는 10년 국채에 초점을 맞추고 있다"며 트럼프 행정부는 기준금리가 아닌 국채10년 금리를 낮추겠다는 의지를 피력한 바 있다.

지난 40~50년간 장기금리가 추세적으로 낮아진 배경은 전 세계적인 자금 공급 우위(과잉 저축)였다. 그러나 팬데믹 이후 막대한 정부지출로 인해 채권시장이 자금 수요 우위로 전환되면서, 장기금리가 추세적으로 상승할 위험이 커지고 있다. 장기금리 급등은 정부의 이자 부담을 높여 정부의 정책 여력을 제약한다. 미국은 막대한 정부부채 규모가 임계점을 넘어서면서 지속 가능한 성장과 패권 유지를 동시에 위협받고 있다. 그러나 이는 미국만의 문제가 아니다. 전 세계가 금융위기와 팬데믹 당시 급격히 확대된 정부부채의 후유증을 앓는 중이다.

트럼프 2기 행정부의 정책들로 인해 달러 자산을 보유하는 데 따른 위험이 커지고 있다. 미국은 소비시장과 안보를 앞세워 적대국은 물론 동맹국에도 관세와 방위비 등 막대한 비용 분담을 요구하고 있다. 정책 불확실성은 거시경제와 기업 이익을 전망하기 어려울 정도로 높아졌다. 미국 국채 투자자들은 소위 '마러라고 구상'에 따라 보유 중인 미국 국채를 언제든지 무이자 영구채로 교환해야 할지도 모른다는 의구심이 생겼다. 이는 모두 달러 자산 보유에 따른 위험 프리미엄(보상)을 높이는 요인이다. IMF에 따르면 전 세계 외환보유고의 달러 비중은 2001년 73%에서 2024년 57%로, 이미 트럼프 행정부 출범 이전부터 감소하는 중이다. 트럼프 2기 행정부의 정책들은 이러한 흐름을 가속할 가능성이 높다.

연방준비제도의 기준금리 인하와 만기2년 이하 단기 국채금리 하락에도 불구하고, 만기10년 이상 장기금리는 쉽게 낮아지지 않을 것이다. 세계 경제의 하방 위험이 커지면서 각국 정부의 재정지출과 국채 발행은 더욱 증가할 가능성이 높다. 장기금리의 추세적인 상승을 염두에 둔 자산관리가 필요한 시점이다.

정부의 자금 수요 급증, 기하급수적으로 증가하는 이자 지급액

2008년 금융위기 이후 팬데믹을 지난 2021년까지, 미국의 정부부채가 대폭 증가했음에도 GDP 대비 이자 부담은 오히려 감소했다. 국채금리가 추세적으로 하락하며 이자 비용을 낮춰줬기 때문이다. 미 국채10년 금리는 2012~2021년 10년 동안 평균 2.01%로 낮게 유지되었고, 2020년 8월에는 역사상 가장 낮은 0.51%까지 하락했다.

그러나 팬데믹과 함께 러시아-우크라이나 전쟁과 이스라엘-팔레스타인 전쟁이 발발하면서 급격한 인플레이션이 발생했다. 연방준비제도가 2022년 3월부터 가파른 속도로 기준금리 인상에 나섰음에도 인플레이션은 쉽게 진정되지 않았고 통화 긴축은 더욱 강화되었다. 그 여파로 주요국의 장기 국채금리가 급등했다. 이후 지속되고 있는 장기금리 급등은 이미 대규모로 불어난 정부부채에 따른 이자 부담을 빠르게 증가시키고 있다.

미국 의회예산국CBO에 따르면, 2025년 미국의 재정적자는

1.9조 달러로 GDP의 6.2%에 달할 전망이다. GDP 대비 정부부채 비율은 2025년 100%에서 2035년 119%로 증가할 것으로 전망된다. 제2차 세계대전 직후인 1946년의 106%를 훌쩍 넘어선다. 눈에 띄는 것은 이자를 갚기 위한 비용, 즉 '순이자 지출'이다. 순이자 지출은 2024년 8,811억 달러로 국방비 지출을 넘어섰다. 향후 10년 동안 재정적자의 무려 62%가 이자를 갚기 위해 사용된다. 저금리에 발행되었던 장기국채가 만기도래와 함께 고금리로 차환 발행되면서 이자 부담이 기하급수적으로 증가하고 있다. 이자 비용을 지불하기 위해 차입을 늘리면(국채를 발행하면) 채무와 이자 비용이 더 증가하는 악순환이다.

돈을 너무 많이 빌려 써서 생긴 문제이기 때문에 긴축이 필요하지만, 트럼프 2기 행정부는 그럴 생각이 없어 보인다. '더 크고 아름다운 법안One Big Beautiful Bill Act'이라고 이름 붙인 트럼프의 감세 법안과 재정지출 확대가 반영되면 향후 10년 동안 재정적자는 3조 달러가 더 증가할 것으로 예상된다. 물론 의회예산국은 트럼프 행정부의 관세율 인상이 지속된다면 향후 10년 동안 재정적자가 4조 달러 감소할 것으로 추정하고 있으므로 재정적자가 어느 정도 상쇄될 가능성은 있다. 그러나 이는 미국 국채10년 금리가 2025년 4.1%를 정점으로 2035년 3.8%까지 낮아진다는 가정을 깔고 있다. 세계 주요국 정부의 자금 수요 증가 추세와 부채 규모를 감안하면 비현실적인 가정이다.

2024년 말, 미 국채 발행 잔액은 28.6조 달러다. 팬데믹 이후

5년 만에 71%나 급증했다. 연평균 11.3%의 속도로 증가하는 중이다. 국채 공급(발행)이 기하급수적으로 증가할 수밖에 없는 구조라면, 결국 국채에 대한 수요가 그에 맞춰 증가해야 한다. 미 국채에 가장 많이 투자하는 주체는 외국인과 연방준비제도이다. 외국인의 미 국채 보유금액은 2024년 말 기준 8.5조 달러로 꾸준히 증가하고 있지만, 발행 잔액 증가 속도에 미치지 못하면서 미 국채 시장에서 외국인 비중은 금융위기 전후 55%에서 2024년 말 기준 30%로 줄었다. 연방준비제도의 국채 보유 비중은 2022년 초 25%까지 늘기도 했으나 2024년 말 기준 15%로 감소했다. 정부는 돈을 더 빌려야 하는데 외국인의 국채 수요는 줄고 있고, 연방준비제도는 보유한 국채를 줄이는 양적긴축$_{QT}$을 진행 중이다.

팬데믹 이후 이들의 빈 자리를 채운 것은 개인, 법인 등 미국 내 '기타' 투자자다. 2021년 말 6%에 불과하던 기타 투자자의 비중은 2024년 말 22%(6.0조 달러)까지 급증했다. 민간 부문에서 외국인을 제외하면 국채 시장 최대의 큰손 투자자다. 2022년 하반기 이후 개인들의 고금리 장기국채 투자가 폭발적으로 늘어나며 채권시장을 떠받치고 있는 현상은 미국도 우리나라와 마찬가지다. 포트폴리오 투자 중심의 기관투자자들에 비해 개인 투자자들의 수요는 경제와 금리 전망에 따른 민감도와 변동성이 상대적으로 높다. 전통적인 보험사, 연기금 등의 만기 보유 투자자가 줄고, 매매를 통한 자본 차익을 목적으로 하는 개인과 법인 투자자가 증가하고 있다는 것은 국채 투자자 저변의 안정성이 약화되었음을 의

미한다. 전세계적으로 '금리 발작tantrum'이 자주 발생하는 이유다. 향후 금리 변동성을 키울 수 있는 요인이다.

자금의 수급 구조가 바뀌고 있다

1980년대 이후 전 세계적으로 경제는 순환했지만 장기금리가 추세적으로 하락했던 이유는, 투자와 소비 등 '자금 수요'보다 과잉 저축에 따른 '자금 공급'이 많았기 때문이다. 채권을 발행하고 돈을 빌리려는 사람들보다 채권을 사거나 저축하려는 사람들이 항상 많았다. 그 영향으로 장기금리는 경기가 좋을 때 조금 상승하고, 경기가 나빠지면 많이 하락하면서 추세적으로 하락했다.

경기가 나빠 자금 수요가 줄면 장기금리는 하락한다. 그러나 지금은 민간의 자금 수요가 줄어도 정부가 빌려야 하는 돈의 규모가 이를 압도한다. 금융위기와 팬데믹을 거치면서 정부의 부채 규모가 급증했기 때문이다. 더구나 지금 미국 등 주요국 정부가 하고자 하는 것은 해외 공급망 의존도를 낮추고 자국의 산업 경쟁력을 높이기 위한 재산업화reindustrialization, 기술혁신에 따른 데이터센터, 공장설비 지원과 에너지 전환 등 과거에 비해 엄청난 돈이 필요한 투자다. 팬데믹을 거치면서 강화된 복지와 고령화는 저소득층 지원과 양극화 해소 비용을 더 늘렸다.

그리고 무엇보다 이자를 갚기 위한 지출이 기하급수적으로 증가하고 있다. 부채가 역대급으로 증가한 정부는 더 빌려야 하는데, 빌려줄 곳이 마땅치 않다. 중앙은행은 채권의 보유량을 줄이는 양적긴축QT을 진행 중이고 외국인의 미 국채 수요는 정체되고 있다. 노후를 위해 저축하던 사람들은 은퇴하면서 그동안 쌓아두었던 저축을 헐어 소비하기 시작했다.

장기금리가 경기가 좋을 때 많이 상승하고, 경기가 나빠지면 조금 하락하면서 추세적으로 상승할 위험이 커지고 있다. 최악의 경우 경기가 나빠져도 금리가 상승할 수 있는데, 경제가 나빠지면 경기부양을 위해 오히려 국채를 더 발행해야 하기 때문이다.

근본적인 위험은 임계점을 넘어선 정부부채, 미국만의 문제가 아니다

미국만의 문제도 아니다. 2024년 기준 GDP 대비 정부부채 비율이 100%를 넘는 나라들은 일본, 이탈리아, 미국, 프랑스, 캐나다, 벨기에, 스페인, 영국 등 8개국이다. 중국도 2027년이면 100%를 넘어설 전망이다.

2022년 9월 영국의 리즈 트러스 신임총리는 1972년 이래 최대 규모의 감세와 에너지 부문의 보조금 지급 등 재정 확대를 통한 경기부양책을 발표했지만, 영국의 국채10년 금리가 하루 만에 0.3%p 넘게 폭등하는 등 금리 발작을 일으켜 결국 정책을 철회했다. 2025년 8월 현재 영국의 국채30년 금리는 5.50%를 상회하며 1998년 이후 최고치를 기록하고 있다.

2025년4월 일본 재무성 역시 관세 충격과 고물가 대응에 따른 대규모 추경 편성을 계획했으나 일본 국채30년 금리가 급등하면서 국채 시장 불안을 이유로 추경 편성을 유보했다. 2025년 8월 일본의 국채30년 금리도 1999년 발행 이후 최고치까지 치솟으며 3.20%까지 올랐다. 우리나라 국채30년 금리보다도 0.5%p나 더 높은 수준이다. 정부부채의 심각성과는 거리가 있지만 독일도 3월 연방의회가 전후 최대 규모의 경기부양책 법안을 가결하면서 국채금리가 2011년 이후 최고 수준으로 급등한 바 있다.

연방준비제도 등 중앙은행의 기준금리 인하 전망에도 불구하고 미국, 영국, 프랑스, 이탈리아, 일본 등 GDP 대비 정부부채 비율이 100%를 넘는 나라들은 물론 대규모 정부지출이 예상되는 독일까지 주요 국가들의 국채30년 금리는 1998년 이후 또는 금융위기 이후 최고치를 경신하며 가파르게 상승 중이다. 기업의 부채와 자금조달 비용도 함께 커지고 있다.

미국과 함께 국채 및 외환시장과 관련하여 관심을 가져야 하는 국가는 일본이다. 일본의 국채30년 금리는 정부의 소비세 감면과 현금 지급을 위한 재정지출 확대가 이슈가 되었던 7월 참의원 선거 종료 이후에도 불안정한 상승추세가 이어지고 있다. 연방준비제도처럼 일본중앙은행BOJ도 2024년 8월부터 2026년 3월까지 국채 보유 규모를 약 8% 줄이는 양적긴축을 진행 중이기 때문이다.

최대의 매수 주체인 일본 생명보험사들은 유동성이 낮고 금리 변동성은 높은 초장기 일본국채 매수를 축소하는 중이다.

치솟고 있는 일본의 초장기금리 안정을 위해 미국 국채에 투자했던 일본 투자자들의 본국 환류 가능성이 새로운 위험 요인으로 떠오르고 있다. 11년 전인 2014년 10월 31일, 연방준비제도의 양적완화 종료 이틀 뒤 일본중앙은행은 장기국채 매입을 연 50조 엔에서 80조 엔으로 대폭 늘리는 대규모 깜짝 양적완화를 발표했다. 같은 날 일본 후생성은 1.8조 달러 규모의 세계 최대 연기금인 일본 공적기금GPIF, Government Pension Investment Fund의 포트폴리오를 변경하여, 일본 채권 및 유동성 비중을 65%에서 35%로 30%p 줄이고, 줄어든 비중만큼 해외증권(+17%p)과 일본 주식(+13%p) 매수를 대폭 늘리는 결정을 내렸다. 미국의 양적완화 종료로 미 국채 수요가 줄어든 상황에서 BOJ가 GPIF의 국채를 사주고, GPIF는 미 국채를 매수하는 그림이다.

이는 강력한 엔화 약세 동력으로 작용했는데, 당시 100~105엔 수준에 머물던 달러/엔 환율은 6개월 만에 125엔까지 급등했고, 이후 약 10년 동안의 추세적인 달러 강세를 형성하는 바탕이 되었다.

이후 일본의 생명보험사는 물론 전 세계 투자자와 기업은 약 10년 동안 안정적이고 추세적인 달러 강세에 베팅하며 미 국채와 주식 등의 달러 포지션을 쌓아왔다. 관성적인 달러 강세는 자연스럽게 투자와 무역에서 달러 노출 전략으로 이어졌다. 그러나 달러에 대한 신뢰를 훼손하는 트럼프 2기 행정부의 정책들로 인해 '달러는 계속 강할 것이며, 미국 금리는 항상 낮고 안정적일 것'이라는 확신이 훼손되기 시작했다. 달러가 강세를 멈추고 변동성이 확대되자 취약한 고리의 문제점들도 드러났다. 2025년 5월에는 미국 국채 투자를 늘려왔던 대만 생명보험사가 달러 약세로 손실을 보면서 달러 자산을 투매했는데, 이에 따라 대만달러TWD의 가치와 더불어 대만의 국채 및 외환시장 변동성이 급격히 상승하였다.

달러 강세에 따른 역 아시아 통화위험

연방준비제도의 기준금리 인하는 달러 약세 압력을 더욱 높일 것으로 예상된다. 이제부터 서서히 달러 자산 규모의 축소나 다각화 등 글로벌 포트폴리오 조정 압력이 시작될 가능성이 높다. 신흥 시장의 위험은 늘 과도한 달러 부채였다. 달러 부채가 많을 때는 달러 대비 자국 통화가 약세가 될 때 위험이 커진다. 상환해야 할 금액이 늘어나기 때문이다. 우리나라의 IMF 외화유동성 위기와 2008년 금융위기 모두 마찬가지였다.

그러나 현재 아시아 국가들은 대부분 순대외금융자산국으로 전환되었다. 대외금융 부채보다 자산이 더 많다는 뜻이다. 우리나라도 2016년 이후 순대외금융자산국으로 전환되어 현재 1.1조 달러의 순대외금융자산을 보유하고 있다. 따라서 원화 약세는 더 이상 심각한 위험 요인이 아니다. 원/달러 환율이 1,500원에 육박해도 큰 위험이 없었던 이유다.

오히려 앞선 대만의 사례처럼 예상치 못한 원화 강세는 해외 금융자산에 투자한 금융기관들의 평가손실 위험을 높여 금융안정을 저해한다. 2023년에 미국 실리콘밸리은행이 파산한 것도 미국 국채 평가손실 때문이었다. 지금은 자기자본비율규제 등의 적용을 받는 국내 금융기관들의 해외투자에 대한 위험관리가 필요한 시점이다.

전 세계가 금융위기와 팬데믹 당시 급격히 확대된 정부부채의 후유증을 앓는 중이다. 과도하게 늘어난 정부부채를 해결하는 방법은 크게 세 가지다. 첫째, 경제가 부채보다 더 빠르게 성장하면 시간이 지나면서 자연스럽게 부채 부담이 줄어들 수 있다. 트럼프가 감세와 제조업 부흥을 통해 해결하려는 방법이다.

둘째, 정부지출을 줄이거나 세금을 늘려서 빚을 조금씩 갚아나가는 방법이다. 2010년 남유럽 국가들이 재정위기를 탈출한 사례처럼 고통스러운 재정 긴축을 통해 장기간 해결해야 하는 과제다. 정치적으로 선호되기 어렵다.

셋째, 부채가 감당할 수 없는 수준이 되면, 결국 채무를 조정하거나 일부 탕감받는 상황에 이를 수도 있다. 일부 남미 국가들의 경우 채무 조정 또는 탕감이 이루어진 사례가 있다. 최근 미국이 안보와 소비시장을 지렛대 삼아 방위비 분담 또는 투자를 요구하거나, 외국인이 보유한 미국 국채를 무이자 영구채로 교환하도록 한다는 황당한 아이디어를 낸 것도 이러한 채무 조정의 맥락으로 이해할 수 있다.

마지막으로, 중앙은행이 양적완화를 통해 국채를 매입하여 해결을 미루는 방법도 있다. 그러나 그럴 경우 기대 인플레이션의 고삐가 풀리면서 나중에 더 큰 비용을 치러야 할 위험이 커진다.

관세 충격과 미국의 경기 둔화 위험이 점차 커지면서 연방준비제도의 기준금리 인하 전망과 함께 달러 약세 압력이 높아지고 있다. 대규모 감세 법안 통과 이후 연내 부채한도 협상이 마무리되면 미국의 국채 발행도 재개될 것이다. 경기 둔화를 가리키는 경제지표가 발표되면서 연방준비제도에 대한 기준금리 인하 압박과 차기 연방준비제도 의장 인선에 따른 중앙은행의 독립성 훼손 시도도 강화될 것으로 보인다.

우리나라도 재정 확대와 기준금리 인하 논의가 더욱 활발하게 진행될 가능성이 있다. 인플레이션과 국채 공급 이슈가 다시 확대될 수 있는 만큼, 트레이딩 목적의 장기국채 투자자라면 경기 둔화와 기준금리 인하 전망에 따른 장기금리 하락을 활용해 이익 실현의 기회로 삼을 것을 권고한다. 장기금리의 추세적인 상승을 염두에 둔 자산관리가 필요한 시점이다.

2026년, 무엇이 환율을 움직일까? 환율 변동의 Key Factor

오건영 * 신한 프리미어 패스파인더 단장

04

강세, 약세, 그리고 회복: 지속되는 달러 가치의 변동성

2024년 11월 트럼프 대통령 당선 직후, 글로벌 금융 시장은 매우 크게 요동쳤다. 특히 외환시장 쪽에서 움직임이 두드러졌는데, 트럼프의 관세 정책으로 전 세계의 부가 미국으로 몰리게 되고, 그런 관세 충격으로 다른 국가들은 매우 힘겨워질 것이라는 예상이 힘을 얻었기 때문이다. 미국으로의 자본 쏠림이 강화되면서 달러를 사들이려는 수요가 급증하였는데, 이 과정에서 달러는 급격한 강세를 나타내기 시작했고, 누구도 막을 수 없을 것처럼 보이는 미국 달러, 미국의 금융자산, 미국의 성장을 "미국 예외주의US exceptionalism"라는 단어로 일컫기도 했다.

그러나 이런 분위기는 2025년 4월 2일, 이른바 '해방의 날'에 발표된 전 세계 185개국을 대상으로 한 관세 부과로 인해 정반대로 꺾이기 시작했다. 대규모 관세로 전 세계가 충격을 받게 되면서 이에 대한 대응으로 미국과의 교역이 줄어들게 되고, 미국의 성장이 크게 위축될 가능성이 부각되었다. 또한 과도한 관세 부과의 압박으로 주요 교역국들과 관계가 악화되고, 이들 국가가 미국의 국채를 대규모로 매도하는 등 미국에서 자본 유출이 본격화될 수 있다는 우려감이 커지면서 "Sell America" 상황이 급격하게 나타나기 시작했다. 이 시기에는 미국의 주식, 채권, 달러 가치가 모두 하락하는, 매우 드문 트리플 약세 현상이 두드러지게 나타났다.

성장의 충격을 메우고자 트럼프 행정부는 신속하게 움직였는데, 6월의 미국 은행들을 대상으로 한 자본 규제 완화 정책을 시작으로, 7월 초 대규모 감세안을 담은 OBBBA 법안이 통과되었다. 규제 완화와 감세 정책이 관세가 야기한 미국 성장 충격을 완화하리라는 기대를 불러일으키면서, 2025년 7월 이후 달러 가치는 보합세를 보이고 있다. 당초 이례적 달러 강세에서 너무나 빠른 약세, 그리고 회복 과정에 이르기까지 트럼프 당선 이후 1년여 간의 외환시장 흐름은 변동성 그 자체였다고 할 수 있다. 이런 흐름은 2026년에도 이어지게 될까? 2026년 외환시장을 볼 때 핵심이 되는 핵심 요소Key Factors를 살펴보도록 하자.

달러 강세 요인:
관세수입과 투자유치에 힘입은 경제 성장 지속

2025년 달러의 방향을 좌우했던 미국의 성장 흐름은 여전히 2026년에도 가장 중요한 요소가 될 것으로 보인다. 트럼프 행정부는 감세를 통해 미국의 성장을 자극하려 한다. 그 과정에서 발생하는 재정적자의 부담을 다른 국가에 부과하는 관세를 통해 메우려 하고 있다. 베센트 미국 재무장관은 대규모 감세 정책으로 인해 향후 10년간 4조 달러 가까운 재정적자가 발생할 수 있다는 미국 의회예산국의 전망에 대해 연간 3,000억 달러 이상의 관세 수입을 10여 년간 이어가면 일정 수준 재정적자를 메울 수 있음을 강조하고 있다. 이는 급격한 재정적자의 증가를 수반하지 않은 미국의 성장이 가능할 수 있음을 보여주는 것인데, 지속 가능한 미국의 성장은 달러 강세의 가능성을 높이게 된다.

또한 트럼프 행정부는 유럽, 일본, 한국 등과의 관세 협상에서 미국 기업이 해당 국가 수출에 무관세를 적용하도록 하는 등 시장 개방을 압박했으며, 상당 금액의 대미 투자 역시 이끌어냈다. 방식이 확정된 것은 아니지만 EU의 경우 미국에 6,000억 달러, 일본은 5,500억 달러, 한국은 조선업 투자 1,500억 달러를 포함, 총 3,500억 달러를 미국에 투자할 것이라는 가이드라인을 발표한 바 있다. 물론 투자 방식과 투자가 집행되는 시기 등이 특정되지 않았기에 여전히 불확실성은 남아 있지만 3개국 투자 금액 총합이

1.5조 달러 수준이라면, 이 중의 일부만이 실행되더라도 미국의 성장을 자극하는 데 긍정적 영향을 줄 것으로 보인다. 또한 투자 국가들의 통화를 팔고, 달러를 매입해서 미국에 투자가 진행되는 바, 앞서 언급했던 달러 강세 압력을 높일 수 있다.

달러 약세 요인 1:
노동 수요 감소로 드러나는 성장 둔화 징후

미국 성장에 대한 기대는 달러 강세 압력으로 작용할 수 있다. 그렇지만 달러 약세의 요인 역시 적지 않다. 우선 미국 고용 시장의 흐름이 심상치 않다는 점에 주목할 필요가 있다. 지난 2020년 코로나 사태 이후 강력한 경기부양을 통해 미국의 고용 시장은 전례를 찾기 어려운 인력난을 겪은 바 있다. 1명의 구직자를 대상으로 평균 2개의 일자리가 열려 있었으니 직장을 골라서 선택할 수 있는 상황이라 해도 과언이 아니었다. 그러나 2025년 9월에는 1명의 구직자 대상 일자리 숫자가 1개가 채 되지 않는 상황으로 바뀌었다. 노동에 대한 수요가 빠르게 줄어들었다는 의미인데, 이는 탄탄한 흐름을 보이던 미국의 고용 시장이 차갑게 식을 수 있다는 우려를 반영하고 있다. 예상보다 빨리 미국의 성장 둔화가 현실화한다면 이는 달러 약세 요인이 될 수 있다.

달러 약세 요인 2:
기준금리 인하

트럼프 행정부는 지나치게 높은 연방준비제도(이하 '연준')의 기준금리가 성장을 둔화시키고 있다는 입장이다. 연준의 적정 기준금리가 3.0% 수준인데 4.25~4.5%에서 반년 이상 이어지는 연준의 고금리 기조는 미국의 강한 성장을 억누르고, 최근 빠르게 늘어난 미국의 국가 부채 관련 이자 부담을 더욱 확대하는 악재라는 것이다. 연준의 고금리는 주택담보대출 금리에도 영향을 주는데, 여전히 6%대 후반을 가리키는 모기지 금리로 인해 미국의 주택 거래량은 꽤 부진한 흐름을 이어가고 있다. 이에 트럼프 대통령은 지난 1기 당시 연준을 압박했던 수준을 크게 뛰어넘어 연준 파월 의장을 "Mr. Too Late!"라고 힐난하는 등 직접적으로 비난하고 있다.

그럼에도 연준은 고용의 극대화와 함께 물가의 안정이라는 두 가지 목표를 달성해야 하기에 신중할 수밖에 없다. 성장 둔화 가능성도 부담스럽지만, 트럼프의 고율 관세가 낳을 인플레이션 우려도 결코 간과할 수 없다. 여전히 연준의 목표치인 2.0%를 훌쩍 넘어선 물가상승률을 보면서 연준은 성장의 둔화보다는 물가안정에 방점을 두며 기준금리를 높게 가져가려는 것이다.

이런 연준의 완곡한 대응에 트럼프는 연준 내 금리 결정의 핵심이라 할 수 있는 연준 이사들을 전체적으로 압박하고 있으며, 2026년에는 지역 연방은행 총재들의 교체에도 영향을 행사할 것으로 보인다. 시장은 이를 "연준의 독립성 훼손"으로 받아들일 수 있는데, 단기적으로는 연준의 기준금리 인하 가능성을 높이지만 다소 먼 미래에는 좀처럼 줄어들지 않는 물가에 대한 부담을 자아낼 수 있다. 다만 트럼프 행정부의 의도대로 연준이 기준금리 인하를 재개한다면 달러 약세 국면이 재개될 수 있다.

달러 약세 요인 3:
무역상대국에 대한 통화 평가 절상 요구

아울러 트럼프 행정부가 직접적으로 무역 상대국 통화의 평가 절상을 요구한다면, 이 역시 2026년 환율의 움직임에 큰 영향을 줄 수 있다. 2025년 5월 국내 투자자들은 트럼프 행정부 MAGA 정책의 수장이라 할 수 있는 스티브 미란 CEA 위원장이 작성했던 보고서에 주목한 바 있다. 해당 보고서에서 스티브 미란은 미국은 구조적인 무역 적자의 늪에서 헤어나지 못하는 기울어진 운동장에 놓여 있다고 말한다. 무역 적자가 늘어나면, 해당 국가의 통화 가치가 약해지면서 수출 경쟁력이 생겨나고 수입이 자연스럽게 줄어드는 조정의 과정을 거치지만, 교과서와는 달리 미국이라는 국가의 성장이 워낙 두드러지고 미국 투자의 매력이 높다 보니 무역 흑자국들이 자국 통화를 매도하고 달러를 매입해서 미국에 지속적으로 유입, 달러 강세를 유지하고 있다는 것이다. 이에 각국을 관세를 통해 압박하면서 교역 대상국의 통화 강세를 요구할 필요가 있음을 강조하는데, 상대 국가 통화의 강세는 미국의 통화, 즉 달러의 약세를 의미한다.

앞서 언급했던 미국의 강한 성장, 그리고 이로 인한 미 달러화의 강세는 미국의 무역 적자를 더욱 확대시키는 부작용을 낳는다. 미란의 코멘트를 참고한다면, 무역 협상 과정에서 상대국에 대한 통화 절상 요구는 수시로 나타날 수 있다. 실제 2025년 5월에는 미중 무역 협상 과정에서 위안화 강세가 조건이 될 수 있다는 점이 부각되면서 위안화, 대만 달러, 그리고 국내 원화까지 단기간에 급격한 강세를 보였던 바 있다. 고용 성장 둔화를 감안한 미국 기준금리 인하와 더불어 무역 상대국에 대한 통화 절상 요구는 2026년에 달러 약세를 가져올 수 있는 가장 대표적인 요인이라 할 수 있다.

달러 강약세의 반복이 불러올
세계 금융시장의 변동성

이상의 내용을 종합해 보면, 트럼프 행정부가 미국경제의 성장을 강화할 것이라는 기대는 달러 강세로 이어질 수 있다. 그러나 우선 트럼프 행정부는 과도한 달러 강세를 경계하며, 이로 인해 무역 적자가 더욱 많이 늘어나는 데 대한 반감 역시 상당하기에 타국을 압박, 달러 약세를 유도하려는 의중을 수시로 드러낼 수 있다. 아울러 미국의 고용 시장이 급격하게 둔화할 가능성에 근거, 미국 연준의 금리 인하가 시장의 예상보다 빠르게 진행될 수 있는데 이는 달러의 약세를 지지하는 요인이 될 수 있다.

지금까지는 미국 트럼프 행정부의 정책이 어떻게 환율에 영향을 미치는지에 집중했다. 다만 환율은 상대가치인 바, 미국의 움직임 외에도 다른 국가의 대응 역시 환율의 변화에는 영향을 주게 된다. 트럼프 행정부는 주요 교역국 대상으로 고율 관세 압박을 가하고 있으며 일본, 유럽, 한국 등은 15% 관세율에 합의를 한 바 있다. 관세율 상승은 기본적으로 미국으로 수출하는 제품의 가격을 높이기에 수출국의 가격 경쟁력을 낮추는 악재가 될 수 있다.

관세로 인한 가격 경쟁력 상실의 충격을 만회하기 위해 각국은 어떤 대응을 할 수 있을까? 대표적인 것이 환율 전쟁이다. 일본이 15%의 관세를 부과받아 수출 경쟁력이 떨어졌을 수 있지만, 엔화가 그만큼 달러 대비 약세를 보인다면 가격 경쟁력을 제고하는 데에는 큰 도움이 될 수 있다. 통화의 절상 국면에서도 환율 전쟁은 나타날 수 있는데, 내 나라 통화가 10% 절상되면 그만큼 자국 수출품의 대미 수출 가격이 높아지는 효과가 생긴다. 그러나 만약 수출 경쟁국 통화는 20% 절상되었다면 어떨까? 물론 통화 절상 자체로 나타나는 가격의 상승이 수출 실적에는 타격을 줄 수 있지만, 다른 국가 대비 제한적 절상을 겪었기에 그 충격이 타국보다는 약하게 나타날 수 있다.

트럼프 행정부는 각국에 관세 인상과 함께 달러 약세를 실현하기 위해 상대국 통화 절상을 요구할 것으로 보인다. 다만 통화 강세를 받아들일지라도 다른 수출 경쟁국 대비 자국 통화의 강세 속도가 더 강하게, 그리고 빠르게 진행된다면 관세 충격과 함께 수출의 성장 위축이 주는 타격이 매우 크게 나타날 수 있다. 달러 대비 강세가 불가피하다 하더라도, 미국의 다른 주요 교역국보다는 통화 약세를 유지하고자 하는 움직임이 예상된다.

실제로 지난 2011년에는 전 세계적인 달러 약세가 진행되었는데, 전반적 강세 기조를 보이던 주요 교역국들이 자국 통화의 절상 속도를 수출 경쟁국보다 늦추는 형태의 환율 전쟁에 나섰던 바 있다. 급격한 자국 통화의 절상을 받아들이게 되면 수출 성장이 크게 위축될 수 있다. 이 경우 내수 소비 성장을 일정 수준 자극하기 위해, 그리고 자국 통화 가치의 절상 속도를 제어하기 위해 주요 교역국 중앙은행은 기준금리 인하에 나설 것으로 보인다.

지금까지 2026년 글로벌 환율에 영향을 줄 수 있는 주요 요인을 짚어보았다. 트럼프 행정부 2년 차를 맞아 미국의 성장 기대가 다시금 강해질 수 있다는 점은 수년간 이어져 온 달러 강세 기조가 여전히 남아있음을 의미한다. 그러나 강했던 고용의 둔화 시그널과 연준의 금리 인하 가능성, 과도한 달러 강세가 무역 적자의 누적으로 이어지지 않도록 막으려는 트럼프 행정부의 노력은 달러 약세를 불러올 수 있다. 한편 대미 관세 정책 대응의 일환으로 자국 수출 성장을 제고하려는 각국의 환율 전쟁 움직임은 달

약세의 속도를 제어하는 요소가 될 것으로 보인다.

    트럼프 당선 이후 이어졌던 1년여 간의 높은 환율 변동성은 뚜렷한 방향성보다는 달러 강약세의 반복을 만들어낸 바 있다. 이런 외환시장의 변동성은 2026년에도 유효할 것으로 보인다. 이 글에서 다룬 요인들에 대한 주의 깊은 모니터링이 필요하다.

경기는 나쁜데
집값이 오르는 이유

05

김덕례 * 주택산업연구원 주택연구실장

한국인은 부동산 소유, 내 집 마련에 집착이 강하다

글로벌 리서치 회사 입소스IPSOS가 발표한 〈IPSOS HOUSING MONITOR 2025〉*를 보면, 한국인은 부동산에 대한 집착이 매우 강하다.

조사 결과에 따르면, 30개국 평균 기준으로도 주택 소유자가 임차인보다 더 행복하다. 다음 그림에서 보듯이 주택 소유자는

---

* 세계 30개 국가를 대상으로 국민들이 부동산에 대해 가지고 있는 생각을 조사해 발표한 보고서.

그림11 | **주택 소유와 행복감**

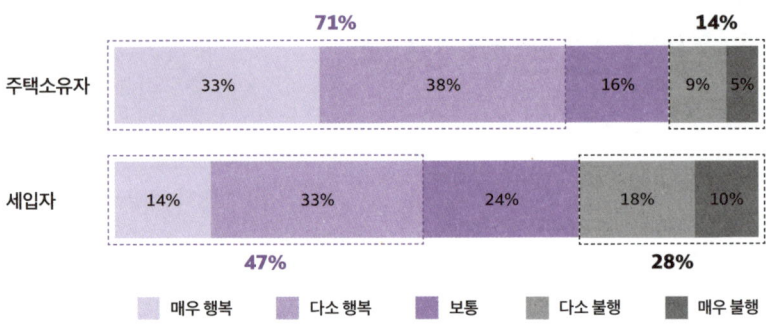

출처: IPSOS, 2025.2, 〈Ipsos Housing Moniter 2025: A 30-Country Global Advisor Survey〉

71%가 행복하다고 응답했지만, 임차 가구는 47%만이 행복하다고 응답했다. 임차인보다 주택 소유자가 더 행복하다고 생각하기 때문에 사람들은 내 집 마련을 원하는 것이 아닐까.

　내 집 마련을 희망하는 사람들의 비중은 세계 30개국 평균 기준으로 전체 인구의 73%에 이른다. 100명 중 73명은 집을 가지고 싶어 한다는 의미다. 그러나 한국 사람의 내 집 마련 희망 비중은 80%로 세계 평균보다도 7%p나 높다. 미국(70%), 영국(71%), 독일(70%), 일본(36%)보다 높다. 한국인의 자가 보유의식은 자가 보유의식이 매우 낮은 일본인보다는 2.2배가 높다.

　특히 한국 사람 중 62%는 집이 있어야 안정감을 느낀다. "내 집이 없으면 안정감을 못 느끼는가?"라는 질문에 한국 사람은 62%가 동의했다. 영국(55%), 미국(49%), 독일(45%), 일본(36%)보다 높은 동의율이다. 결국 한국 사람은 주택 보유의식이 높을 뿐만 아니라, 집이 있어야 삶의 안정감을 느낀다는 점을 알 수 있다. 이러한 이유로 한국은 부동산 소유에 대한 집착이 조사국 중에서 가장 높다. "부동산 소유에 매우 집착하는가?"라는 질문에 일본인은 26%, 미국인은 25%, 독일인은 28%, 영국인은 30% 정도가 동의했다. 그러나 한국인은 67%가 동의했다. 이러한 국가적 차이가 한국 주택시장에 영향을 미치고 있다.

한국 사람은 집을 갖고 싶어 하는 경향이 뚜렷하다. 국토부가 매년 발표하는 주거실태조사(2023년 기준)를 보면 한국 사람의 주택 보유의식은 87%다. 즉 한국 사람 100명 중 87명은 집을 가지고 싶어 한다는 의미다. 자기 집에 살고 있는 사람의 98%, 전월세 가구의 73%(전세 81%, 보증부 월세가구 69%)가 내 집을 가져야 한다고 생각한다. 그러나 주택을 보유하고 있는 가구는 60.7%(자가점유율 57.4%)*에 불과하고, 무주택 가구는 962만 가구에 이른다. 전월세 가구의 주택 보유의식을 적용해 보면, 무주택 가구 중 집을 가지고 싶어 하는 가구가 700만 가구를 넘는다는 계산이 나온다. 집을 가지고 싶어 하는 모든 가구가 집을 보유할 수 있는 것은 아니지만, 시장에는 내 집 마련 수요가 여전히 많은 것을 알 수 있다. 이러한 이상과 현실의 차이가 주택시장 불안 및 집값 상승의 주요한 원인으로 작동하고 있는 것이다.

---

* 2023년 주거실태조사 결과이며, 집을 보유하고 있지만 전월세 임차 가구로 살고 있는 가구도 있기 때문에 자가보유율과 자가점유율에 차이가 있다. 소득이 높을수록, 지방으로 갈수록 자가보유율과 자가점유율은 높게 나타난다.

한국인의 도심 아파트 사랑, 도심의 아파트값은 오른다

한국 사람은 집을 가지고 싶어 한다. 그것도 도심의 아파트를 가지고 싶어 한다. 입소스의 조사 결과 한국인이 선호하는 주거지는 도심 내 아파트가 55%로 월등히 높다. 그다음 선호 주거지는 도심 내 단독주택(18%), 교외 지역의 단독주택(11%), 교외 지역 아파트(8%), 농촌지역 단독주택(4%) 순이다. 이를 분류해보면, 아파트 선호 비중은 63%, 도심지 선호 비중은 73%로 세계 평균 대비 두 배가량 높은 수준이다. 세계적으로 단독주택을 선호하는 비중이 64%로 높고, 아파트를 선호하는 비중은 30%에 불과하다. 도심 내 주택을 선호하는 비중은 43% 정도이며, 교외나 농촌지역을 선호하는 비중이 51%로 더 높다. 다른 나라와 달리 도심 아파트에 대한 한국인의 사랑이 결국 도심 아파트값 상승을 이끄는 것이다.

집을 갖고 싶다는 열망, 도심의 아파트였으면 좋겠다는 희망, 오래전에 지어진 것보다는 새로 지어진 집이었으면 좋겠다는 바람 등으로 특정 지역의 집값은 계속 오르고 있다. 여기에 아파트 키즈로 불리는 MZ세대, 30대의 본격적인 주택시장 진입은 이러한 현상을 더욱더 가속화시킨다. 이뿐만 아니라 K-POP에서 비롯된 한국의 세계화, 국제화로 서울 아파트를 향한 관심은 국내에 거주하고 있는 외국인을 넘어서 전 세계로 확산되고 있다.

2025년 상반기에 서울 아파트값은 전년 말 대비 3.4% 상승했다. 같은 기간 동안 전국 아파트값은 −0.1% 하락했으며, 서울을 제외한 대부분 지역이 하락세를 보였다. 경기도 지역도 -0.3% 하락했다. 광역시 중에 울산이 0.1% 상승하면서 강보합세를 보였다. 지방에서는 세종 아파트값이 1.3% 올랐다. 대선을 거치면서 대통령실 및 국회, 행정수도 이전 등과 같은 정책 기대감으로 실수요자와 투자자들의 기대 심리가 크게 증가하면서 거래량이 늘어난 결과로 보인다. 전주시의 아파트값 상승세가 두드러지면서 도 지역에서는 전북 아파트값이 유일하게 0.2% 상승했다.

약보합을 보이고 있는 경기도에서도 지역에 따라 가격 흐름이 완전히 다르게 나타났다. 2025년 상반기에 과천시 아파트값은 7.8% 상승했다. 성남 2.5%(분당 3.5%), 하남 1.1% 상승 외에 안양시, 의왕시, 용인시, 수원시 등 일부 지역 아파트값이 미미한 상승을 했다. 서울 아파트값도 지역에 따른 편차가 있다. 2025년 상반기에 가장 아파트값이 많이 오른 지역은 강남 3구다. 송파구 10.2%, 서초구 8.7%, 강남구 8.4%가 올랐다. 6개월 동안 아파트값이 3% 이상 오른 지역은 강동구(5.0%), 마포구(5.3%), 용산구(4.8%), 성동구(5.7%), 광진구(3.4%), 양천구(4.4%), 영등포구(3.2%), 동작구(3.8%) 등이다.

주택 상품에 따라 가격은 다르게 움직인다

지역에 따라 편차를 보이는 아파트 가격과 달리 단독주택 가격은 전국적으로 오르고 있다. 서울시의 단독주택 가격이 가장 많이 올랐다. 2025년 상반기에 1.2%가 올랐다. 2월 0.18% 상승에서 6월 0.26% 상승으로 상승 폭이 확대되었다. 2017년 이후 연간 1% 미만의 미미한 상승세를 보이던 서울 단독주택 가격은 2017년 3.2%, 2018년 6.6%, 2019년 4.4%, 2020년 4.2%, 2021년 4.7%로 높은 상승세를 보였고, 2022년 이후 1~2% 내외의 상승세를 꾸준히 이어가고 있다. 금리인하 기대감, 전세시장 회복, 재건축 단지에 대한 기대감, 주택 공급 부족 등 요인이 복합적으로 작용한 결과로 보인다. 특히 단독주택은 대지 지분이 넓고 신축에 따른 개발이익도 기대할 수 있어 투자 수요도 꾸준하다.

전세 가격은 서울, 경기도 지역을 중심으로 오르고 있다. 아파트는 물론 단독, 연립까지 전세 가격이 상승하고 있지만 그 상승 폭은 매매가보다 미미하다. 신규 입주 물량 부족 등으로 2020년에 급등하던 전세 가격이 2022년 미국 기준금리 인상과 전세사기 여파로 하락 전환되었다. 2024년부터 매매가격 상승과 더불어 눌려 있던 전세 수요 급증으로 전세 가격도 상승세로 돌아섰으나, 금리 하락과 전세의 월세 전환 증가로 2025년 전세가 상승 폭은 제한적이다. 지방은 약보합 선을 보이면서 안정적인 흐름을 띄고 있다.

월세 가격은 2020년까지 하락했지만, 2021년 이후 지속적으로 상승하고 있다. 2021년 계약갱신청구권과 전월세상한제 도입으로 집주인은 4년 치 월세 인상분을 선반영하는 현상이 나타났고, 2022년 기준금리 인상에 따른 대출금리 상승과 2023년 전세사기

여파로 인한 전세의 월세 전환 수요까지 겹치면서 월세는 5년째 상승하고 있다. 아파트 월세뿐만 아니라 단독 다가구의 월세도 서울·수도권을 중심으로 계속 오르고 있다. 금리 하락과 전세사기에 따른 월세 전환 수요가 늘고 있는 상황에서, 주요한 월세 매물인 비아파트 공급이 크게 감소한 결과로 보인다.

주택시장에는 다양한 상품이 있다. 입지, 유형(아파트, 단독, 연립, 오피스텔), 규모(소형, 중형, 대형), 건축연도(구축, 신축), 개발기대감(재건축, 재개발 등 정비사업, GTX 등 교통망 신설, 정부 정책사업) 등 다양한 요인이 복합적으로 작용하여 상품의 최종 가격이 결정된다. 거시 측면에서 장기적인 흐름을 살펴보면, 집값은 경제성장이나 소득 증가에 비례해서 상승하는 경향이 있다. 공급 부족 상태에서 빠른 소득상승이나 저금리 상황이 오면 집값은 급등하게 된다. 그렇지만 미시적으로 들여다보면, 사람들이 살고 싶어 하는 주거지의 집값은 경기 상황이 좋지 않더라도 주택 수급과 소비자 선호에 따라 오르는 경향을 보인다.

2026년 집값은
상승 압력이 축적된 상태

한국주택학회 이사를 대상으로 2026년 집값 전망에 대한 설문조사를 한 결과, '상승할 것이다' 54%, '보합세를 보일 것이다' 30%,

'하락할 것이다' 16%였다.* 2026년에 집값이 오를 것이라는 의견이 우세하다.

주택시장은 경제 상황, 금리, 정부 정책, 주택 수요와 공급 요인에 영향을 받는다. 2025년 경제성장률은 0.9%로 전망되고 있지만, 새 정부 출범으로 경기회복 기대 심리가 형성되고 있다. 2026년 경제성장률이 1% 중후반대에 머물 것으로 여러 기관에서 예측하는 만큼, 경제 상황은 2025년보다 개선될 것으로 보인다. 이는 2025년보다 개선된 집값 상승의 원인이 될 수 있다.

금리 인하 기대감도 집값 상승 전망에 영향을 미친다. 기준금리는 2025년 1분기까지 3% 체제를 유지하다가 2월 25일 3%에서 2.75%, 5월 29일에는 다시 2.75%에서 2.5%로 낮아졌다. 2022년 10월 기준금리를 3%로 인상한 지 32개월 만에 최저 수준이다. 소비자물가안정, 실물경기 둔화, 글로벌 통화완화 등이 주요 원인으로 작용한 것으로 보인다. 이러한 경기 흐름 속에서 기준금리 인하 기대감이 여전하므로 집값 상승 원인이 될 수 있지만, 가계부채 증가 부담으로 주택담보대출 금리는 좀처럼 낮아지지 않고 있어 집값 상승에 미치는 영향은 과거만큼 크지 않다.

특히 6.27대책과 같은 정부의 강력한 대출 규제 정책으로 단기적인 영향은 축소될 수 있다. 대출 규제와 같은 수요 억제 정책은 단기적으로 주택거래를 위축시키고 주택시장 관망세를 이어지게

---

* 조사는 2025년 7월 23일부터 30일까지 8일간 진행되었으며, 69명이 응답하였다.

한다. 다만 과거 노무현 정부, 문재인 정부 시기의 대출 규제 정책 효과는 3~6개월에 불과했고, 일정 기간이 지나면 집값이 다시 상승했기 때문에 집값 상승 여지는 여전히 있다.

가계부채 관리와 집값 안정을 위한 정부의 강력한 정책 대응이 예고되는 만큼, 금리인하가 이연될 가능성도 있어 금리 영향력은 크지 않을 수 있다. 그러나 정부가 강력한 수요 억제 정책을 내놓는다고 해도, 가계부채 증가로 기준금리 인하 폭이 제한되고, 금리 하락 폭이 크지 않더라도, 금리가 상승세가 아닌 것만으로도, 주택 가격은 상승 흐름을 보일 수 있다. 시중 유동성도 크게 증가한 상황이다. 통화량 지표(M2)를 보면, 2022년에 3,746조원이였던 규모가 2025년 8월에는 4,409조원으로 크게 증가했다. 유동성 증가에 따른 자산가격 상승압력이 높아진 상태인 것이다.

주택시장의 수요가 증가하고 있다. 30세 도달인구와 결혼인구가 증가하고 있다. 지난 문재인 정부 기간(2017~2021년)의 30세 도달인구는 연평균 67만 명 정도였다. 2022년에 74만 명, 2023년 75.3만 명, 2024년 74.3만 명으로 증가했고, 2025년에도 73.5만 명에 이를 것으로 전망되고 있다. 30세 도달인구는 2026년 73.7만 명으로 소폭 늘어나고, 2027년 71.6만 명, 2028년 70.2만 명으로 2028년까지는 70만 명을 상회할 것으로 보인다.

결혼 건수도 2023년 19.4만 건이었으나, 2025년에 증가할 것으로 보인다. 2025년 4월 기준(7.8만 건) 상황을 고려해 보면 2025년에 결혼 건수는 20만 건을 상회할 것으로 예상된다. 이혼 건수도 늘고 있으며, 1인 가구도 증가하고 있다. 이러한 사회적 변화가 주택 수요 증가로 이어지면서 집값 상승의 원인이 되고 있다.

인구는 2020년 5,184만 명을 정점으로 감소하고 있다. 그러나 주택 수요 단위인 가구 수는 2041년까지 꾸준히 증가할 것으로 전망된다. 소득상승과 집값 급등기에는 아파트 분양 등을 목적으로 가구 수가 평년보다 크게 늘어나는 경향이 있다. 2020년 전후 집값 급등기에 내 집 마련을 위한 독신가구 급증으로 실제 가구가 추계 가구보다 큰 폭으로 증가한 사례가 있다. 집값 급등기인 2021년에 실제 가구는 54만 가구가 증가했으나, 집값이 하락하면서 2024년에는 실제 가구 증가가 27만 가구로 크게 감소했다. 2022~2024년의 연평균 실제 가구 증가는 32.7만 가구로 2020~2021년 실제 연평균 가구 증가 46.4만 가구의 70% 수준에 불과하다.

따라서 향후 집값 상승세가 이어질 것이라는 전망이 확산하면, 지난 3년간(2022~2024년) 독립하지 않았던 가구가 아파트 분양 등을 위해 일시에 독립하면서 주택 수요가 크게 증가할 수 있다. 주택 수요 증가는 집값 상승의 원인이다. 누적된 가구 증가 적체분, 꾸준히 늘고 있는 가구, 30대 도달인구의 증가와 결혼인구의 증가는 주택 수요 증가로 이어진다.

외국인 가구와 외국인 주택매입 증가도 주택시장 수요 증가로 이어지면서 집값 상승 원인이 되고 있다. 2024년 기준으로 체류 외국인이 265.1만 명, 등록 외국인은 142만 명이다. 142만 명은 대전광역시 수준의 인구 규모이다. 즉 대전시 주택규모 정도가 외국인을 위해 필요하다는 의미이기도 하다. 외국인 대부분은 비아파트에 살고 있지만, 아파트에 거주하는 비율도 12.7%나 된다. 장기 거주 외국인이 빠르게 증가하고 있기 때문에 외국인이 많은 지역의 집값은 상승 압력이 더 높아지게 된다. 외국인 주택 보유도 2022년 8.3만 호에서 2024년 10만 호로 20%가 증가했다. 외국인 가구 증가와 주택매입 증가는 주택 수요 증가로 이어져 결국 집값 상승 원인이 된다.

주택 수요는 늘어나고 있는데, 신규 주택 공급은 줄어들고 있다. 집값 상승의 또 다른 원인이다. 주택 수요를 고려할 때, 매년 전국적으로 50만 호+@의 주택 공급이 필요하다. 문재인 정부(2017~2021년) 하의 연평균 주택 공급은 인허가 54만 호, 착공 52.1만 호, 분양 31.9만 호, 준공 52.3만 호에 달했다.

금리상승과 전반적인 경기 부진, 부동산 PF 건전성 관리 대책 등으로 2022년부터 착공 물량과 분양 물량이 크게 감소하기 시작했고, 2023년부터는 인허가 물량도 43만 호 정도로 줄어들었다. 분양 물량은 20만 호 정도를 간신히 넘기는 수준으로 공급되었다. 인허가·착공·분양 물량의 감소가 준공 물량의 감소로 이어지고 있다. 매년 50만 호를 넘는 준공 물량이 공급되었으나, 2022년부터 2024년까지 45만 호 내외가 준공 공급되었고, 2025년에는 30만 호가 조금 넘게 준공 공급될 것으로 보인다.

주택 공급은 시차가 있다. 인허가를 받고 착공하면 아파트는

2~3년, 단독·다가구 등 비아파트는 6개월~1년 정도 후 시장에 준공 물량으로 공급된다. 그러나 최근 고금리 상황의 지속과 부동산 PF 건전성 관리가 강화되면서 브릿지론과 본 PF 조달에 어려움이 커져 공급 지연이 나타나고 있다. 또한 6·27 대책의 영향으로 주택자금 조달에 어려움이 커지면서 공급제약 요인으로 작용하고 있어, 주택 공급 지연은 더 심화될 것으로 보인다.

결과적으로 1995년부터 계속 상승하던 주택보급률은 수요 대비 공급 부족이 누적되면서 2019년 104.8%(전국)를 정점으로 하락하기 시작했다. 최근 가구 증가세가 현저히 하락하면서 전국 주택보급률이 약간 상승해 2023년에는 102.5%를 보였다. 그러나 서울의 주택보급률은 2023년 93.6%로 계속 하락하고 있을 뿐만 아니라 지금까지 100%를 넘은 적이 없다. 서울은 품질을 떠나서 주택이 양적으로도 부족하다는 의미이며, 집값 상승의 원인이기도 하다.

아파트 착공 물량 기준으로 보면 서울 지역에서의 주택 공급은 2017~2022년에는 연평균 4.7만 호였지만, 2022년 4.5만 호, 2023년 2.2만 호, 2024년 2.2만 호로 크게 줄었다. 2025년 상반기에는 1.1만 호 착공에 그쳤다. 이러한 공급 속도라면 2025년에도 아파트 착공 물량은 2만 호 수준에 그칠 것으로 보인다. 주택보급률이 낮은 서울에서 주택 공급도 크게 줄고 있다.

반면에 주택 수요는 꾸준히 늘고 있다. 주택 공급량의 부족, 새집에 대한 선호, 새로운 주택구매 수요의 증가로 서울 집값은 오른다. 거시상황과 정책 요인으로 주택 가격이 일시적인 하락과 보합을 보이더라도 장기 추세상 주택 가격을 보면 아파트 중심으로 서울 집값과 좋은 주거지라는 평가를 받는 지역(지방 포함)의 집값은 오른다. 오래되고 낡은 집의 값은 내려가더라도, 다양한 커뮤니티 시설과 편익시설을 갖춘 좋은 입지의 아파트값은 오른다.

공급 부족이 누적된 상황에서 경기 개선과 금리 하락이 예견되는 만큼, 2026년 집값은 서울·수도권 아파트를 중심으로 오를 것으로 전망된다. 다만, 지역에 따라 주택 수요와 주택 공급의 특성, 그리고 주택보급률(주택 재고 상황)이 다르고 정부 초기, 강력한 투기 억제에 대한 정책 의지가 있기 때문에 집값의 방향이 지역과 상품 종류에 따라 다르게 나타날 수 있음을 간과해서는 안 된다.

에필로그

경제추격지수로 본 세계 경제와 한국경제: 한국의 1인당 소득 추격 정체, 중국의 미국 추격 대폭 감속, 인도의 일본 추월

신호철 * 한남대학교 경제학과 부교수 | 이근 * 서울대학교 명예교수

추격지수는 무엇인가

1인당 GDP와 그 증가율은 주어진 기간 동안 한 국가의 경제 성과를 보여주는 지표다. 그러나 이 두 값으로는 한 국가가 미국의 1인당 소득 대비 몇 퍼센트 수준에 도달했는지 보여주기 어려우며, 국가 간 격차가 어느 정도 줄어들고 있는지도 보여주지 못한다. 따라서 최상위 선진국과의 소득 격차 정도와 그 변화를 보여주기 위해서는 두 가지가 필요하다. 첫째, 각국의 1인당 소득이 최상위 국가와 얼마나 차이가 나는지를 보여주어야 한다. 둘째, 그 차이가 어느 정도 줄거나 확대되었는지 변화율을 보여주어야 한다. 이를 반

영한 지표가 추격지수와 추격속도지수다.

각국의 경제 성과를 평가할 때, 소득 수준의 차이에 추가하여 그 나라의 상대적 경제 규모도 중요하다. 1인당 소득으로 표현되는 소득 수준은 한 국가 내 국민 개개인의 후생 수준을 대표한다. 반면 전 세계 총생산 대비 각국의 경상 GDP가 차지하는 비중으로 표현되는 각국의 경제 규모는 해당 국가의 경제적 위상, 즉 경제력을 대표한다. 1인당 소득 수준뿐만 아니라 국가의 경제력도 함께 고려하는 것이 국가의 경제 성과를 설명하는 데 더 적절하다.

경제추격연구소에서 개발한 추격지수catch-up index는 1인당 소득 수준 이외에도 경제 규모를 기초로 해서 전 세계에서 경제 비중이 가장 큰 나라인 미국 대비 각 나라의 경제 비중과 그 비중이 얼마나 빠르게 확대되는지를 나타내는 변화율을 모두 지수화해 국가성장의 다양한 면모를 다각도에서 정확하게 포착하는 데 목적이 있다.

이제 2025년 4월에 발표된 IMF 세계 경제 통계(2025, 2026년 예상치 포함)를 기초로 도출된 추격지수를 중심으로, 한국과 주요국의 추격-추월-추락을 분석하고 전망하고자 한다.

한국경제의 추격과 추월

시장환율을 기준으로 했을 때, 한국의 1인당 소득은 2025년 3만 4,642달러로 전년 대비 4.1% 감소할 전망이다. 이는 2024년 말부터 이어진 정치적 혼란과 그에 따른 소비 위축, 2025년 초반의 환율 상승으로 인한 달러표시 국민소득 환산액 감소 등이 원인이다. 그러나 구매력을 고려한 환율PPP(2025년 기준 1달러는 905원)을 사용하면, 2025년 한국의 1인당 GDP는 5만 5,800달러로 전년 대비 1.2% 증가할 전망이다. 이를 기준으로 했을 때, 추격의 중요한 지표인 미국 대비 1인당 소득 비율은 2025년 73.1%로 작년과 거의 비슷한 수준을 유지하고 있으나 2020년부터 73% 수준에 머무르고 있어, 사실상 최근 5년간 미국경제에 대한 추격이 멈춘 수준이라고 볼 수 있다.

따라서 이전 《한국경제 대전망》 시리즈에서 언급했던 미국 대비 1인당 소득 비율 70% 내외가 한국경제의 추격이 돌파하여야 할 벽이 되고 있다는 가설이 계속 유효하다고 볼 수 있다. 더불어 일본은 2000년대 초반 70%대를 기록하다가 현재 60% 초반대로 9%p 정도 하락했고, 독일도 2010년대 초반 90%대를 기록하다가 현재 80%대 초반으로 하락한 것에 비추어보면, 우리나라도 70%대를 최고점으로 이후 하락할 가능성도 있는데, 최근 5년 동안 정체일망정 하락 현상은 아직 나타나지 않았다.

반면 일본과 유럽에 대비해서는 한국이 추격 및 추월을 지속하고 있는데, 한국은 2018년에 일본을 추월한 이후, 2024년 118.9%, 2025년 119.1%로 추월 추세를 지속하고 있다. 유럽에 대해서도 구매력을 고려한 환율 기준 2025년 1인당 GDP가 한국 5만 5,800달러, 영국 5만 4,556달러, 프랑스 5만 6,240달러로 한국은 영국을 추월하고 프랑스의 소득에 거의 근접하였으며, 2026년 1인당 GDP는 한국 5만 6,685달러, 프랑스 5만 6,652달러로 한국이 프랑스를 추월할 것으로 전망된다. 독일과의 소득 격차도 2020년 23%에서 2025년에는 11%로 감소될 전망이다. 경상 GDP 기준으로 2025년 한국 3만 4,642달러, 일본 3만 3,956달러로 한국이 일본보다 더 높아질 전망이며 영국은 5만 4,949달러, 프랑스는 4만 6,792달러, 독일은 5만 5,911달러로 전망된다.

즉, 한국은 최근 미국에 대한 추격은 거의 정체된 상태이지만, 적어도 미국과 유사한 수준으로 1인당 GDP가 성장하고 있기 때문에 미국에 비해 성장률이 뒤처지고 있는 일본과 유럽에 대한 추격 및 추월은 지속하는 상황이다. 1990년대 이후 IT, 소프트웨어, 인터넷 기반 비즈니스를 거의 독점한 미국이 AI 분야에서도 다른 선진국을 앞서가면서 선진국 내부에서도 미국 독주 현상이 나타나는 것에 대해 많은 논의가 있지만, 한국 역시 일본이나 유럽처럼 미국보다 성장세가 뒤처지지 않도록 다각도의 노력이 필요하다.

2025년 소득수준 추격지수의 순위는 일본 33위, 영국 23위, 한국 22위, 프랑스 21위, 독일 16위로 전망되며 2026년에는 한국과 프랑스만 순위를 바꿔 한국이 21위, 프랑스가 22위를 기록할 것으로 예상된다.

한편, 경상 GDP로 본 세계 경제에서 차지하는 한국경제의 비중은 2020년 이후 원화 가치 하락, 경기 침체, 인구 감소 등의 효과로 지속적 하락 추세인데, 2020년 2.1%의 비중으로 세계 9위였지만 2025년과 2026년에는 1.6%의 비중으로 세계 10위권에서 하락하여 13위를 기록할 전망이다. 즉, 최근 캐나다, 러시아, 브라질 등이 한국을 추월한 이후 2025년에는 요새 유럽에서 잘나가는 스페인마저 한국을 추월하면서 전년 대비 순위가 1계단 하락하였다.

2024년 한국의 원화 기준 실질 GDP 성장률은 2%로 전년도의 1.6%보다는 높았지만, 원화 가치가 전년 대비 4.4% 하락하면서 달러를 기준으로 한 세계 전체 GDP에서의 한국 비중은 전년도와 같은 1.7%에 머물렀다. 2025년은 2024년 12월 이후 계엄-탄핵-대선으로 이어지는 정치적 혼란의 여파로 내수가 부진하고 미국의 보호무역주의 강화 등 대외적 악조건이 겹쳐 실질 GDP 성장률이 2020년 코로나 위기 이후 최저 수준인 1% 내외에 그칠 것으로 예상된다.

따라서 이전 《한국경제 대전망》 시리즈에서 예측한 한국의 '세계 경제 비중 2%'가 넘기 어려운 벽이라는 가설이 점점 굳어지고 있으며, 그 벽에서조차 점점 멀어지고 있다. 다만 새 정부가 출범하고 정치적 혼란이 수습되면서 2025년 초 1,450원 수준까지 올랐던 원/달러 환율이 1,300원대 후반으로 내려오는 것은 긍정적 신호이며, 이후 새 정부의 경기부양책과 경제정책의 성과에 따라 한국의 GDP 비중이 지속적으로 하락할지, 아니면 반등의 계기를 맞게 될지가 결정될 것이다. 2025년 경제 규모 예상 순위는 미국, 중국, 독일, 인도, 일본, 영국, 프랑스, 이탈리아, 캐나다, 브라질, 러시아, 스페인, 한국 순이다.

그림12 | **주요국의 미국 대비 1인당 실질소득 비율 변화 추이**

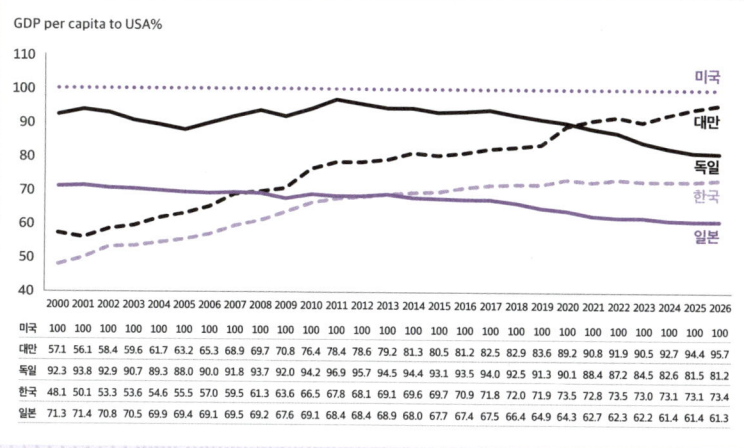

출처: 경제추격연구소

경제 규모의 추격

인도는 2000년만 하더라도 세계 경제에서 차지하는 GDP 비중이 1.4%로 우리나라보다 낮은 13위였으나 이후 빠른 경제성장으로, 2008년부터 한국을 추월하였고 2024년에는 미국, 중국, 독일, 일본에 이어 5위를 차지하였으며 2025년에는 일본을 제치고 4위로 올라설 전망이다. 이후 2028년에는 독일도 제치고 3위로 올라설 것으로 예측된다. 여기에는 2023년 이후 세계 최고 인구 대국이 될 만큼 꾸준한 인구 증가와 중위연령 28세의 상대적으로 젊은 인구 구성 등이 영향을 미쳤다. 소득 측면에서도 구매력 고려 환율기준 미국 대비 1인당 GDP가 중진국 함정의 기준인 20% 수준을 벗어나지는 못했지만, 꾸준하게 증가하여 2000년 5.6% 수준에서 2025년 13.6% 수준으로 증가한 것이 영향을 준 것으로 보인다.

소득 측면에서 중국은 중진국 함정에 빠지지 않고 지속적으로 미국을 추격하고 있다. 구매력 고려 환율기준 중국의 미국 대비 1인당 GDP는 2021년 29.2%에서 2025년 32.5%를 기록할 전망이고, 2026년에는 33.5%로 증가할 것으로 예상된다. 이 추세라면 2035년 미국 대비 40%를 돌파할 것으로 예상되어, 상대 소득 기준으로 고소득 국가로 진입할 것으로 예상된다. 시장환율로 평가한 중국의 1인당 소득도 2025년 1만 3,687달러로 세계은행 기준 고소득 국가 기준에 근접하여 이제 중국은 이미 고소득 국가라는 견해도 나오고 있다.

이러한 중국의 소득 추격은 중국이 부가가치 측면에서 미국의 두 배에 달하는 세계 최대의 제조업 국가이고 특히 태양광, 전기차, 드론, AI 등의 첨단산업에서도 미국을 앞질렀거나 바로 뒤에서 추격할 정도로 혁신역량과 기술 수준을 높였기 때문이다. 또한 중국은 2023년 GDP 대비 정부부채 비율도 84%로 미국(123%)보다 낮아서, 고정자산 및 혁신 투자 등에 사용할 재정 여력이 상대적으로 풍부한 점도 이점이라고 볼 수 있다.

반면 규모 면에서 추격의 지표인 세계 경제에서의 중국 비중은 2021년 18.8%를 기록한 이후 제로 코로나 정책의 부작용, 부동산 경기 침체 등으로 하락하여 이후 반등하지 못하고 있다. 2024년과

2025년에는 17.2%이고 2026년에는 17.4%를 기록하여, 규모 면에서의 미국 추격이 정체된 것으로 볼 수 있다. 이와 같은 상황은 경제적 투키디데스 함정이라고 부를 만하다. 중국이 2001년 WTO 가입한 이후 세계 제조업과 무역을 장악하며 빠르게 성장한 반면, 미국은 2008년 이후 몇 년간 글로벌 금융위기로 휘청거렸다. 이 시기 동안 중국은 미국을 급속하게 추격하였는데 미국의 경상 GDP 대비 중국의 경상 GDP 규모는 2006년 20%에서 2013년 58%로 증가해, 이 시기 동안 중국은 매년 미국과의 격차를 5%p 이상 줄였다.

이런 추세가 지속되었으면 이미 중국의 경제 규모가 세계 최대가 되었을 것이다. 그러나 중국의 빠른 추격에 위기를 느낀 미국은 2010년대 후반부터 즉, 바이든 시기부터 중국에 대한 견제를 본격화하여 관세 부과, 첨단기술 이전 금지 등의 조치를 취했다. 이런 조치가 중국 내부의 부동산 버블 붕괴 등과 겹치면서 중국의 미국 대비 경제 규모가 2021년 76.8%에서 2023년 65%로 추락하였고, 이어서 2025년에는 63%로 추락하였다.

그러나 미국 역시 세계 경제에서의 중국경제 비중을 지속적으로 낮출 수 있을 정도로 중국을 견제하기는 쉽지 않다. 중국은 일본처럼 안보를 미국에 의존하지도 않고 GDP 대비 정부부채 비율도 미국보다 낮아, 미국이 1980년대 일본과 소련에 사용했던 플라자 합의나 군비경쟁과 같은 견제책을 사용하기도 어렵다. 2025년 초 트럼프 행정부가 중국에 대한 관세를 125%까지 올렸으나 중국이 보복관세 및 희토류 수출 규제 등으로 반격하자 이후 양국 합의로 관세율을 다시 대폭 낮춘 것은 미국도 중국에 대한 견제가 쉽지 않음을 보여주는 장면이다.

따라서 향후에도 미국과 중국의 상호 견제가 지속될 가능성이 높은데, 한가지 변수는 미국과 EU의 관계이다. 전통적으로 미국과 EU는 우호 관계이자 나토로 연결된 군사 동맹이었지만, 최근 동맹을 가리지 않는 트럼프 행정부의 미국 우선주의 MAGA 정책으로 미국과 EU 사이에 갈등이 심화되고 있다. 캐나다와 유럽 각국에서는 미국 정부의 태도에 분노한 소비자들이 미국 제품 불매 운동을 벌였다. 또한 트럼프 행정부가 요구한 것이긴 하지만 유럽

그림13 | **중국은 미국을 추월할 것인가: 미국 GDP 대비 중국의 크기**

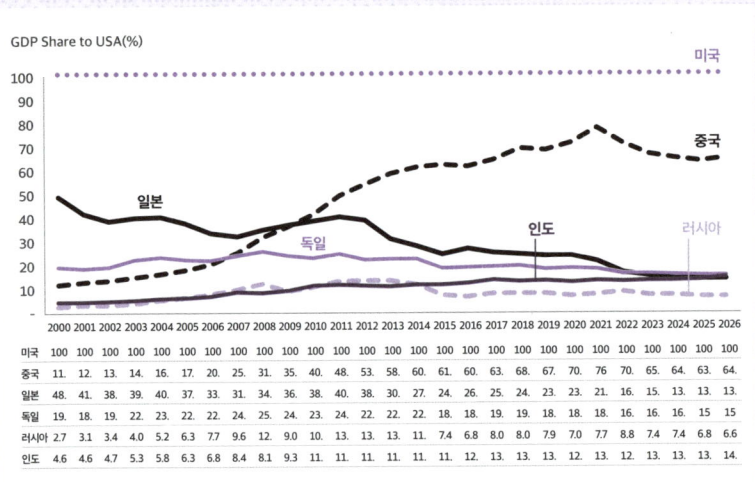

출처: 경제추격연구소

주요국도 국방 예산을 대폭 증액할 계획을 세운다거나 미국과 EU 사이 관세전쟁이 벌어질 가능성이 존재하는 등 미국과 EU 사이의 긴장이 높아지고 있다.

이런 추세가 지속된다면 세계의 정치 경제는 미국과 중국의 양강 체제가 아니라 미국-중국-EU의 3극 체제로 재편될 가능성도 존재한다. 2025년 중국의 경상 GDP가 미국의 63%, EU의 경상 GDP가 미국의 65.3%로 거의 동일하다. 향후 미국과 EU의 사이가 지속적으로 악화된다면 중국과 EU 사이가 개선되는 등의 변화가 생길 수도 있다.

한국과 중국은 1인당 소득 추격 지속과 규모 추격 정체, 인도는 일본을 넘어 4대 강국으로 부상, 3극 체제의 가능성

경제 추격을 소득 수준의 추격과 경제 규모의 추격으로 나누어본다면, 2025년 한국경제는 1인당 소득 기준으로 일본과 유럽을 추월·추격하지만, 미국 추격은 정체되었고 경제 규모 기준으로는 하락하는 한 해다. 특히 2024년 12월부터 시작된 내부의 정치적 혼란 및 외부의 관세 충격으로 실질 GDP 성장률이 1% 내외에 그칠 것으로 예상되는 상황에서 추격 속도의 저하는 일정 부분 불가피한 측면이 있다. 아직은 일본이나 유럽처럼 미국 대비 1인당 소득이 하락하는 현상은 나타나지 않고 있지만, 시계열 추세상으로는 지속적으로 미국 소득을 따라잡다가 약 5년간 추격이 멈춘 상태여서, 향후 하락이 발생하지 않도록 성장률의 회복을 위한 정부, 기업과 사회 전반의 대응책이 절실한 상황이다.

《2025 한국경제 대전망》에서 한국경제 추격의 새로운 목표는 미국 대비 소득 80%와 독일 추월이 될 수 있다고 했는데, 현 추세대로라면 미국 대비 소득 80%는 단기간 내 달성이 어렵지만, 독일 추월은 우리가 잘해서가 아니라 독일이 상대적으로 추락하면서 5년 이내에 달성될 수도 있다. 미국 대비 독일 소득이 2020년 90.1%에서 2025년 81.5%로 하락했는데, 이 추세가 지속되면 5년 내로 구매력 환율 기준 우리나라의 소득이 독일보다 높아진다.

경제 규모 측면에서는 새 정부 출범 이후 시장환율이 안정세를 보이는 것은 긍정적이나 GDP 비중의 전반적인 하락 추세를 뒤집기에는 역부족으로 보인다. 작년 1% 내외 증가율에 그쳤던 민간소비와 설비투자가 회복되는 것이 급선무다.

경제 규모 측면에서 중국의 미국 추격은 2021년 이후 정체 내지 퇴보하고 있다. 이는 미국의 중국 견제와 중국 내부의 문제가 결합하여 나타난 결과이다. 그러나 1인당 소득 측면에서 중국은 중진국의 함정에 빠지지 않고 미국을 지속적으로 추격하여 고소득국 진입이 가시권에 들어왔다. AI를 비롯한 여러 첨단산업에서도 미국을 바짝 쫓고 있어 미국의 견제에도 불구하고 중국 강대국의 지위는 유지될 것으로 전망된다.

한편, 인도는 인구 증가와 1인당 소득 증가를 바탕으로 일본을 제치고 경제 규모 4위로 올라섰다. 몇 년 이내에 독일을 제치고 3위로 상승할 것으로 예상된다. 더불어 트럼프 행정부의 미국 우선주의 MAGA 정책으로 인해 미국과 EU 사이의 긴장이 높아지고 있으며, 이는 향후 미국-중국-EU의 3극 체제로의 이전 가능성을 시사한다고 하겠다.

표13 | 주요 15개국 추격지수(2024~2026년)

*2025년 이후는 IMF 예상치

Country	Average Catch-up Index						Income level Catch-up Index							Size Catch-up Index						
	Index			Ranking			GDP per capita (2021 PPP int'$)			Index			Ranking			GDP Share (%, current USD)	Index			Ranking
	2024	2025	2026	2024	2025	2026	2024	2025	2026	2024	2025	2026	2024	2025	2026	2024	2025	2026	2024	2025	2026

Country	2024	2025	2026	2024	2025	2026	2024	2025	2026	2024	2025	2026	2024	2025	2026	2024	2025	2026	2024	2025	2026
USA	100	100	100	1	1	1	75,494	76,362	77,238	100	100	100	7	7	7	26.7	27.3	27.1	1	1	1
China	47.1	47.0	48.1	12	12	11	23,835	24,834	25,875	30.1	31.1	32.1	58	58	58	17.2	17.2	17.4	2	2	2
Germany	49.0	48.3	48.1	10	11	12	62,355	62,217	62,706	82.2	81.1	80.8	16	16	16	4.3	4.2	4.2	3	3	3
Japan	37.1	37.1	37.1	26	26	26	46,374	46,858	47,373	60.6	60.5	60.5	32	33	33	3.7	3.7	3.7	4	5	5
UK	42.0	41.6	41.5	20	20	20	54,475	54,556	54,895	71.6	70.8	70.4	23	23	23	3.3	3.4	3.5	6	6	6
France	42.2	41.7	41.5	19	19	19	56,039	56,240	56,652	73.7	73.1	72.8	21	21	22	2.9	2.9	2.8	7	7	7
Italy	39.3	39.0	38.9	23	23	23	53,811	54,055	54,550	70.7	70.2	70.0	24	24	24	2.2	2.2	2.1	8	8	8
Brazil	15.8	15.7	15.7	60	60	60	19,594	19,915	20,241	24.4	24.5	24.6	63	63	63	2.0	1.9	1.9	7.3	6.8	6.8
Russia	30.7	30.6	30.5	35	35	35	41,585	42,321	42,826	54.1	54.5	54.5	39	39	40	2.0	1.9	1.8	6.7	6.4	6.8
Korea	39.4	39.1	39.3	22	22	22	55,158	55,800	56,685	72.5	72.5	72.8	22	22	21	1.6	1.6	1.6	6.3	5.7	5.7
Mexico	17.0	16.2	16.2	57	59	59	22,059	21,821	21,949	27.7	27.0	26.9	61	62	62	1.7	1.5	1.5	12	15	13
Indonesia	11.1	11.3	11.6	68	67	67	14,567	15,093	15,647	17.6	18.0	18.5	71	71	71	1.3	1.3	1.3	16	17	16
Taiwan	47.6	48.4	49.1	11	10	10	69,997	72,057	73,922	92.6	94.2	95.6	10	10	9	0.7	0.7	0.7	22	22	22
Malaysia	24.1	24.5	24.9	48	47	47	36,208	37,256	38,241	46.8	47.7	48.4	48	47	47	0.4	0.4	0.4	37	37	36
South Africa	8.9	8.7	8.6	74	74	75	13,772	13,702	13,675	16.5	16.2	15.9	74	74	75	0.4	0.4	0.4	41	40	41

········· **저자 소개** ·········

오철·이근 외 경제추격연구소 편저

대표편저자 소개

오철

현 상명대학교 글로벌경영학과 교수이다. 서울대학교에서 학사, 경제학석사, 경제학 박사 학위를 취득했고, 보고경제연구원 선임연구위원과 기술보증기금KIBO 자문위원을 역임했다. 한국 재정정책학회 이사, 한국 항공경영학회 이사, 극동방송 운영위원, 프로복싱 트레이너로 활동하고 있으며, 기업과 산업의 기술혁신 등 기술경제학 분야의 연구를 주로 하고 있다. 기술혁신 분야 최고 학술지인 《리서치 폴리시Research Policy》의 리뷰어이기도 하다.

이근

현 서울대학교 명예교수, 중앙대학교 경제학부 석학교수, 한국경제학회장이자 경제추격연구소 이사장이다. 캘리포니아대학교 버클리캠퍼스에서 경제학 박사학위를 취득했으며, 서울대학교 경제학부 석좌교수, 국민경제자문회의 부의장, 국제슘페터학회장ISS, UN본부 개발정책위원, 서울대학교 경제연구소장, 세계경제포럼WEF GFC위원, 한국국제경제학회 회장 등을 역임했다. 비서구권 대학 소속 교수로는 최초로 슘페터Schumpeter 상을 수상했으며, 기술혁신 분야의 최고 학술지 《리서치 폴리시Research Policy》의 공동편집장으로 활동 중이다.

정무섭

현 동아대학교 국제무역학과 교수이자 한국무역보험공사와 부산항만공사의 비상임이사직을 맡고 있다. 서울대학교에서 경제학 박사학위를 받고 삼성경제연구소에서 신흥국 경제와 기업 및 인도경제를 연구했고, 외국인직접투자와 글로벌가치사슬, 지역혁신과 국가균형발전 등을 연구해왔다.

박태영

현 한양대학교 경영대 교수이자 기술경영경제학회 부회장이다. KAIST에서 경영학 박사학위를 받았고, KPMG 컨설팅, 전남대학교 MBA, KIST유럽 과학기술국제협력센터 등에서 근무했으며, 국민경제자문회의 혁신경제분과위원으로 활동했다. 관심 연구 주제는 기술혁신전략과 혁신정책이며, 정성연구방법을 주로 활용한다.

정문영

현 한국기업평가 금융부문 전문위원으로 국내외 은행과 국가신용등급 평가를 담당하고 있다. 안진회계법인 세무자문본부에서 근무했고, 서울대학교에서 경제학 박사학위를 취득했으며, 한국기업평가에서 석유화학, 저축은행, 할부리스, 국내외 은행 신용평가를 담당한 바 있다. 현재는 사내에서 금리·환율 전망, 트럼프 집권 이후 미국 금융시장의 변화, 한국 금융기관의 해외 부동산 대체 투자 등 해외 이슈가 국내기업에 영향을 미치는 사안에 대한 연구도 담당하고 있다.

지만수

현 한국금융연구원 선임연구위원이자 금융지정학연구센터장. 서울대학교에서 경제학 박사학위를 받고 중국경제, 한중 경제관계, 미중 갈등 등을 연구해왔다. LG경제연구원, 대외경제정책연구원, 동아대학교, 대통령 비서실 등에서 근무했으며 국민경제자문회의 대외경제분과장으로 활동한 바 있다.

이현태

현 서울대학교 국제대학원 국제학과 교수이다. 서울대학교에서 경제학 박사학위를 받고 중국경제, 한중 경제 관계, 경제 안보 등을 연구해왔다. 대외경제정책연구원, 인천대학교 등에서 근무했다.

김준연

현 한중과학기술협력센터 센터장이다. 한양대학교 국제학대학원에서 중국 SW산업의 기술추격을 주제로 박사학위를 받았다. SW정책연구소 수석연구원으로 근무했으며, 외교통상부와 행정안전부 정책자문위원을 역임했다.

개별저자 소개

이동수	네이버 전무
조홍종	단국대학교 경제학과 교수
이준영	산업연구원 디지털·AI전환생태계연구실 부연구위원
신동형	알서포트 CSO
성효용	성신여자대학교 경제학과 교수
김형우	오번대학교 교수
김흥종	아산정책연구원 객원선임연구위원
권혁욱	일본대학 경제학부 교수
고영경	연세대학교 디지털통상연구센터 연구교수
허 정	서강대학교 경제학과 교수
이강국	리쓰메이칸대학 교수
최준용	국민대학교 글로벌창업벤처대학원 겸임교수
전상덕	문화체육관광부 과장, 예술학 박사
이두희	산업연구원 지역경제연구단장
김준엽	중소벤처기업연구원 부연구위원, 경제학 박사
김윤지	한국수출입은행 해외경제연구소 수석연구원
김선우	메리츠증권 연구위원
이보람	대외경제정책연구원 전문연구원
이은창	산업연구원 연구위원, 산업전환전략연구단
임채영	한국원자력연구원
정승준	LIG넥스원 전문위원
김태봉	아주대학교 경제학과 교수, 전 KDI 연구위원
김학균	신영증권 리서치센터장
신동준	숭실대학교 금융경제학과 겸임교수, 경제학 박사
오건영	신한 프리미어 패스파인더 단장
김덕례	주택산업연구원 주택연구실장
신호철	한남대학교 경제학과 부교수

KI신서 13835
2026 한국경제 대전망

1판 1쇄 인쇄 2025년 10월 17일
1판 2쇄 발행 2025년 12월 20일

지은이 오철, 이근 외 경제추격연구소
펴낸이 김영곤
펴낸곳 (주)북이십일 21세기북스

정보개발팀장 이리현 **정보개발팀** 이수정 현미나 이지윤 양지원
교정 교열 김현경 **표지 본문 디자인** 푸른나무디자인
마케팅 김설아
영업팀 정지은 한충희 장철용 남정한 강경남 황성진 김도연 이민재
제작팀 이영민 권경민

출판등록 2000년 5월 6일 제406-2003-061호
주소 (10881) 경기도 파주시 회동길 201(문발동)
대표전화 031-955-2100 **팩스** 031-955-2151 **이메일** book21@book21.co.kr

ⓒ 오철, 이근 외 경제추격연구소, 2025
ISBN 979-11-7357-545-7 (03320)

(주)북이십일 경계를 허무는 콘텐츠 리더

21세기북스 채널에서 도서 정보와 다양한 영상자료, 이벤트를 만나세요!
페이스북 facebook.com/21cbooks   블로그 blog.naver.com/21c_editors
인스타그램 instagram.com/jiinpill21   홈페이지 www.book21.com
유튜브 youtube.com/book21pub

책값은 뒤표지에 있습니다.
이 책 내용의 일부 또는 전부를 재사용하려면 반드시 (주)북이십일의 동의를 얻어야 합니다.
잘못 만들어진 책은 구입하신 서점에서 교환해드립니다.